前言
FOREWORD

建筑制图，也称作施工图。它是一种用于呈现工程项目总体布局，以及建筑物、构筑物的外部形状、内部布置、结构构造、内外装修、材料做法，还有设备、施工等具体要求的图样。在建筑、室内、景观等领域，能够识读施工图是相关工作人员，如设计师、工程师等的一项既基础又极为重要的技能。对于建筑、环艺等专业相关人员而言，施工图不仅是施工的标准和依据，更是建筑师、工程师和技术人员之间沟通的桥梁，同时也是项目取得成功的关键因素。从理论上来说，如果没有施工图，是无法进行施工的。因此，施工图的相关课程成为环艺专业群必修的基础课程。

为了帮助学习者更好地学习建筑施工图，本教材通过精心规划，设置了三个项目，分别是建筑制图识图准备、建筑施工图的识图与制图、室内施工图的识图与制图。内容编排循序渐进，从制图的基础知识构架入手，逐步深入到建筑及室内图纸的识图与制图。其目的在于夯实学习者建筑制图基本标准、投影原理与剖面图识读的基础，助力学生建立制图规范意识，培养空间思维能力。同时，教材结合对国家标准符号、图例与制图流程的详细解读，以任务分解的形式强化从识图到绘图的完整技能链条，从而达成循序渐进学习的目标。更为重要的是，教材通过阐述施工图在我国的发展历程，着重强调中华传统营造的智慧，旨在让学生树立民族自豪感。并且，教材通过明确制图标准、绘制规范和实训任务要求，引导学生理解精益求精的工匠精神，培养他们严谨、专注的职业态度。

在编写过程中，本教材秉持对标行业、强化规范、任务驱动、理实一体的理念。全书以《房屋建筑制图统一标准》《建筑装饰装修制图标准》等国家标准为依据，同时得到企业工程师的悉心指导，充分融入最新的行业规范。通过解析典型工程案例以及开展分步绘图演示，帮助学习者实现“学中做、做中学”。

随着智能建造技术的革新，施工图设计正逐步朝着信息化、协同化的方向发展。鉴于这一发展态势，编者会持续关注行业动态，并根据实际情况适时更新教材内容。由于编者水平有限，书中难免存在一些疏漏之处。在此，恳请广大师生与读者提出批评指正意见与建议，期望能够与大家共同推进建筑制图教育的完善与进步。

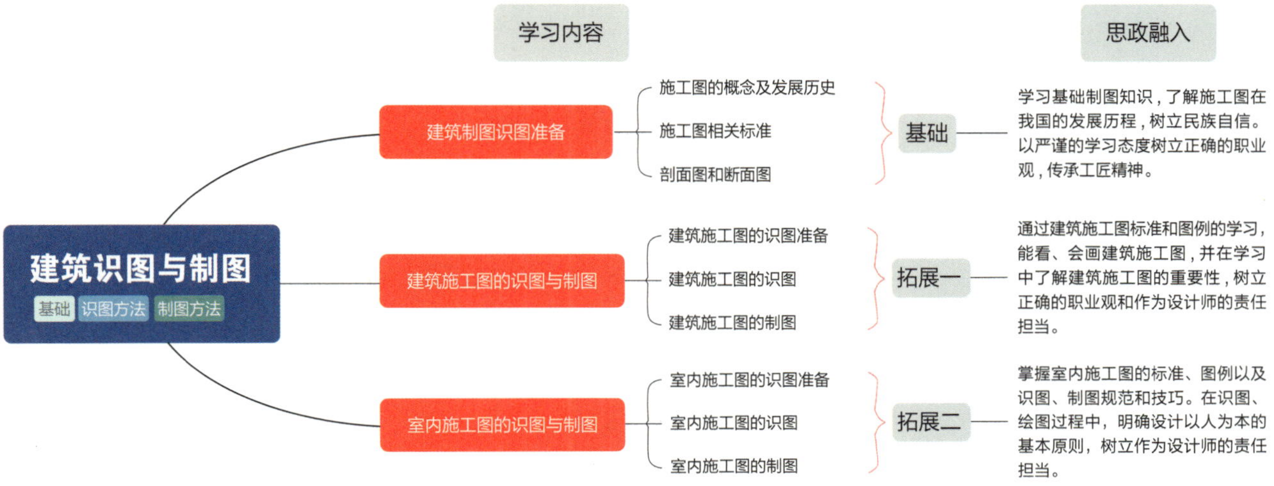

蒋傅容

2025 年 2 月

目录

CONTENTS

项目一 施工图识图准备

任务一 施工图的概念及发展历史 002

知识点一 施工图的概念 003

知识点二 施工图的分类及作用 003

知识点三 施工图的发展历史 006

任务二 工程制图标准 011

知识点一 施工图图纸幅面和格式 011

知识点二 图线 013

知识点三 文字 015

知识点四 比例 016

知识点五 尺寸标注 017

任务三 投影基础 021

知识点一 投影图概述 022

知识点二 三视图 024

任务四 剖面图与断面图 026

知识点一 剖面图 027

知识点二 断面图 038

项目二 建筑施工图项目实训

任务一 国家制图标准及规范 044

知识点一 房屋建筑施工图的分类及内容 044

知识点二 建筑施工图的常用符号及图例 045

任务二 建筑施工图识图 053

知识点一 施工图识图步骤 054

知识点二 房屋建筑施工图的类型 055

知识点三 建筑总平面图识图要点 060

知识点四 建筑平面图识图要点 065

知识点五 建筑立面图识图要点 071

知识点六 建筑剖面图识图要点 072

知识点七 建筑详图识图要点 073

任务三 建筑施工图制图 078

知识点一 建筑施工图制图准备 078

知识点二 建筑平面图绘制步骤 079

知识点三 建筑立面图的画法步骤 081

知识点四 建筑剖面图的画法步骤 082

知识点五 楼梯详图的画法步骤 083

项目三 室内施工图项目实训

任务一 室内施工图相关标准及图例 086

知识点一 室内施工图相关标准 087

知识点二 常用装饰装修材料和设备图例 092

任务二 室内施工图识图 098

知识点一 室内施工图的类型 098

知识点二 室内装饰施工图识图要点 100

任务三 室内施工图制图 111

知识点一 室内施工图制图准备 111

知识点二 室内施工图绘图要点及步骤 113

高等职业教育艺术设计新形态系列“十四五”规划教材

建筑识图与制图

JIANZHU SHITU YU ZHITU

蒋傅容 莫玉秀 刘 斌 主 编
何 凤 何 武 黄汉隆 副主编

西南大学出版社
SWUPG
国家一级出版社 全国百佳图书出版单位

图书在版编目（CIP）数据

建筑识图与制图 / 蒋傅容，莫玉秀，刘斌主编 .
重庆：西南大学出版社，2025. 4. -- ISBN 978-7-5697-2778-4

Ⅰ. TU204

中国国家版本馆 CIP 数据核字第 2025X8M636 号

高等职业教育艺术设计新形态系列“十四五”规划教材

建筑识图与制图
JIANZHU SHITU YU ZHITU

蒋傅容　莫玉秀　刘　斌　主　编
何　凤　何　武　黄汉隆　副主编

丛书策划：龚明星　王玉菊
选题策划：戴永曦
责任编辑：戴永曦
责任校对：袁　理
封面设计：闰江文化
排　　版：吕书田
出版发行：西南大学出版社（原西南师范大学出版社）
地　　址：重庆市北碚区天生路2号
邮　　编：400715
网上书店：https://xnsfdxcbs.tmall.com
印　　刷：重庆市圣立印刷有限公司
成品尺寸：210 mm × 285 mm
印　　张：8
字　　数：281千字
版　　次：2025 年 4 月 第 1 版
印　　次：2025 年 4 月 第 1 次印刷
书　　号：ISBN 978-7-5697-2778-4
定　　价：65.00 元

项目一

施工图识图准备

任务一　施工图的概念及发展历史

任务二　工程制图标准

任务三　投影基础

任务四　剖面图与断面图

JIANZHU SHITU YU ZHITU　建筑识图与制图

本项目主要对施工图的发展历史展开学习，目的在于了解建筑施工图在建筑设计领域所承担的重要角色，体会中国传统建筑文化的博大精深。通过学习，我们要掌握施工图识图与制图的入门知识，进而为后期的建筑及室内施工图识图与制图工作做好准备。

任务一 施工图的概念及发展历史

【任务目标】

知识目标：

了解施工图的概念以及施工图的发展历史，明确绘制施工图的作用和意义。

能力目标：

了解施工图的种类及不同施工图的用途，具备甄别在不同情况绘制何种图纸的能力。

素质目标：

通过了解施工图的发展历史，进一步了解中国文化的博大精深，以及精益求精的工匠精神。

【学习重难点】

学习重点：

1. 施工图的概念及发展史；
2. 工程制图标准及绘图技巧；
3. 剖面图及断面图的概念与区别。

学习难点：

1. 掌握工程制图的标准和规范，并能熟练地进行绘制；
2. 掌握剖面图和断面图的区别，并能灵活运用剖面图、断面图进行工程节点表现。

【学习内容】

想要学习好施工图，我们需要了解什么是施工图，明晰施工图的发展历程，从而建立起对施工图的全面认知，明确施工图的作用。在前人的不懈努力之下，施工图才演变成如今我们所看到的模样。我们既感叹于古人的智慧，更需通过学习，传承中华民族优秀的传统文化，以及敬业、精益、专注、创新的工匠精神。

知识点一　施工图的概念

施工图用于呈现工程项目的总体布局，具体涵盖了建筑物、构筑物的外部形状、内部布置、结构构造、内外装修、材料做法以及设备与施工等方面的详细要求。施工图具有图纸齐全、表达准确、要求具体的显著特点，凭借这些特性，施工图成了开展工程施工、编制施工图预算和施工组织设计的重要依据，同时也是进行技术管理的关键文件。

施工图按种类可划分为建筑施工图、结构施工图、水电施工图等。这些施工图主要由图框、平面与立面图、大样图、指北针、图例、比例等部分组成。

知识点二　施工图的分类及作用

一、施工图的分类

通常来讲，完整的施工图包括建筑施工图、结构施工图、给排水施工图、暖通空调施工图和电气施工图。其中给排水施工图、暖通空调施工图、电气施工图也被统称为设备施工图。

（一）建筑施工图（简称建施）

建筑施工图包括总平面图、立面图、剖面图和施工详图。

（二）结构施工图（简称结施）

结构施工图包括结构平面布置图和各构件的结构详图。

（三）设备施工图（简称设施）

设备施工图包括给水排水、采暖通风、电气等设备的布置平面图和详图。

二、建筑工程图纸在不同阶段的应用

（一）初步设计阶段

这一阶段主要是根据业主单位提出的设计任务和要求，进行调查研究，搜集资料，提出设计方案，然后初步绘制出草图。施工要求高或结构较为复杂的建筑可以绘制出透视图或制作出建筑模型。

需要注意的是，初步设计阶段所形成的图纸和有关文件，仅能用于研究和审批，不能作为施工的依据。

（二）技术设计阶段

这一阶段主要是根据初步设计阶段确定的内容，进一步解决建筑、结构、材料、设备（水、电、暖通等）的技术问题。技术设计阶段各个工种绘制出来的技术图纸、写出的设计说明和初步计算等称作扩初图纸，这一阶段又称为扩初设计（扩大初步设计）阶段。

（三）施工图设计阶段

这一阶段主要是为满足工程施工中的各项具体技术要求，为施工提供一切准确可靠的依据。基于此，这个阶段又被称为深化设计阶段。此阶段的成果包含全套工程图纸和相关配套的说明与工程概算。全套工程图纸是施工单位进行施工的重要依据。

三、施工图的编排顺序和种类

一个工程施工图纸的编排顺序是总平面图、建筑施工图、结构施工图、给排水施工图、暖通空调施工图和电气施工图等。各工种图纸的编排原则：全局性图纸在前，说明局部的图纸在后；先施工的在前，后施工的在后；重要图纸在前，次要图纸在后。在全部施工图纸完成后还应在最前面编入图纸目录和总说明。

（一）图纸目录

图纸目录主要用于说明该工程是由哪几个工种的图纸所组成，并且要标注好各工种图纸的名称、张数和顺序。

（二）总说明

总说明主要是指说明工程的概貌和总体要求。中小型工程的说明一般会放在建筑施工图内。总说明的内容包括以下几个方面：

1. 工程设计依据：建筑面积、建筑造价以及有关的地质、水文、气象资料；
2. 工程设计标准：建筑标准、结构荷载等级、抗震要求、采暖通风要求、照明标准等；
3. 工程施工要求：施工技术和材料使用等具体要求。

（三）建筑总平面图

建筑总平面图主要是表明建筑物所在的地理位置和周围环境的平面图，图纸中一般会标明以下内容：

1. 建筑物的外形；
2. 周边的物件或旧建筑物；
3. 建成后的道路、水源、电源、下水道干线等；
4. 等高线；
5. 坐标网、水准标点；
6. 指北针、风玫瑰图。

风玫瑰图是总平面图上用来表示该地区每年风向频率的标志，它是以十字坐标定出东、南、西、北、东南、东北等 16 个方向后，再根据该地区多年平均统计的各个方向吹风次数的百分比数值而绘成的折线图形。

（四）建筑施工图

建筑施工图是表示建筑物的内部布置情况和外部形状以及装修、构造、施工要求，并说明建造的规模、尺寸、细部构造的图纸。其包括建筑平面图、建筑立面图、建筑剖面图、施工详图，且包含墙身剖面图与楼梯、门、窗、厕所、浴室及各种装修、构造等的详细做法。

（五）结构施工图

结构施工图是说明房屋骨架构造的类型、尺寸、使用材料要求和构件的详细构造的图纸。其包括：结构平面布置图，构件详图（柱、梁、板、楼梯、雨篷等），剖面图，基础图纸（桩基）。

（六）给排水施工图

给排水施工图是说明房屋卫生设备、上下水管道等的图纸。其包括平面图、透视图、详图，消防水系统图纸也包括在内。

（七）电气设备施工图

电气设备施工图又称为强弱电图纸，主要用来说明房屋的电气设备、线路走向与构造等。其包括了平面图、系统图、详图、消防系统的电消防图。

（八）暖通施工图

暖通施工图主要用于说明房屋中暖气、通风排风管道以及有煤气或通风设备的构造情况。其包括平面图、透视图、详图、消防系统中的防排烟图纸、系统图。

（九）智能化施工图

目前设计院通常不绘制智能化施工图纸，智能化施工图纸一般由施工单位出图，也有专业的设计单位来绘制此类图纸。其主要包含招投标报价文件、平面图、材料设备表等。

四、施工图的作用

施工图在建筑施工中有着极为重要的作用。它是工程建设过程中的依据，是工程完工验收的基础参照，还为工程投入使用后的维修和养护提供可靠参考。施工图设计面临着各种问题的多重考验，因而，优化施工图设计在提高设计深度和建筑质量等方面具有重大影响。

1. 重要的沟通媒介

设计方案以文本形式详细阐述设计理念、思路、方法、过程与结果。施工图则将设计成果以具象、直观的图样展示出来，甲方借助这些图纸能够对施工工程有个大而全的印象，从而初步了解设计师的设计意图、设计重点是否与甲方诉求一致。同时，设计师也能通过施工图向施工方进行项目交底。所以，施工图是增强设计师与甲方、施工单位沟通交流的重要媒介。

2. 合理安排施工

施工图包含的所有信息涉及施工工程中不同部位的高程控制、材料选用以及各个构件的相对位置等内容。技术和管理人员依据施工图的相关信息，按照工程总工期要求、各分部工程的施工顺序及其相互影响，结合人员、设备的配备情况以及天气、地质等客观环境对工程施工的限制，及时安排具体的施工计划与步骤，并进行实时监控和调整，从而使施工管控措施更加科学化、灵活化。

3. 预算及造价控制的依据

在工程项目建设之前的工作环节中，预算工作是必不可少的一环。甲方会依据工程施工成本的预算造价，预先向施工单位支付一定比例的工程款。这笔款项将被用于施工点的通水、通电、通路、场地平整等各项施工准备工作，以及施工材料的购置等事务。工程预算及造价计算的准确度，是以高质量的施工图纸为前提的。在保障建筑功能不变的情况下，不断优化施工图能够显著降低工程投入。

4. 便于后期维护

工程完工投入使用后，有一定概率会出现质量问题，如裂缝、渗水、线路老化等，或者基于实际需求拆除或增设某些设施。在这种情况下，就需要详细了解建筑的隐蔽工程部分，而施工图纸是最有力的参考资料。施工图纸对隐蔽工程的内部结构以及特殊部位的细部结构都有详细标注与说明。业主或运行管理单位以施工图纸为依据，能够对工程进行细致、到位的检修，准确找出问题根源，提高问题处理效率，并且就拆除或增设设施对工程局部和整体产生的影响作出精准判断，进一步判断拆除或增设某项设施的必要性，为准确决策提供基本帮助。

思考：
1. 施工图有哪些分类？室内设计会用到哪类施工图？
2. 阐述施工图的作用是什么，具体施工以效果图为准还是以施工图为准。

知识点三　施工图的发展历史

建筑施工图纸是环境艺术设计专业不可或缺的技术文件。它能够精准反映建筑的外观、尺寸、材料、颜色等多方面信息，指导我们按照设计要求精确完成建筑建造与室内施工工作。现代建筑设计的基础文件已然成熟完善，但它是历经数千年的历史积淀逐步演化而来的。经过长时间的使用与改进，才发展成为我们如今使用的建筑施工图纸。

一、中国施工图发展历程

（一）新石器时代的图形

在文字形成之前，我们的先祖就开始运用图形来记录生活，这些图形后来逐渐演变成象形文字。由此可见，在文字出现以前，我国古人一直借助图形来认识自然、交流思想、记录生活。追溯到新石器时代，当时的人们就能够绘制一些几何图形和花纹，具备了简单的图示能力。（图 1–1）

（二）战国《兆域图》

经过长期发展，人们不再满足于用刻画方式记录已有事物，而是开始通过刻画表达自己的设想，阐述自己发明的新事物。到春秋战国时期，相关记载已形成，这对当时的建筑业和手工制造业起到了积极的推动作用。1983 年考古发现的战国时期铜版地图《兆域图》（图 1–2），是迄今为止世界现存最早的建筑平面图，比西方罗马帝国时代最早的地图还要早 600 年。此外，科学工作者通过对《兆域图》上图形的实测与文字记录尺寸的换算，发现该设计图采用 1∶500 的比例尺缩制而成。以往文献记载，使用比例尺绘制地图以西晋裴秀是最早的，《兆域图》的出土将缩尺制图的历史提早了 6 个世纪，这在我国古代科技史上无疑是一个重要发现。

图 1–1 人面鱼纹彩陶盆

图 1–2 兆域图　平山战国中山王墓出土文物

（三）宋代工程图发展及成就

自秦汉时期起，我国便有了关于图样的史料记载，并且能够依照图样建筑宫室。宋代李诫（字仲明）所著的《营造法式》（图 1–3），是在两浙工匠喻皓所著《木经》的基础上编撰而成的。这部由北宋官方颁布的书籍，是一部建筑设计与施工的规范书。全书共 36 卷，其中有 6 卷为图样。这是一部闻名世界的建筑图样巨著，书中运用投影法来表达复杂的建筑结构，这在当时是极为先进的。《营造法式》可被视作中国古代最完整的建筑技术书籍，它标志着中国古代建筑已经发展到较高阶段。

《营造法式》是如今人们较为熟知的建筑建造图示书籍。不过，宋代还有许多其他工程类书籍，例如《新仪象法要》（图 1–4）。该书是宋朝天文学家苏颂为水运仪象台撰写的设计说明书。据《宋史㊃艺文志》等记载，此书还曾名为《绍圣仪象法要》《仪象法纂》等。正文以图例为主，介绍了水运仪象台的整体设计与各部分结构，每个图例都配有文字说明。它体现了中国 11 世纪的天文学和机械制造技术水平。通过对其研究，人们能够了解中国古代的水运仪象传统，它开创了公元 17 世纪才出现的机械钟表所用锚状擒纵器的先河。水运仪象台是世界上第一座天文钟，也是古代最大且最复杂的机械装置，标志着中国古时天文仪器和机械设计制作所达到的水平。

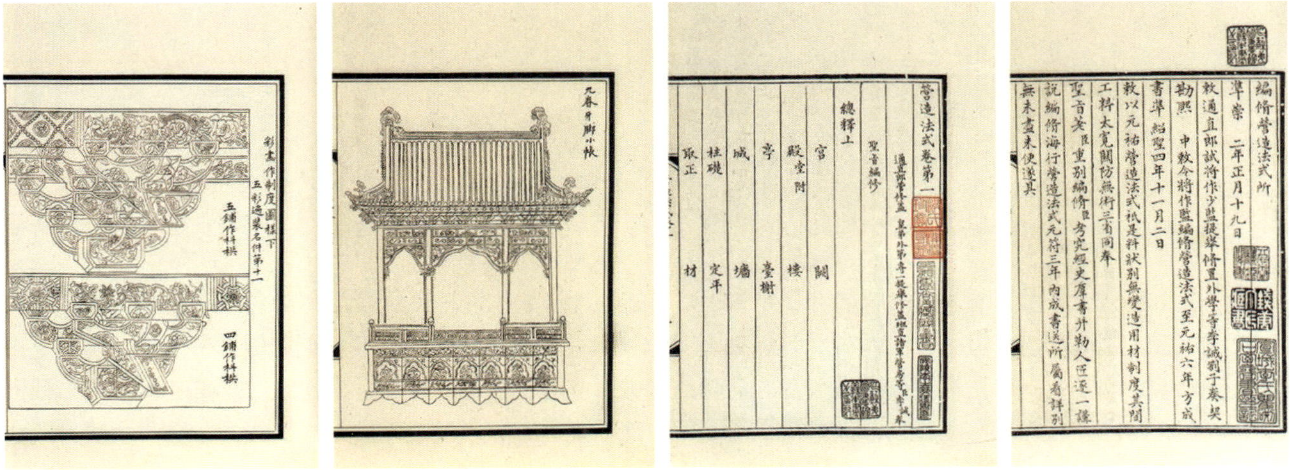

图 1–3 李明仲《营造法式》

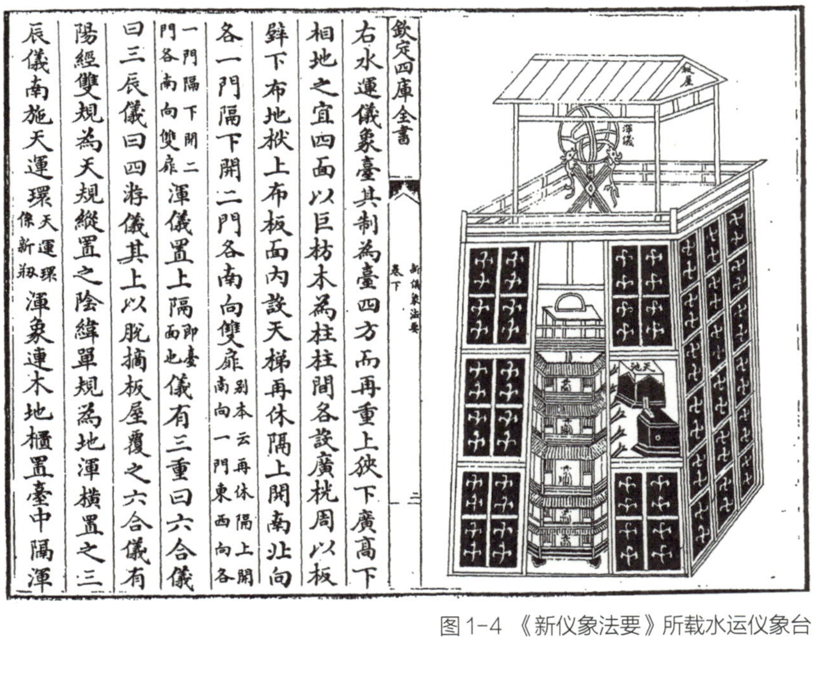

欽定四庫全書　新儀象法要　卷下

右水運儀象臺其制為臺四方而再重上狹下廣高下相地之宜四面以巨枋木為柱柱間各設廣袱周以板鋪下布地栿上布板面內設天梯再休隔上開南北向各一門隔下開二門各南向雙扉（别本云再休隔上開南向一門東西向各一門隔下開二門各南向雙扉）渾儀置上隔（即臺面也）儀有三重曰六合儀曰三辰儀曰四游儀其上以脫摘板屋覆之六合儀有陽經雙規為天規縱置之陰緯單規為地渾橫置之三辰儀南施天運環（天運環像新叙）渾象連木地櫃置臺中隔渾

图 1–4 《新仪象法要》所载水运仪象台

图 1–5 开封市博物馆陈列的 1:1 复原水运仪象台

图 1-6 “样式雷”始祖雷发达(1619—1693)

图 1-7 样式雷家族所绘制的图样

(四)清朝样式雷家族

“样式雷”并非指单个工匠，而是对清代 200 多年间主持皇家建筑设计的雷姓世家的美称。2007 年，“中国清代样式雷建筑图档”被联合国教科文组织列入《世界记忆名录》。这一图档成为《世界记忆名录》中规模最大、内容最丰富的古代建筑设计图像资源。清代的宫殿、皇陵、御苑等重要宫廷建筑和皇家工程，几乎都由雷氏家族负责设计建造。由此可见，样式雷在中国古代建筑史上有着举足轻重的地位。样式雷堪称中国建筑史上的瑰宝。在江右大地山水的滋养、文化的熏陶下，雷氏家族兴盛了五十余代，为中国古建筑的发展增添了浓墨重彩的一笔。

样式雷世家的贡献，不仅在于实现其设计成果，更重要的是体现在设计过程本身，即图样绘制和模型制作方面。大规模的群体建筑，需要有整体设计图甚至构造模型，以供各个工种的工人识别并遵循，设计图或构造模型能呈现出在实际施工中难以用语言文字表述的情况。在中国，这种过程出现得很早。我国战国时期就已经有了建筑总平面图《兆域图》，到隋代已出现模型设计，并逐渐发展成一种专门技术。然而，当这一技术到了建筑设计高手样式雷家族手中时，又有了更大程度的改进。如今遗留下来的实物，充分体现了这一技术在清代的发展状况。这批遗物中的图样大多藏于北京图书馆善本部，烫样主要存于故宫博物院，少量散见于清华大学等处，其时间跨度涵盖道光、咸丰、同治几朝。

(五)我国施工图国家标准

中国工程图纸历经数千年的演变。20 世纪 50 年代，我国著名学者赵学田教授以简明通俗的方式总结出三视图投影规律，即“长对正、高平齐、宽相等”。1956 年原机械工业部颁布了首个部颁标准《机械制图》，随后又颁布了国家标准《建筑制图》。这使得全国工程图样标准得以统一，标志着中国工程图学迈入了一个新的阶段。

我国现有的建筑制图标准包含多个方面，例如《房屋建筑制图统一标准》GBT 50001-2010、《总图制图标准》GBT 50103-2010、《建筑制图标准》GBT 50104-2010、《建筑结构制图标准》GB/T50105-2010、《给排水制图标准》GB 50106-2010、《暖通空调制图标准》GB/T50114-2010 等。

思考：
1. 世界上最早的平面图叫什么？它出现在哪里？
2. 样式雷家族对中国古建筑有哪些贡献？样式雷家族的图纸和烫样有何作用？

二、西方施工图发展历程

（一）古罗马时期

古代罗马在建筑理论领域取得了显著成就，公元前 1 世纪，维特鲁威所著的《建筑十书》（图 1-8）是世界上第一部建筑学专著。《建筑十书》共计十卷，其内容丰富多样，涵盖了建筑教育、建筑材料、城市规划、建筑设计原理、施工工艺、建筑构造方法以及施工机械和设备等方面。书中不仅记载了大量的建筑实践经验，还深入阐述了建筑科学的基本理论。在文艺复兴时期颇具影响力，对 18 至 19 世纪的古典复兴主义也起到一定启发作用。至今，它仍是一部具有重要参考价值的建筑科学全书。

（二）达·芬奇与他的工程图

达◎芬奇，全名列奥纳多◎达◎芬奇。大家都知晓他是文艺复兴时期著名的画家，他的《蒙娜丽莎》和《最后的晚餐》等杰作，充分展现出其精湛的艺术造诣。然而，仅仅称达◎芬奇为一名伟大的画家并不准确，实际上，他是一位博学者，在音乐、医学、科学发明、土木工程等诸多领域都取得了显著成就。他有许多富有创意的科学发明。后世学者深入研究他的手稿后发现，在他的设计图纸里早就有了机动车的雏形。而且，在他的手稿中还发现了自行车、闹钟、纺织机、温度计等设计图纸，只是这些图纸，在当时并未得到实际应

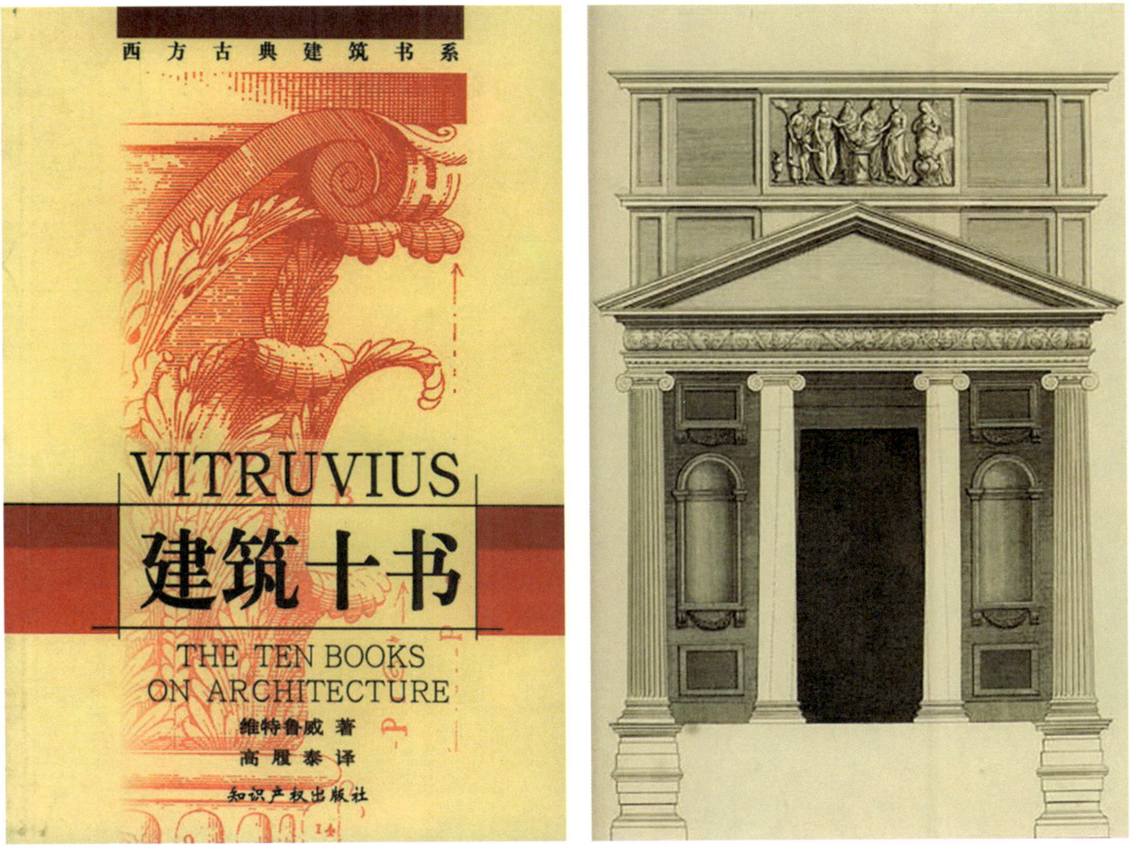

图 1-8 《建筑十书》中文版封面与插图

用。1499 年，欧洲各地战乱频繁，达㊃芬奇前往曼图亚和威尼斯等地，一边躲避战乱一边游历。在此期间，他仍然坚持进行科学研究。1502 年，达㊃芬奇应苏丹巴耶兹二世的邀请，为其设计了一座桥梁。按照设计图比例，该桥长约 240 米，在当时是世界上最长的桥。

（三）蒙日的《画法几何学》

在 18 世纪欧洲工业革命时期，法国科学家蒙日在总结前人经验的基础上，依据平面图形表示空间形体的规律，运用投影方法创立了画法几何学，并编著《画法几何学》一书。这一成果奠定了图学理论的基础，使得工程图的表达与绘制能够得以规范化。蒙日《画法几何学》的最初版本包含五个部分，分别是：画法几何学的目的、方法及基本问题；曲面的切平面和法线；曲面的交线；曲面相贯线作图方法在解题中的应用；双曲率曲线的曲率和曲面的曲率。1820 年出版的第 4 版，人们根据他生前的手稿整理并增加了阴影理论和透视理论两个部分，从而使这门学科日臻完善。

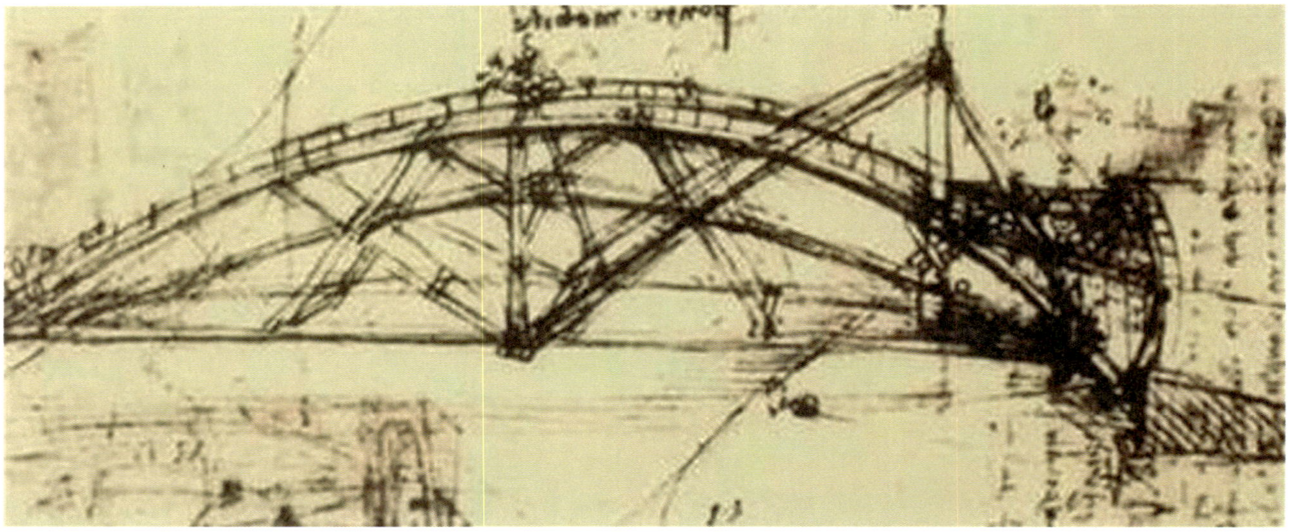

图 1-9 达 · 芬奇设计的桥梁图纸

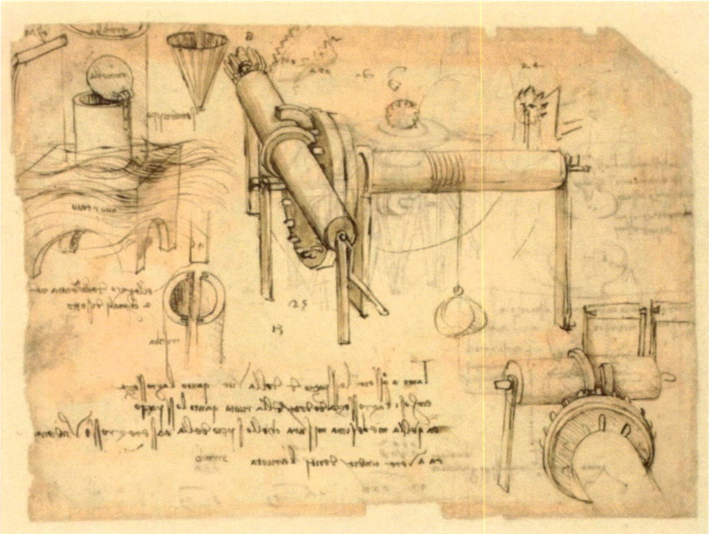

图 1-10 达 · 芬奇绘制的机械设计的工程图纸

图 1-11 加斯帕尔 · 蒙日（1746—1818）画像

任务二
工程制图标准

【任务目标】

知识目标：

为建筑、室内施工图的识图与制图做准备，需掌握工程制图的基本标准。

能力目标：

1. 具备使用合适工具进行绘图的能力。
2. 掌握制图标准，具备合理使用标准进行制图的能力。

素质目标：

1. 通过学习制图标准，能够维护国家制图标准的严肃性与科学性，增强遵守国家规章制度的意识。
2. 通过制图训练，有助于养成良好的职业行为习惯，培养良好的职业道德。

【学习重难点】

学习重点：

了解各制图标准的详细规定。

学习难点：

能准确绘制各类图例并按照制图标准进行绘图。

【学习内容】

工程技术界将工程图样作为共同语言，关键原因在于图样的格式、内容、画法几何、工程制图以及标注等方面，均存在一系列必须共同遵循的统一规定。简单来说，就是制图实现了标准化。而制图的标准化工作是一切工业标准的基础。

在绘制建筑施工图时，我们主要参考一系列国家标准，例如《房屋建筑制图统一标准》GB/T 50001-2017、《总图制图标准》GB/T 50103-2010、《建筑制图标准》GB/T 50104-2010、《建筑结构制图标准》GB/T 50105-2010、《建筑给水排水制图标准》GB/T 50106-2010、《暖通空调制图标准》GB/T 50114-2010 等。这些国家标准简称为“国标”，其代号为“GB”。

知识点一　施工图图纸幅面和格式

一、图纸幅面

图纸幅面指的是由图纸的宽度与长度所构成的图面。在绘制施工图时，应当采用规定的基本幅面尺寸，尺寸单位为毫米（mm）。基本幅面代号有 A0、A1、A2、A3、A4 这五种，具体尺寸如表 1-1 所示。

表 1-1　各类图幅尺寸

尺寸代号	A0	A1	A2	A3	A4
$b \times l$	841×1189	594×841	420×594	297×420	210×297
c	10			5	
a	25				

以图 1-12 为例，在图纸中，b 与 l 分别代表图纸的短边与长边，a、c 分别表示图内框线到图幅边缘之间的距离。A0 图幅的面积约为 1 m²，A0 图幅对折后会变成 A1 大小的图幅，A1 图幅对折后则变成 A2 大小的图幅，以此类推，上一图幅的短边即为下一图幅的长边。

图纸幅面分为横式和立式两种。若以短边作为垂直边，则称为横式，如图 1-12 中 a 图所示；若以短边作为水平边，则称为立式，如图 1-12 中 b 图所示。一般来说，A0 至 A3 的图纸常采用横式幅面，在必要情况下也可采用立式幅面。图纸的四条边均应附有对中标志，对中标志需画在边长的中点处，用中实线绘制，其长度约为 0.35 mm，伸入框内约 5 mm。

在工程制图时要注意，工程图纸应力求格式整齐、统一。图幅的选用应以一种规格为主，尽量避免同时使用多种不同大小的图幅，一般幅面种类不要多于两种（目录及表格除外）。

二、标题栏和会签栏

（一）标题栏

在工程制图中，为便于读图以及查询相关信息，图纸通常会设置标题栏。标题栏的位置一般处于图纸的右下角，看图方向通常要与标题栏方向保持一致。

图纸的标题栏（简称图标）格式和尺寸如图 1-13、图 1-14 所示。

按照国家规定，工程图纸标题栏用于说明图纸内容并提供可视化提示，其中包含图纸编号、工程名称、图纸（样）名称、图纸内容描述、制图日期、图纸审核日期、图纸执行日期、图纸设计人员名称、图纸审核人员名称、图

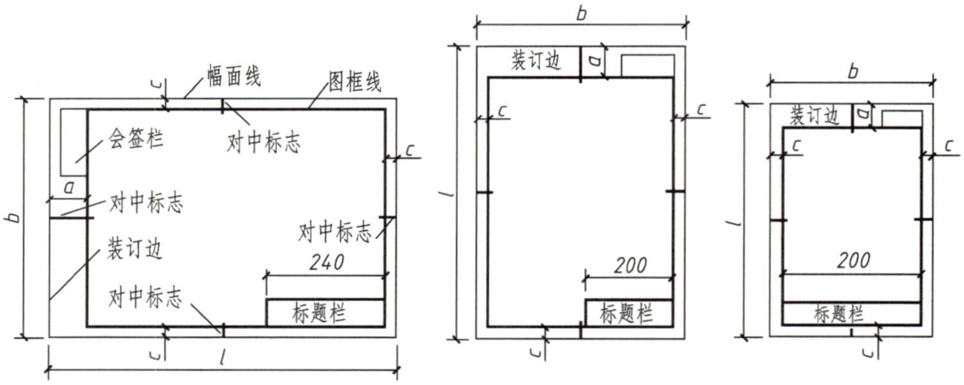

a 横式幅面　　b 立式幅面

图 1-12 图纸幅面

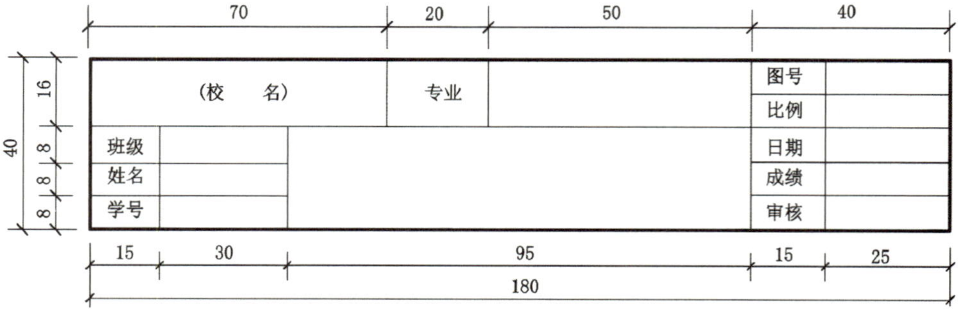

图 1-13 学生作业用标题栏示例

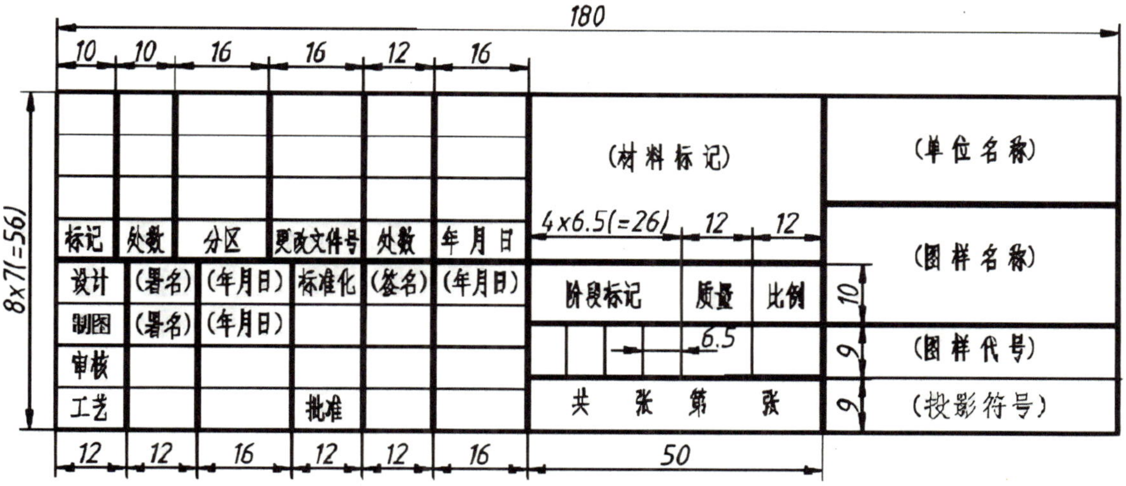

图 1-14 国家规定的标题栏格式和尺寸工程用标题栏示例

纸编制机构以及图纸使用范围等内容。（图 1-14）

（二）会签栏

会签栏是在完善图纸、施工组织设计、施工方案等重要文件时，按程序报批的一种常用形式，其具体格式如图 1-15。

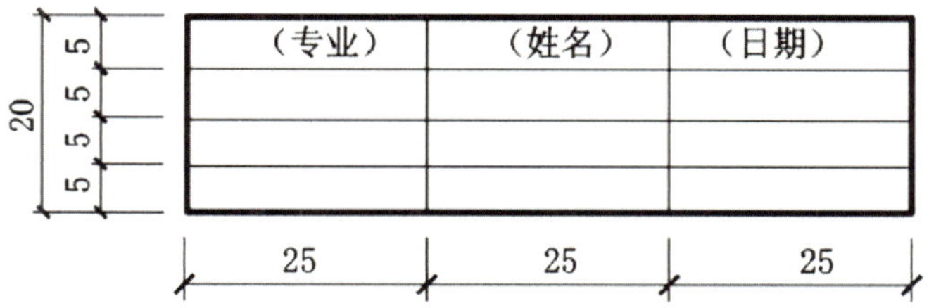

图 1-15 会签栏样例

会签栏内应填写会签人员所代表的专业、姓名以及日期（年月日）。当一个会签栏不够用时，可以另外增加一个，且这两个会签栏应并列放置。会签栏的内容根据具体情况进行设置，若没有需要，也可不设置会签栏。

思考：

1. 施工图可用的图纸幅面有哪些，统一图纸幅面的目的是什么？
2. 标题栏包括哪些内容，它的作用是什么？

知识点二　图线

一、线型及其应用

施工图通常由各种各样的线条绘制而成，不同形状、粗细的线条有着不同的含义。所以，掌握各类图线的类型、用途和画法，是识读与绘制建筑图纸的基本技能。建筑图纸常用的图线包括实线、虚线、单点长画线、双点长画线、折断线、波浪线等，其线型与用途见表 1-2。

表 1-2　各类线型的规格及用途

名称		线型	线宽	一般用途
实线	粗		*b*	主要可见轮廓线
	中粗		0.7*b*	可见轮廓线
	中		0.5*b*	可见轮廓线、尺寸线、变更云线
	细		0.25*b*	图例填充线、家具线
虚线	粗		*b*	见各有关专业制图标准
	中粗		0.7*b*	不可见轮廓线
	中		0.5*b*	不可见轮廓线、图例线
	细		0.25*b*	图例填充线、图例线
单点长画线	粗		*b*	见各有关专业制图标准
	中		0.5*b*	见各有关专业制图标准
	细		0.25*b*	中心线、对称线、轴线等
双点长画线	粗		*b*	见各有关专业制图标准
	中		0.5*b*	见各有关专业制图标准
	细		0.25*b*	假想轮廓线、成型前原始轮廓线
折断线	细		0.25*b*	断开界线
波浪线	细		0.25*b*	断开界线

二、图线的画法

因为施工图中图线多且线型繁杂，为了使图面美观且便于识图，所以绘制图线时有一些要特别注意的内容。

(1) 在没有其他规定的情况下，两条平行线之间的最小间隙不得小于 0.7 mm；

(2) 虚线与虚线相交、虚线与点画线相交时应以线段进行相交；虚线、点画线如果是用粗实线的延长线，应留有空隙；虚线与粗实线相交时不留空隙（图 1-16、图 1-17）；

(3) 当两种或两种以上图线重叠时，应按“粗实线—细虚线—细点画线—双点画线”的优先顺序来画出所需的图线；

(4) 同一图样中同类线条的宽度要保持一致；

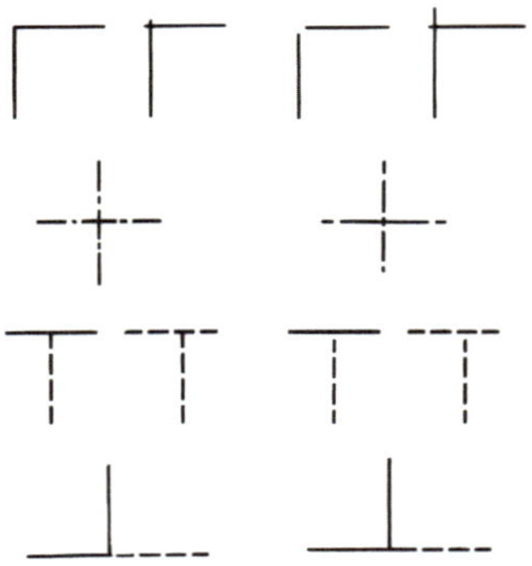

正确　　错误

图 1-16 图线相交时的画法

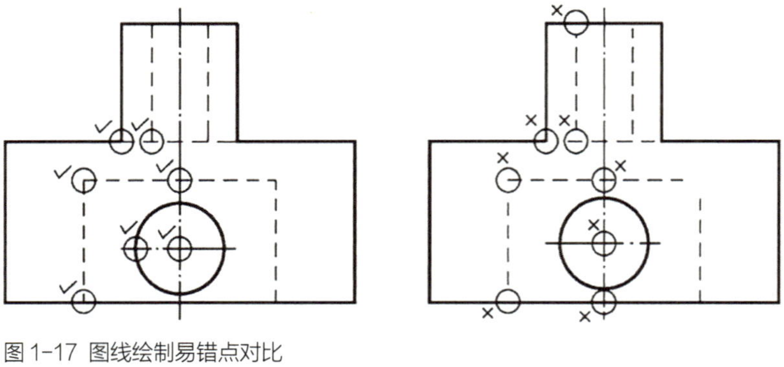

图 1-17 图线绘制易错点对比

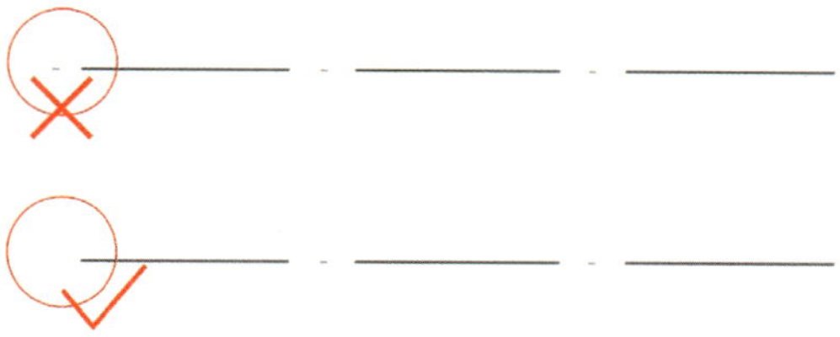

图 1-18 点画线开头为线段

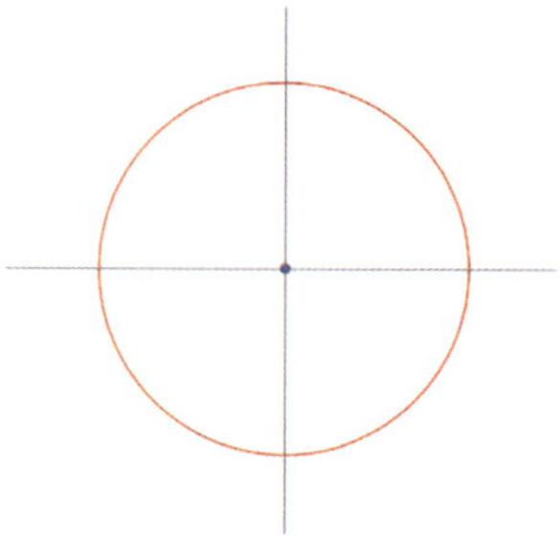

图 1-19 运用实线的点画线

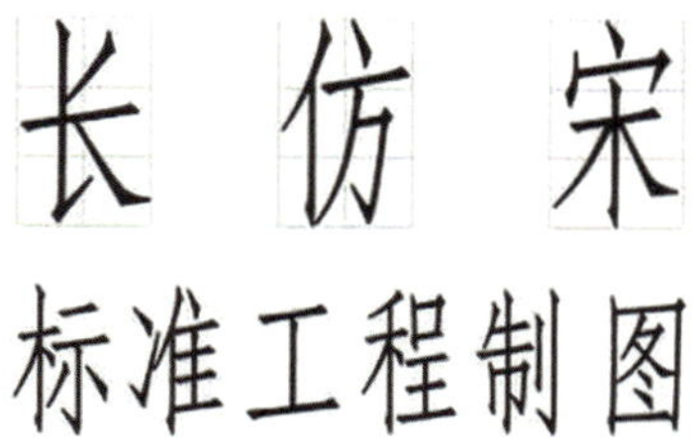

图 1-20 长仿宋体

图 1-21 阿拉伯数字和拉丁字母注写样式

（5）虚线、点画线及双点画线的线段长度和间距应大致相等；

（6）点画线、双点画线的首末两端应是线段，而不是短画线。点画线、双点画线的点不是传统意义的点，而是一个约 1 mm 的短画线（图 1-18）；

（7）在绘制圆的中心线时，圆心应为线段的交点（图 1-19）；

（8）在较小的图形上绘制点画线或双点画线时比较困难，这时可用细实线进行代替（图 1-19）；

（9）同一图样中，同类线的宽度应一致，虚线、点画线、双点画线的各自线段的长短和间隙要相等。

思考：

1. 各种线型在施工图中分别代表什么含义？
2. 在施工图中为什么要使用不同的线型？

知识点三　文字

建筑施工图中的常用文字包含汉字、数字以及字母。字体大小被称为字号，通常我们通过字体的高矮来控制字号大小。在图纸中，常用的字高有 3.5 mm、5 mm、7 mm、10 mm、14 mm、20 mm。如果需要书写更大的字体，其字体高度应按$\sqrt{2}$的比率递增。

一、汉字

施工图中的汉字应使用简体字，且书写为长仿宋体（图 1-20）。长仿宋体具有特定的比例要求，其字高与字宽的比例大约为 3 ∶ 2 或 1 ∶ 0.7。同时，在书写长仿宋体文字时，要做到横平竖直，笔画起落分明，字形需填满方格，结构要匀称。

二、数字、字母

图纸上所使用的字母为拉丁字母，数字则涵盖阿拉伯数字、罗马数字以及少数希腊字母。字体分为一般字体和窄字体这两种类型，而每种类型又可细分为直体字和斜体字。当拉丁字母单独作为代号使用时，不采用 I、O 及 Z 这三个字母，目的是避免与阿拉伯数字的 1、0、2 产生混淆。如果拉丁字母、阿拉伯数字与罗马数字需写成斜体字，其倾斜角度应是从字的底线逆时针向上倾斜 75° 。（图 1-21）

知识点四　比例

在实际建筑施工图图纸的绘制过程中，图纸的大小是有明确限定的，不可能实物有多大就画多大。在绘制施工图时需要根据图纸大小选择合适的缩小比例尺来进行绘制。

一、比例的概念

图纸比例是指实际长度与图纸上的长度之间的比例关系。在工程、建筑等领域中，正确使用图纸比例极为重要，它能保证设计和施工过程的准确性和效率。

二、比例的注意事项

（1）图样的比例，是指图形与实物相对应的线性尺寸之比。例如 1 ∶ 1 表示图形大小与实物大小相同，1 ∶ 100 表示实物中 100 m 的长度在图形中按比例缩小画成 1 m。

（2）比例的大小由比值决定，如 1 ∶ 50 的比值大于 1 ∶ 100 的比值，所以 1 ∶ 50 大于 1 ∶ 100。

（3）比例需用阿拉伯数字表示，例如 1 ∶ 1、1 ∶ 2、1 ∶ 100 等。

（4）比例应注写在图名的右侧，其字号应比图名的字号小一号或小二号，如图 1-22 所示。

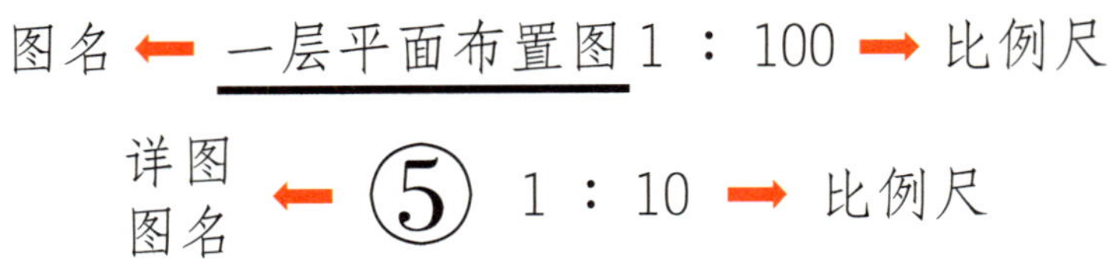

图 1-22　比例的注写样式

在一般情况下，应该优先选用表 1-3 中所示比例。

表 1-3　各类图纸常用比例

图纸类型	常用比例	可用比例
建筑总平面图	1 ∶ 500　1 ∶ 1000 1 ∶ 2000　1 ∶ 5000	1 ∶ 2500　1 ∶ 10000
竖向布置、管线综合图、断面图等	1 ∶ 100　1 ∶ 200　1 ∶ 500 1 ∶ 1000　1 ∶ 2000	1 ∶ 300　1 ∶ 5000
平面图、立面图、剖面图、结构布置图、设备布置图等	1 ∶ 50　1 ∶ 100　1 ∶ 200	1 ∶ 150　1 ∶ 300　1 ∶ 400
内容比较简单的平面图	1 ∶ 200　1 ∶ 400	1 ∶ 500
详图、大样图	1 ∶ 1　1 ∶ 2　1 ∶ 5　1 ∶ 10 1 ∶ 20　1 ∶ 25　1 ∶ 50	1 ∶ 3　1 ∶ 15　1 ∶ 30 1 ∶ 40　1 ∶ 60

三、比例尺换算公式

为了方便识图并保证图纸的美观度，施工图纸需要根据图形大小，选择合适的比例尺进行绘制，常用公式如下：

$$实际距离 \div 比例尺 = 纸上距离$$

例如，建筑总长为 15.8 m，设定比例尺为 1 ∶ 100，图纸上的长度应为：15.8÷100=0.158 m，因此图纸上应是 0.158 m，单位换算成厘米应是 15.8 cm。

同理，相同距离，不同比例尺，图纸上的距离也会不同，如表 1–4 所示。

表 1–4　相同尺寸不同比例尺换算结果

实际距离	比例尺	图上距离
15.8 m	1 ∶ 20	79 cm
15.8 m	1 ∶ 50	31.6 cm
15.8 m	1 ∶ 200	7.9 cm

思考及练习：

1. 实际距离 295 m，用 1 ∶ 100、1 ∶ 150、1 ∶ 200 的比例尺进行绘制时在图上距离分别是多少？
2. 如何选择合适的比例尺进行绘图？

知识点五　尺寸标注

图样中的图形仅仅确定了所绘制物体的形状，而物体的真实大小则需要靠尺寸来明确。因此，尺寸标注是图样中的重要内容。尺寸标注也是制图工作中极为重要的一环，这就要求制图者在进行尺寸标注时必须认真细致、一丝不苟。

一、尺寸标注的基本原则

1. 物体的真实大小应以图样上所注的尺寸数值为依据，其大小与图形的大小及绘图的准确程度无关。
2. 图样中的尺寸若以毫米（mm）为单位，不需要注明计量单位的代号或名称；如采用其他单位，则必须注明相应的计量单位的代号或名称。
3. 物体的每一尺寸，在图样中一般只标注一次，并且应标注在能够最清晰反映该结构的图形上。
4. 图样中所注尺寸是该物体最后完工时的尺寸，否则应另加说明。

二、尺寸标注的组成

一组完整的尺寸由尺寸界线、尺寸线、尺寸起止符号（箭头或斜线）和尺寸数字组成，这四个部分常被称为尺寸的四要素，如图 1–23 所示。

（一）尺寸界线

尺寸界线是表示尺寸的起止的画法。通常，它用细实线来绘制，并且需垂直于尺寸线。具体而言，尺寸界线的一端不应与图形轮廓线接触，应当离开图形 3 mm 至 5 mm 的距离（起点偏移量），另一端则要伸出尺寸线外 2 mm 至 3 mm。在某些情况下，也可以借用轮廓线、中心线等作为尺寸界线（图 1–23）。

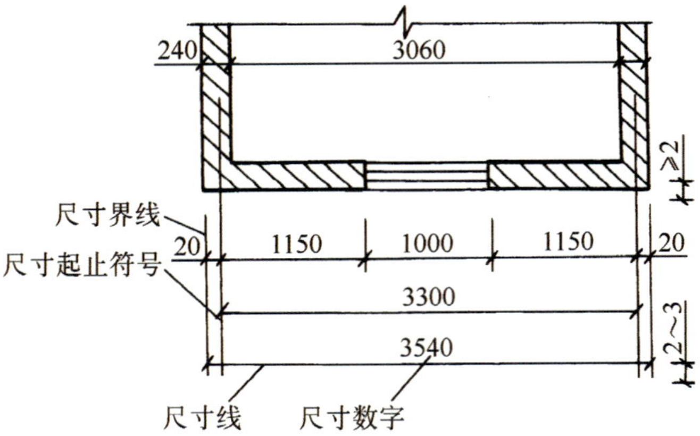

图 1-23 尺寸标注的组成

（二）尺寸线

1. 尺寸线需用细实线绘制，不得用其他图线替代，且不能画在其他图线的延长线上。

2. 标注各种线的尺寸时，尺寸线必须与所注尺寸的方向保持平行。

3. 当存在几条相互平行的尺寸线时，大尺寸应标注在小尺寸的外侧，以免尺寸线与尺寸界线相交。

4. 在圆或圆弧上进行直径尺寸标注时，尺寸线通常应通过圆心，尺寸应标注在直径的延长线上。

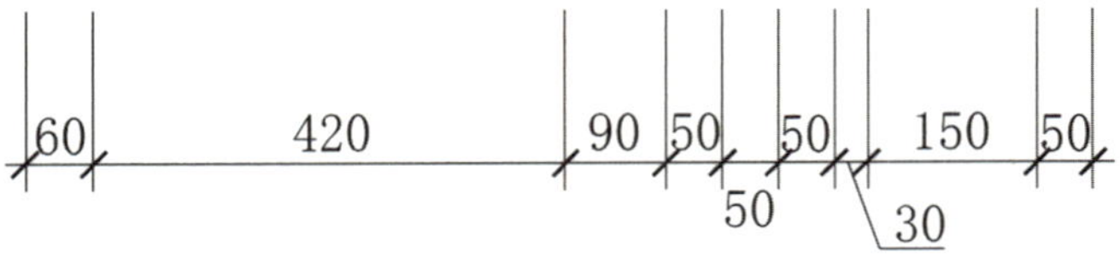

图 1-24 尺寸起止符号、尺寸数字注写方式

（三）尺寸起止符号

尺寸起止符号一般采用中粗斜短线绘制，其倾斜方向需与尺寸界线呈顺时针 45° 角，长度适宜在 2 mm 至 3 mm（图 1–24）。而在标注半径、直径、角度和弧长的尺寸起止符号时可以用箭头来表示。

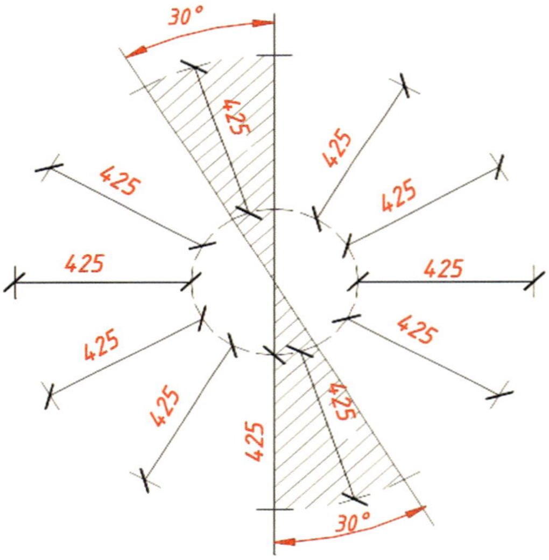

图 1-25 30° 范围内尺寸数字标注方法

（四）尺寸数字

1. 线性尺寸的数字一般标注在尺寸界线的中部上方，如没有足够的注写位置，最外边的尺寸数字可注写在尺寸界线外侧，中间相邻的尺寸数字可错开注写，也可引出注写。（图 1–24）

2. 尺寸数字在书写时，水平方向的尺寸数字头朝上，垂直方向的尺寸数字头朝左，倾斜方向的尺寸数字字头要保持朝上的趋势。

3. 应避免在 30° 范围内标注尺寸。实在无法避免时，可按照图 1–25 所示进行标注。

（五）尺寸标注的注意事项

1. 在进行尺寸标注时，应遵循大尺寸标注在外，小尺寸标注在内的原则。（图 1–26）

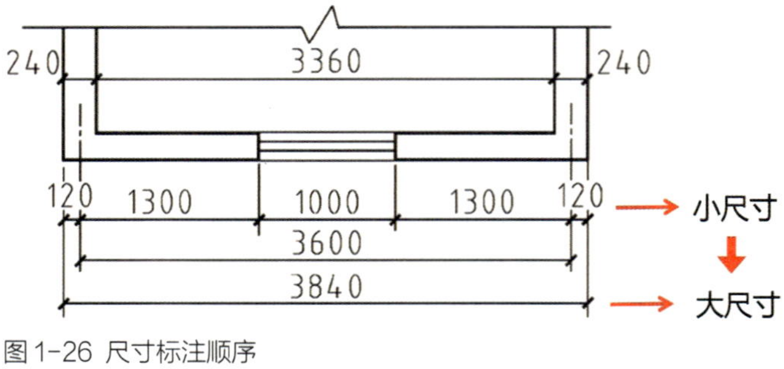

图 1-26 尺寸标注顺序

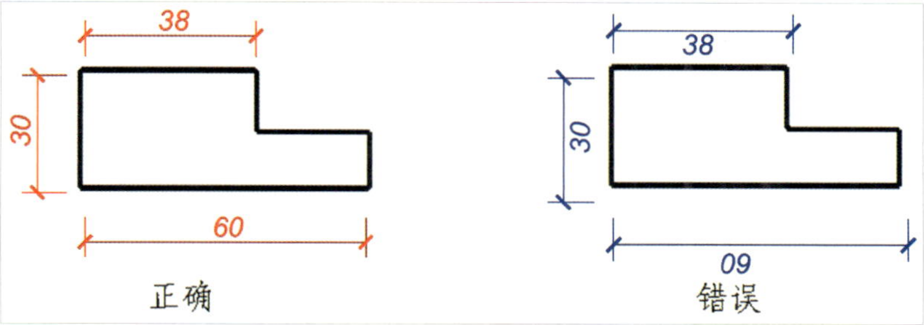

图 1-27 尺寸数字注写正误对照图

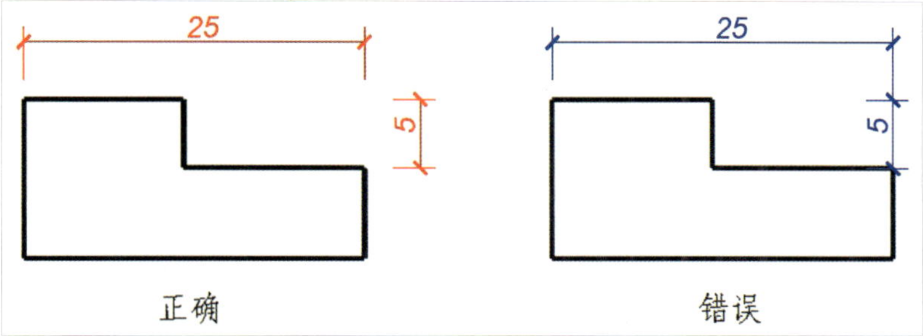

图 1-28 尺寸线的延长线标注的正误对照图

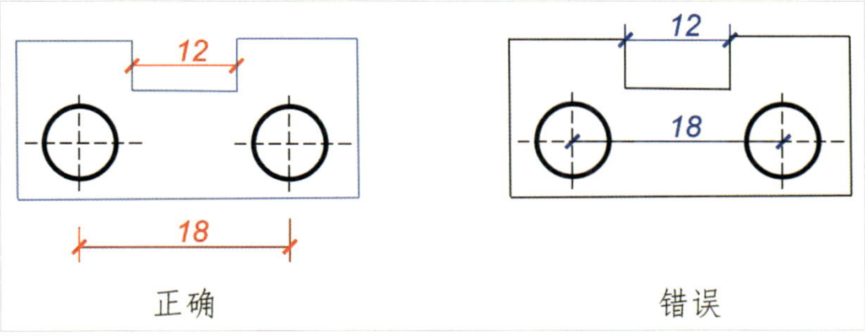

图 1-29 轮廓线、中心线标注的正误对照图

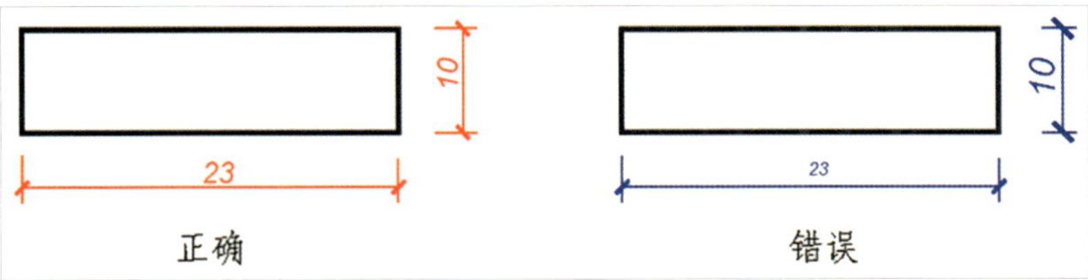

图 1-30 尺寸数字标注的正误对照图

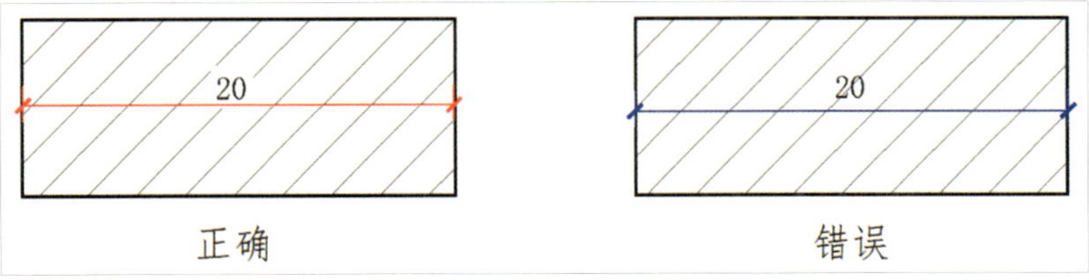

图 1-31 断面标注尺寸时中间留空

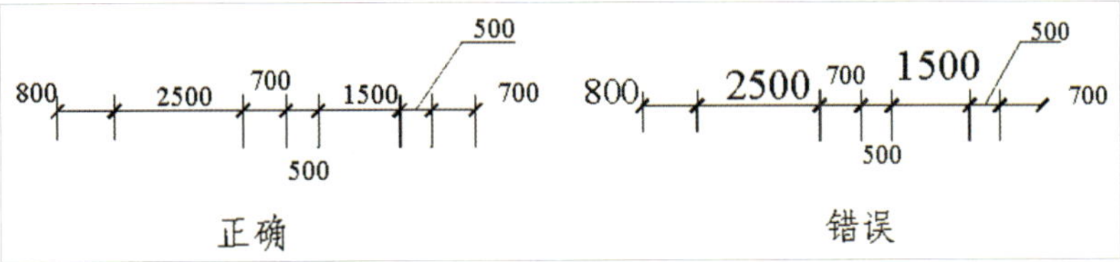

图 1-32 位置较窄时尺寸数字注写方式

2. 尺寸数字应写在尺寸线的中间，水平尺寸线的数字尺寸应从左到右写在尺寸线上方，垂直尺寸线的数字尺寸，应从下到上写在尺寸线左边。（图 1–27）

3. 不能把尺寸界线当作尺寸线。例如图 1–28 的右图就是错误的标注方法，图中尺寸线的延长线与图形轮廓重合，这种情况会干扰识图，使人容易分不清是尺寸线还是轮廓线。

4. 轮廓线、中心线可以用作尺寸界线，但不能作为尺寸线，如图 1–29 所示。

5. 同一张图纸内尺寸数字的字号大小应保持一致。（图 1–30）

6. 在断面图中书写数字时，应在标注数字的地方留空，不画剖面线。（图 1–31）

7. 当两组尺寸界线之间的位置比较窄时，尺寸数字可注在尺寸界线外侧，或上下错开标注，也可以用引出线引出后再进行标注，如图 1–32 所示。

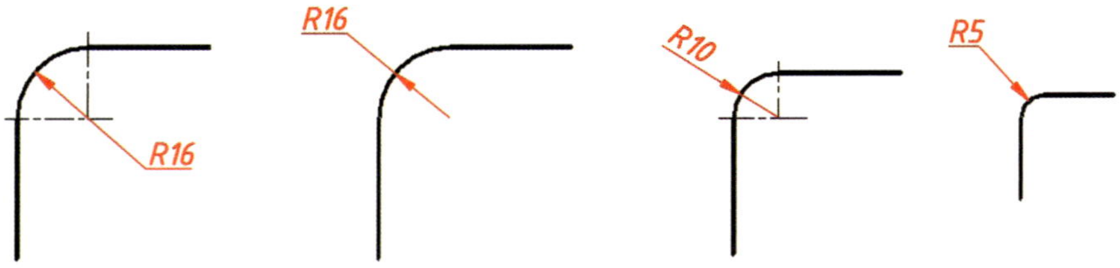

图 1-33 半径的标注方法

三、半径的标注

标注半径尺寸时，尺寸线的一端应从圆心开始绘制，另一端画箭头指向圆弧，同时在半径数字前需加上半径符号“*R*”，如图 1-33 所示。

如果圆弧比较大，可以参照图 1-34 所示进行标注。

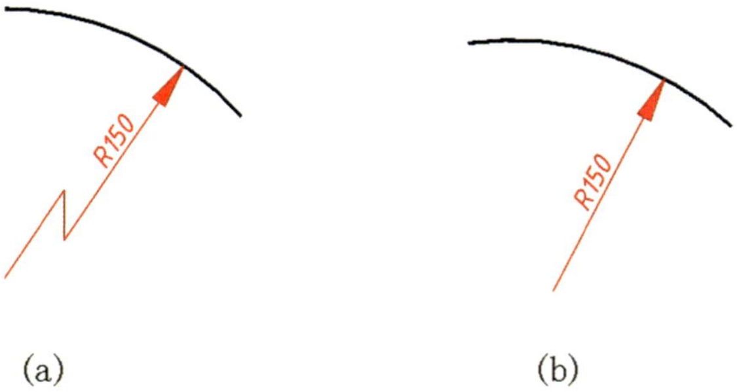

图 1-34 较大圆弧半径的标注方法

四、直径的标注

在标注圆形的直径尺寸时，需在直径数字前添加直径符号“*Ø*”。当在圆内进行标注时，尺寸线应通过圆心，并且在两端绘制箭头指向圆弧，较小的圆形其直径尺寸标注，应在圆外进行。（图 1-35）

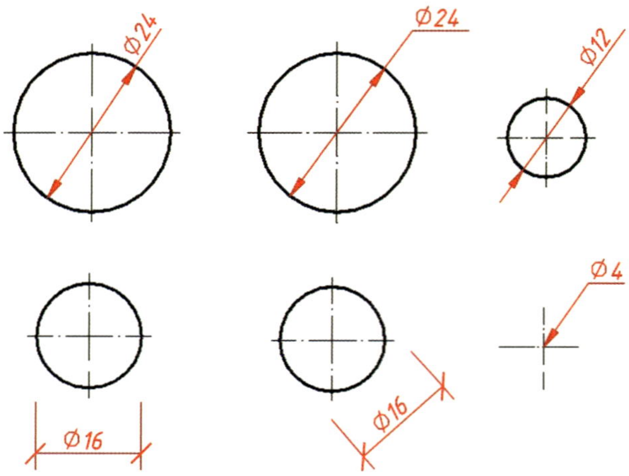

图 1-35 直径的不同表示方法

五、角度的标注

角度尺寸线以圆弧来表示，此圆弧的圆心为角的顶点，而角的两条边为尺寸界线。起止符号采用箭头表示，角度数字需按水平方向进行注写，如图 1-36 所示。

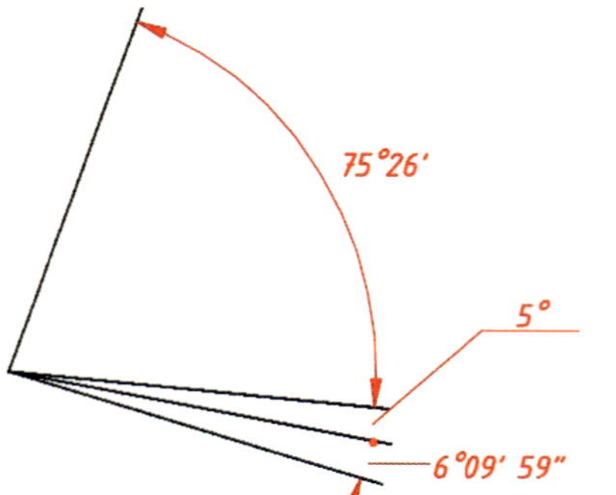

图 1-36 角度的标注

六、弧长及弦长的标注

（一）弧长的标注

标注圆弧的弧长时，尺寸线应以与该圆弧同心的圆弧线来表示，尺寸界线应垂直于该圆弧的弦，起止符号用箭头表示，需在弧长数字上方加上圆弧符号“⌒”，如图 1-37 所示。

（二）弦长的标注

在标注圆弧的弦长时，尺寸线应以平行于该弦的直线来表示，尺寸界线垂直于该弦，起止符号用中粗斜短线表示，如图 1-38 所示。

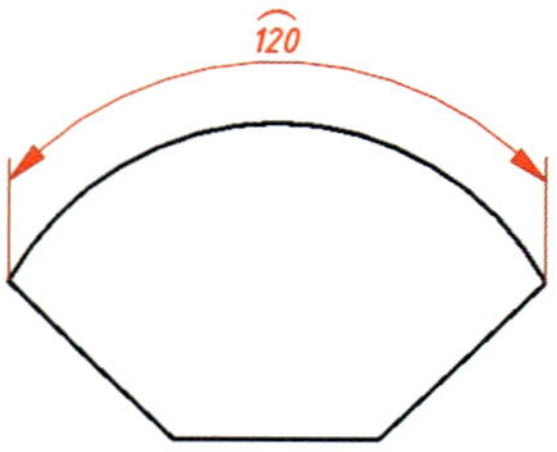

图 1-37 弧长的标注

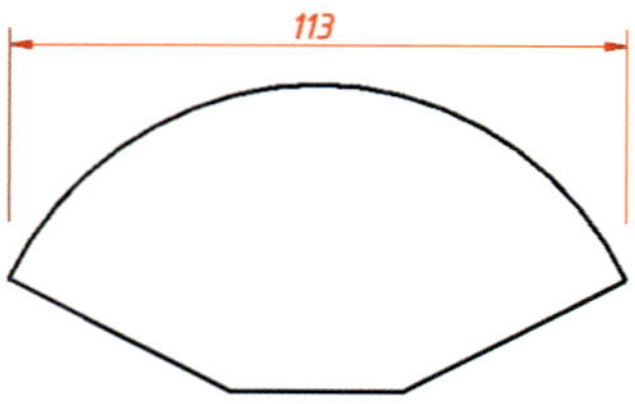

图 1-38 弦长的标注

思考及练习：

1. 尺寸标注的作用是什么？
2. 在进行图纸的尺寸标注时要注意哪些问题？

任务三 投影基础

【任务目标】

知识目标：

1. 理解建立三面投影体系的原因。
2. 掌握三面投影图的形成过程和展开过程。

能力目标：

1. 培养学生的动手与动脑能力，让学生在互相交流中领悟知识、发现问题并解决问题，进而提高学生的空间想象能力。

2. 培养学生的观察能力、分析和理解能力及创造性思维的能力。通过引导学生探索求知、分析图解、开展讨论交流激发学生独立思考、主动获取新知识的能力。

素质目标：

1. 通过学习三面投影图，引导学生探索三维空间的奥秘，从而激发学生学科学、用科学、爱科学的求知欲。

2. 在学习过程中，注重培养学生耐心细致的学习作风以及团结合作的精神。

【学习重难点】

学习重点：

三面投影图的形成、展开以及绘制方法。

学习难点：

三面投影图的形成和展开规律。

【学习内容】

知识点一　投影图概述

从几何的观点出发，一切的空间立体形态都可以被看成由点、线、面所组成。这里我们重点研究将三维空间中的点、直线、平面及其相对位置关系在二维平面上表达出来的理论和方法。这一学习过程，能使学生初步建立起一定的空间概念，为能更好地理解施工图的形成原理，以及学习后续知识内容奠定基础。

一、投影及投影图

（一）投影的概念

在日常生活中，当太阳光照射物体时，在地面或墙上会产生与原物体相同或相似的影子，这就是投影。人们根据这个自然现象，总结出将空间物体表达为平面图形的方法，这种方法叫作投影法。投影法包含投影线、投影面、投影这几个概念。向物体投射的光线，称为投影线；出现影像的平面，称为投影面；所得影像的集合轮廓则称为投影或投影图。（图 1-39）

（二）投影图的概念

在工程制图中，常把物体在某个投影面上的正投影称为视图，将相应的投射方向称为视向。视向包含正视、俯视、侧视这几种类型。其中，正面投影、水平投影、侧面投影分别对应被称为正视图、俯视图、侧视图。在建筑工程制图中，它们被称为正立面图（简称正面图）、平面图、左侧立面图（简称侧面图）。而物体的三面投影图总体被称为三视图或三面图。

二、投影的分类

投影法依据投影线性质的不同，可分为中心投影法和平行投影法。

（一）中心投影法

当投影线从投影中心的一点射出，穿过物体后与投影面相交，所形成的图形被称为中心投影，而投影线的出发点就叫作投影中心。采用这种投影方式的方法，称为中心投影法，所得的单面投影图，称为中心投影图。由于投影线彼此不平行，所得图形无法反映物体的真实大小。因此，中心投影不能作为绘制工程图样的基本方法。（图 1-40）

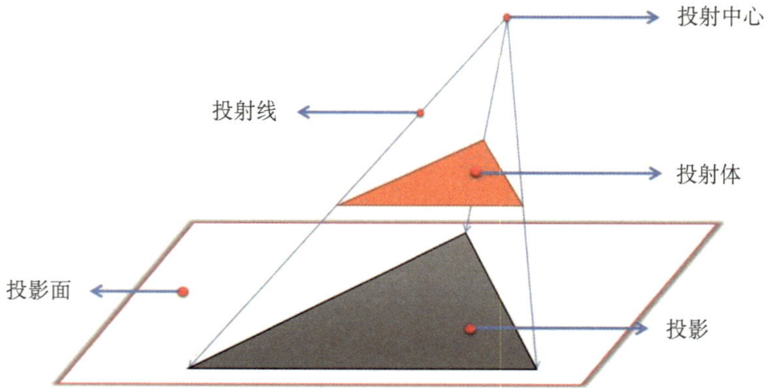

图 1-39 投影法分析图

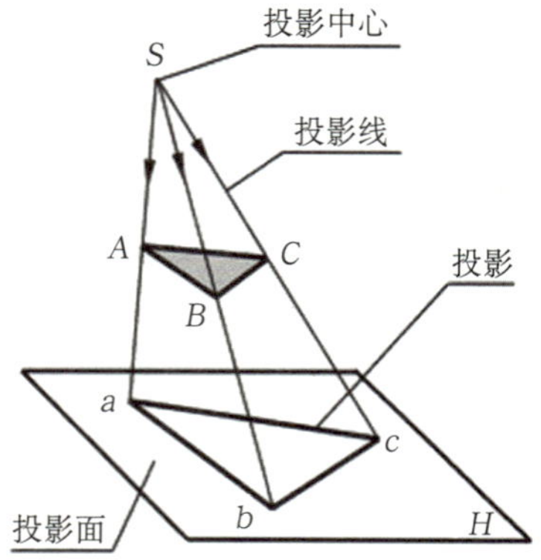

图 1-40 中心投影法

（二）平行投影法

如果将投影中心移至无穷远处，此时投影可被看成互相平行的线。这些平行的投影线通过物体与投影面相交，所得的图形被称为平行投影；用平行投影线进行投影的方法，称为平行投影法。在平行投影法中，根据投射方向是否垂直于投影面，平行投影法可分为斜投影法和正投影法两种。

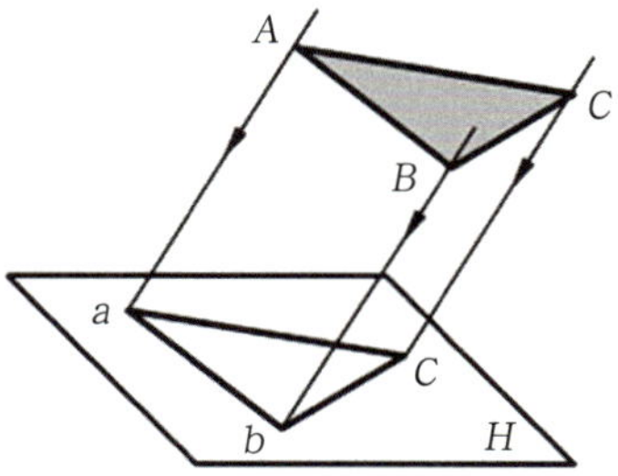

图 1-41 斜投影法

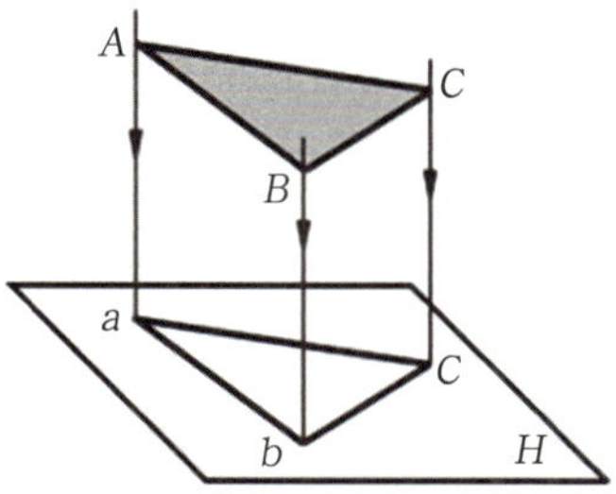

图 1-42 正投影法

1. 斜投影法

投影线与投影面呈倾斜角度时所产生的投影，我们将其称之为斜投影（图 1-41）。斜投影是指平行投射线倾斜于投影面所形成的投影方式。由于这种投影方式的特性，它不能反映物体的真实尺寸。不过，在工程制图中，斜投影却有着重要的应用，我们常用它来表示三维模型的内部结构，这样能够更清楚地展示物体的几何结构特征。

2. 正投影法

投影线垂直于投影面所产生的投影，称为正投影，其绘制方法称为正投影法（图 1-42）。正投影法是工程制图中被广泛应用的方法。

三、投影的特点

这里我们以对直线和平面的正投影为例，来说明正投影的特性。

（一）真实性

当直线或平面图形与投影面平行时，其投影能够反映出线段的实际长度以及平面图形的真实形状（图 1-43）。

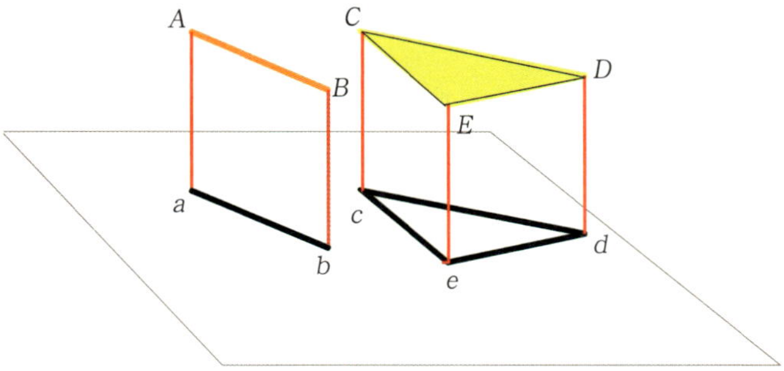

图 1-43 投影的真实性

（二）积聚性

当直线或平面图形垂直于投影面时，直线段的投影会积聚成一个点，平面图形的投影则会积聚成一条线（图 1-44）。

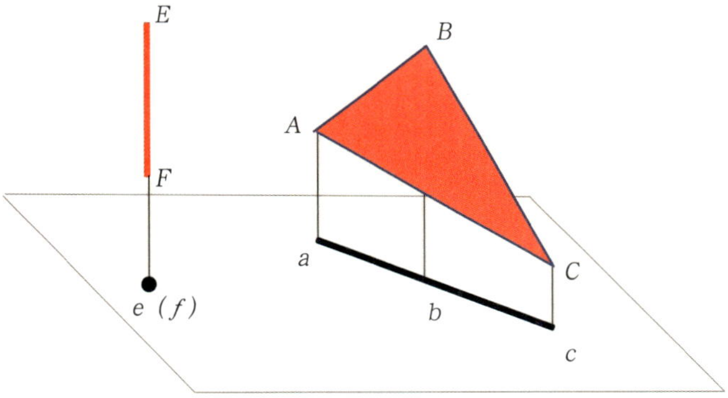

图 1-44 投影的积聚性

（三）类似性

当直线或平面图形倾斜于投影面时，直线段的投影仍然是直线段，不过其长度比实际长度短；平面图形的投影虽然仍是平面图形，但并不反映该平面的真实形状，而是呈现出与原平面图形类似的形状。（图 1-45）

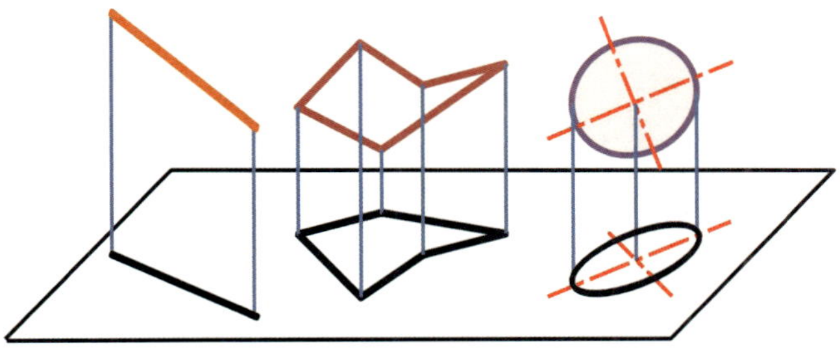
图 1-45 投影的类似性

由以上性质可知，在采用正投影画图时，为了准确反映物体的真实形状和大小，同时便于作图，应尽量使物体上的平面或直线处于与投影面平行或垂直的位置。

四、三面投影体系的建立

如图 1–46 所示，图中有四个形状不同的物体。可以发现，它们在同一个投影面上的投影是相同的。由此可知，如果没有其他说明，仅仅依据一个投影面上的投影，是无法确定物体的形状和大小的。

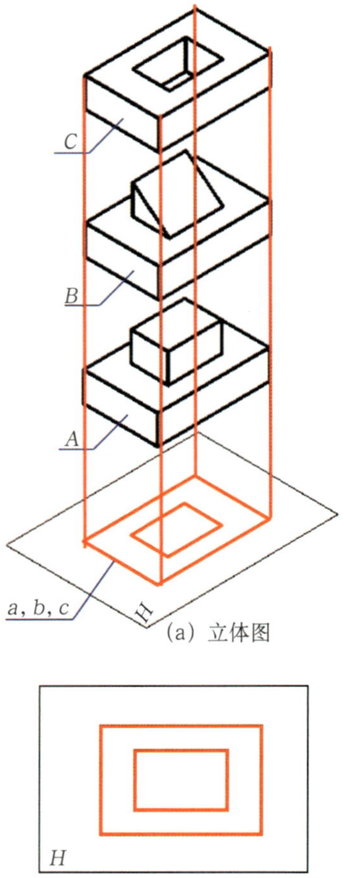

(a) 立体图

(b) 水平投影图

图 1–46 一个投影不能确定物体的形状

（一）三个投影面的建立

为了更好地了解物体的形态，通常需要把物体放置于一个三面投影体系中，分别向三个投影面进行投影操作。然后，将所得到的三个投影关联起来，互相补充，如此便能呈现出物体的真实形状与比例。（图 1–47）

（二）各投影面名称

在三面投影体系中，处于水平位置的投影面称为水平投影面，处于正立位置的投影面称为正立投影面，处于侧立位置的投影面称为侧立投影面。

如图 1–48 所示，其中正投影面即正立着的面，简称正投影面或 V 面；水平投影面即水平的面，简称水平面或 H 面；侧投影面即侧立着的面，简称侧面或 W 面。

在三投影面体系中，OX 轴是 V 面和 H 面的交线，OY 轴是 H 面和 W 面的交线，OZ 轴是 V 面和 W 面的交线，坐标原点 O 是 OX、OY、OZ 三轴的交点。

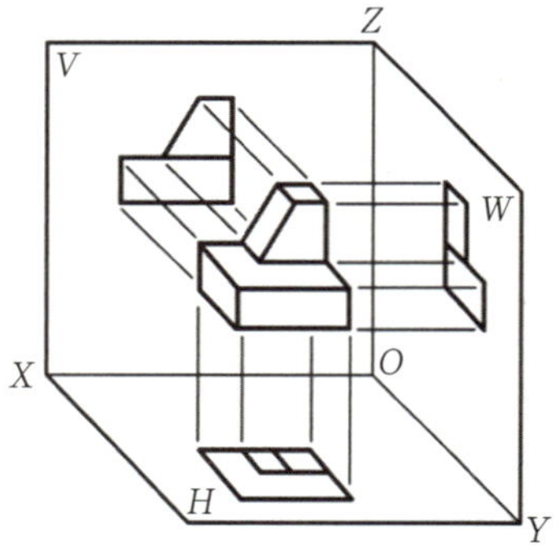

图 1–47 物体的三面投影

思考：

1. 工程制图使用的是什么投影法，它的特点是什么？
2. 需要对几个面进行识图才能确定图形的形态，为什么？

知识点二 三视图

一、三视图的形成原理

按照正投影法绘制而成的物体投影图，被称为视图。为了获得能反映物体真实形状和大小的视图，我们可以将物体放于三面投影体系中，假设物体悬空，并分别向 V 面、H 面、W 面进行投影。V 面上得到的投影图为主视图，在 H 面上得到的投影图叫作俯视图，在 W 面上得到的投影图称作左视图。

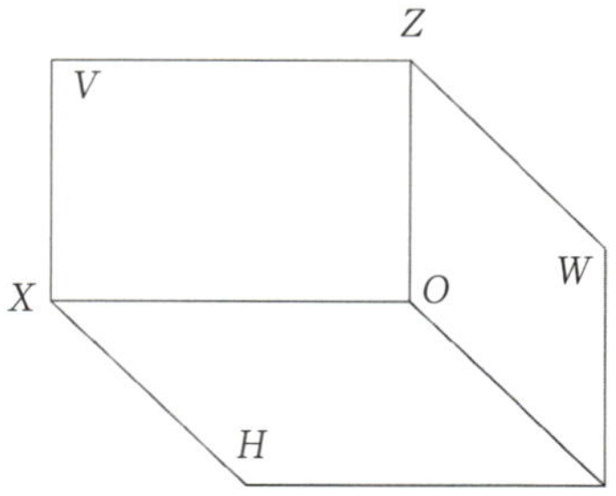

图 1–48 各投影面的名称

为了符合生产、施工的要求，我们需要把三视图画在一个平面内，即把三个投影面展开，展开方法如下：

1.V 面不动，H 面绕 OX 轴旋转 90 度，W 面绕 OZ 轴旋转 90 度，使 H 面、W 面与 V 面形成同一平面，如图 1–49（a）所示。

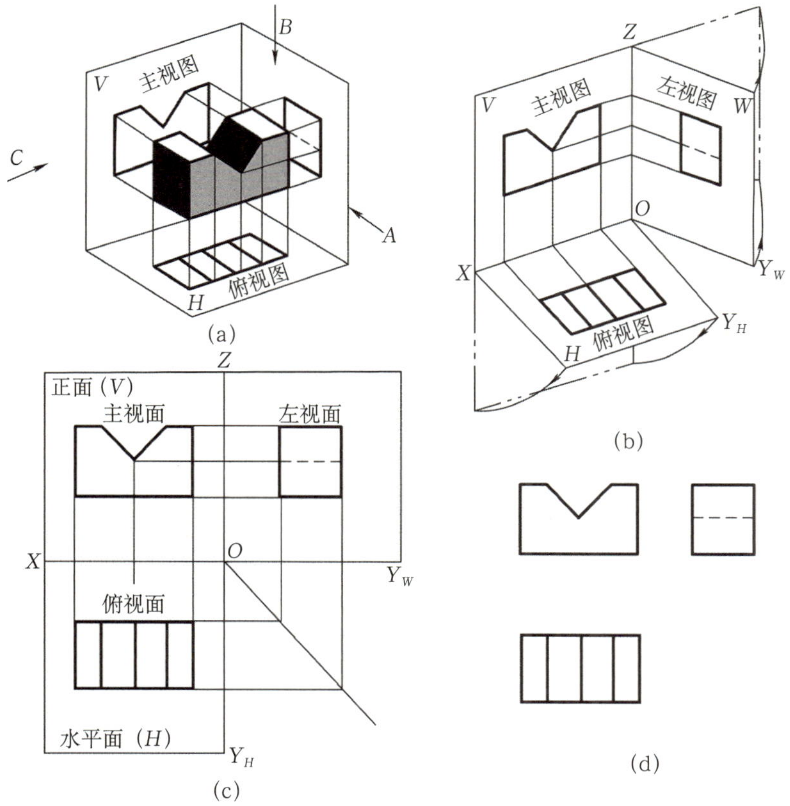

图1-49 投影面形成原理

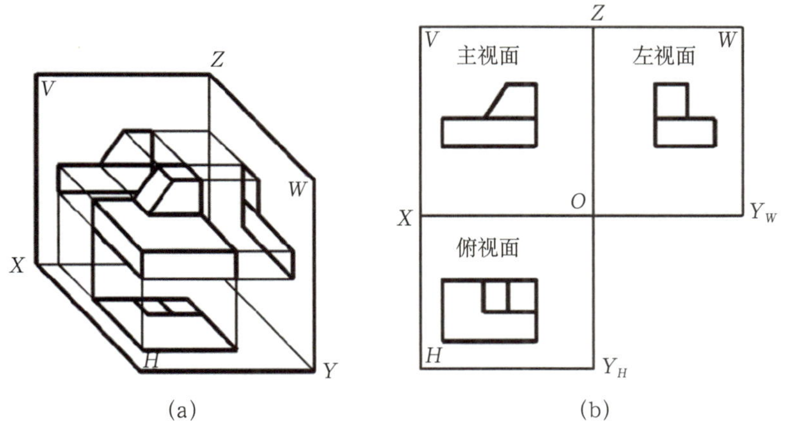

图1-50 三视图的位置关系

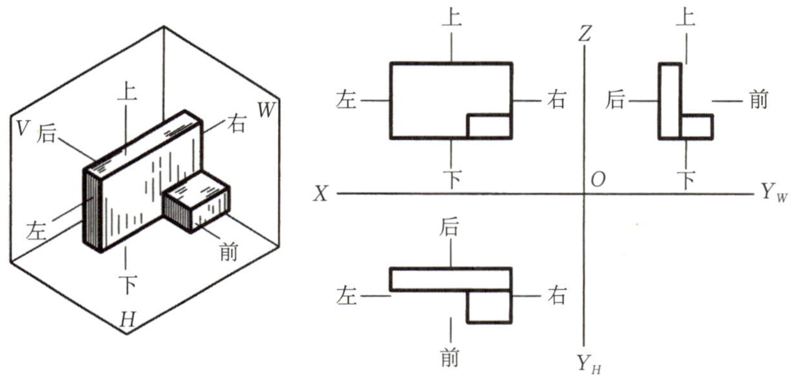

图1-51 三视图的方位关系

2. 在旋转过程中，将 OY 轴一分为二，随 H 面的称为 OYH，随 W 面的面称为 OYW，如图 1-49（b）所示。

3. 展开后的三视图，如图 1-49（c）所示。需要注意在生产中不需要画出投影轴和表示投影面的边框，视图按上述位置布置时，不需注出视图名称，图 1-49（d）为完成的三视图。

二、三视图的投影关系

通过观察展开后的三视图的各个投影面，能明确其位置关系、方位关系和三等关系。

（一）位置关系

位置关系是指三视图的摆放位置（图 1-50）。一般情况下，主视图放在首位，俯视图位于主视图正下方，左视图在主视图的右面。也就是说，当我们正对主视图，正下方是俯视图，右面是左视图。在不另加说明的情况下，这三个视图的位置是固定不变的。

（二）方位关系

任何物体都有前后、上下、左右六个方位。在三视图中，主视图和左视图能体现物体的上下方位；主视图、俯视图能体现物体的左右方位；俯视图、左视图能体现物体的前后方位。靠近主视图的一面为物体的后面，远离主视图的一面为物体的前面（图 1-51）。

（三）三等关系

任何三维物体都具有长、宽、高这三种尺寸。在制图规范中，左右方向度量的尺寸叫作长，前后方向度量的尺寸叫作宽，上下方向度量的尺寸叫作高。任何一个投影面的视图都反映物体两个方向的尺寸。主视图能反映立体长度和高度方向的尺寸，俯视图反映立体长度和宽度方向的尺寸，左视图反映立体宽度和高度方向的尺寸。因此，三个视图之间存在着主视、俯视长对正，主视、左视高平齐，俯视、左视宽相等的投影规律，简称为“长对正，高平齐，宽相等”（图 1-52）。无论是立体的总长、总宽、总高，还是某一局部尺寸，均遵循此规律。

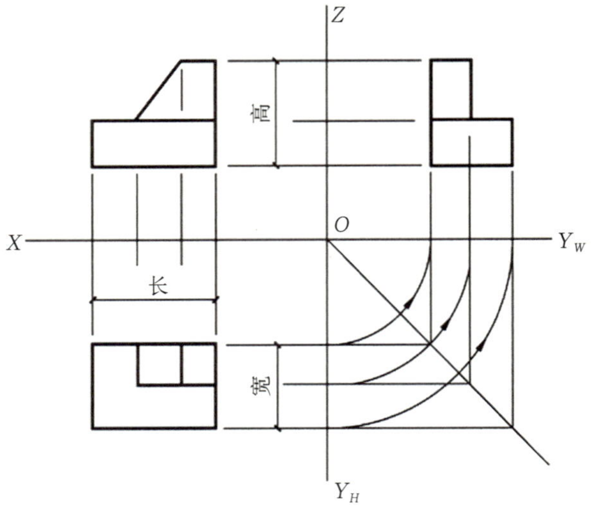

图 1-52 三视图的三等关系

思考：

1. 简要复述三视图的投影关系。
2. 为什么要学习三面投影图？

任务四 剖面图与断面图

【任务目标】

知识目标：

理解剖面图、断面图的定义以及相关制图标准。

能力目标：

1. 了解绘制剖面图、断面图的原理。
2. 掌握剖面图、断面图的绘图技巧。

素质目标：

1. 通过理解剖面图、断面图的原理，培养严谨科学的思维方式。
2. 通过制图训练，养成良好的职业行为习惯，具备良好的职业道德。

【学习重难点】

学习重点：

1. 了解剖面图和断面图，明确两者在图示上的区别以及具体画法。
2. 具备运用投影法绘制剖面图和断面图的能力。

学习难点：

1. 通过制图训练，养成良好的职业行为习惯，具备良好的职业道德。
2. 维护国家制图标准的严肃性和科学性，增强遵守国家规章制度的意识。

【学习内容】

知识点一　剖面图

一、剖面图的概念

假想用一个或多个垂直于物体的剖切面将物体纵向剖开，此时所得的投影图，称为剖面图。剖面图用于表示物体内部的结构构造形式、分层情况和各部位的联系、材料及其高度等，是与平面图、立面图相互配合的不可缺少的重要图样之一（图 1–53）。

用一个比较直观和常见的事物举例，比如我们用一把刀将蛋糕竖向切开，我们所看到的切开面的样子，就是蛋糕的剖面。在这个蛋糕的剖面图里，我们不仅能看到蛋糕内部的结构，了解有几层夹心，夹心分别用了什么原料，还能知道面上覆盖了多厚的奶油，这些信息都能在蛋糕的剖面图上有所体现（图 1–54）。

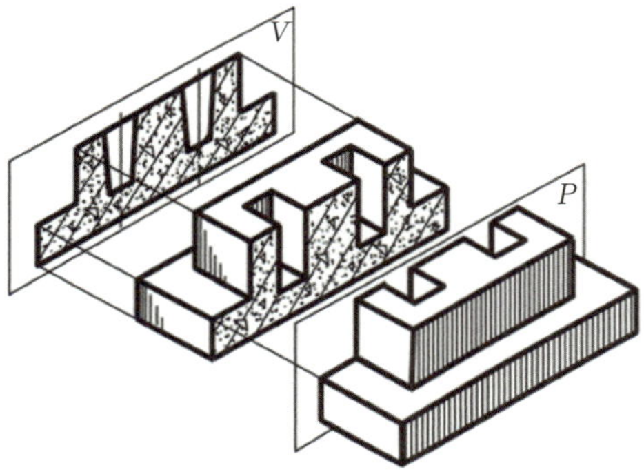

(a) 假想用剖切平面 P 剖开基础并向 V 面进行投影

(b) 基础的 V 向剖面图

图 1–53 剖面图的形成原理

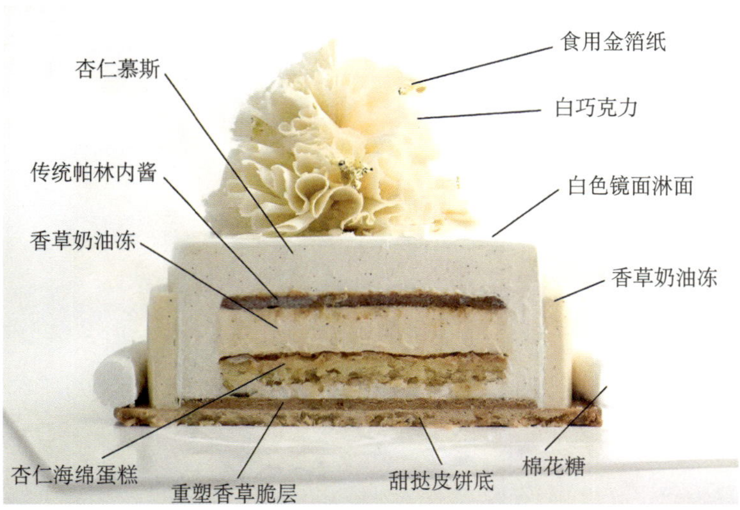

图 1–54 蛋糕剖面

二、剖面图的图示方法

（一）剖面图的画法

1. 确定剖切平面的位置和数量

（1）画剖面图时，应选择恰当的剖切平面位置，确保剖切后画出的图形能准确、全面地呈现所要表达部分的真实形状。

（2）确定剖切面位置时，选择的剖切平面应平行于投影面，并且要通过物体的孔洞、凹槽等内部结构的轴线或对称面。

（3）一个形体需绘制几个剖面图，应根据形体的复杂程度而定。

2. 绘制剖面图

（1）剖面图除了要画出物体剖切面的构造图形之外，还需画出沿投射方向看到的部分。其中被剖切面切到部分的轮廓线用粗实线绘制；剖切面未切到，但沿投射方向可以看到的部分，用中实线绘制。

（2）在制图基础阶段，通常用粗实线绘制剖切到的和沿投射方向可见的轮廓线。

（3）为使图形更加清晰，在能清楚表达物体结构的前提下，剖视图中应省略不必要的虚线。

3. 绘制材料图例

（1）为区分形体的空腔和实体，需要将剖切平面与物体接触部分画出材料图例，同时标明建筑物的建筑材料。

（2）在房屋建筑工程图中应采用表 1–5 规定的建筑材料图例。

（3）如未注明该形体的材料，则应在相应位置画出同向、同间距且与水平线成 45° 角的细实线，即剖面线。

4. 剖面图的标注（图 1–55）

（1）剖切符号

剖切位置及投影方向要用剖切符号来注明，剖切符号由剖切位置线及剖视方向线组成。

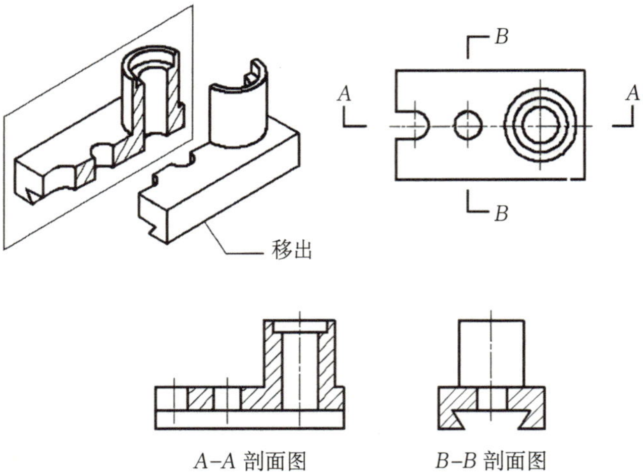

图 1–55 剖面图的标注

（2）剖面图名称

剖面图的标注通常使用阿拉伯数字或拉丁字母。在标注时，这些数字或字母应成对出现，且应同时标注在两个位置——剖切位置线外侧和剖面图的正下方。

表 1–5　常用建筑材料图例

序号	名称	图例	备注
1	自然土壤		包括各种自然土壤
2	夯实土壤		
3	砂、灰土	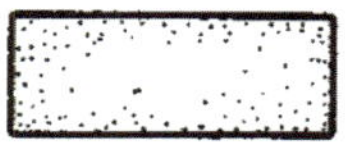	靠近轮廓线绘较密的点
4	砂砾石、碎砖三合土	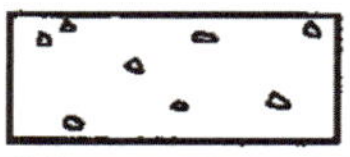	
5	石材	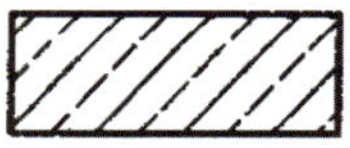	
6	毛石		
7	普通砖	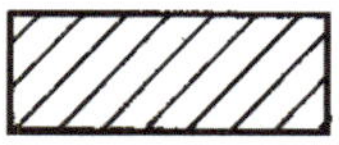	包括实心砖、多孔砖、砌块等砌体。断面较窄不易绘出图例线时，可涂红
8	耐火砖		包括耐酸砖等砌体
9	空心砖		指非承重砖砌体
10	饰面砖		包括铺地砖、马赛克、陶瓷锦砖、人造大理石等

续表

序号	名称	图例	备注
11	焦渣、矿渣	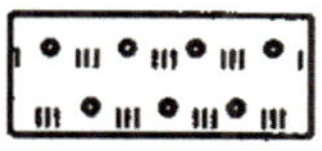	包括与水泥、石灰等混合而成的材料
12	混凝土		（1）本图例指能承重的混凝土及钢筋混凝土 （2）包括各种强度等级、骨料、添加剂的混凝土 （3）在剖面图上画出钢筋时，不画图例线 （4）断面图形小，不易画出图例线时，可涂黑
13	钢筋混凝土	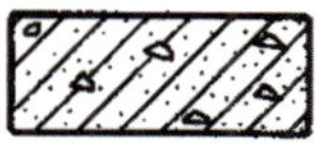	
14	多孔材料		包括水泥珍珠岩、沥青珍珠岩、泡沫混凝土、非承重加气混凝土、软木、蛭石制品等
15	纤维材料	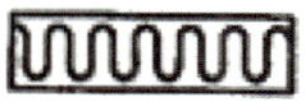	包括矿棉、岩棉、玻璃棉、麻丝、木丝板、纤维板等
16	泡沫塑料材料	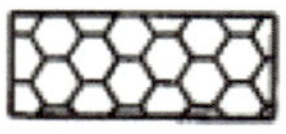	包括聚苯乙烯、聚乙烯、聚氨酯等多孔聚合物类材料
17	木材	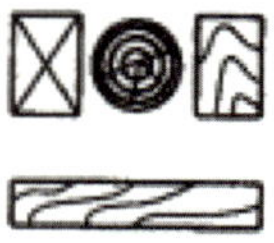	（1）上图为横断面，上左图为垫木、木砖或木龙骨； （2）下图为纵断面
18	胶合板		应注明为 × 层胶合板
19	石膏板	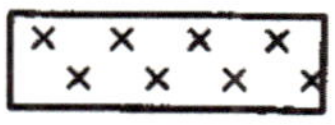	包括圆孔、方孔石膏板、防水石膏板等
20	金属		（1）包括各种金属 （2）图形小时，可涂黑
21	网状材料		（1）包括金属、塑料网状材料 （2）应注明具体材料名称
22	液体		应注明具体液体名称
23	玻璃		包括平板玻璃、磨砂玻璃、夹丝玻璃、钢化玻璃、中空玻璃、夹层玻璃、镀膜玻璃等
24	橡胶		
25	塑料		包括各种软、硬塑料及有机玻璃等
26	防水材料		构造层次多或比例大时，采用上面图例
27	粉刷		本图例采用较稀的点

（二）绘制剖面图的注意事项

1. 由于剖面图的剖切是假想的，所以除剖面图外，其他投影图仍应完整画出。如图1-56所示，剖切的是V面的视图，并不影响俯视图H面的绘制。

2. 剖切平面应避免与形体表面重合，如不能避免，重合表面不需要绘制剖出部分。

3. 要仔细分析被剖切孔、槽的结构形状，以免出现错漏。

4. 必须画出剖切后剩余的全部形体的投影，即在剖切平面后面的可见轮廓线都要用粗实线画出，如图1-57。

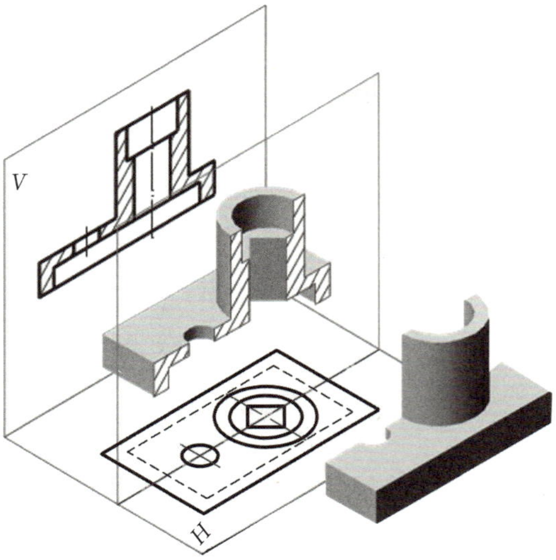

图1-56 剖切的是立面，不影响其他视图的绘制

三、剖面图的种类及应用

由于各类物体的形状不同，在绘制其剖面图时，剖切的位置和作图方法也有所不同。我们通常采用的剖面图有全剖面图、半剖面图、阶梯剖面图、局部剖面图（分层剖面图）和旋转剖面图五种。

（一）全剖面图

对于不对称的建筑形体，或者对称但外形比较简单的建筑形体，又或者在另一个投影中已将其外形表达清楚的建筑形体，在绘制时可假想用一个剖切平面将形体全部剖开，然后画出形体的剖面图，该剖面图称为全剖面图（图1-58）。

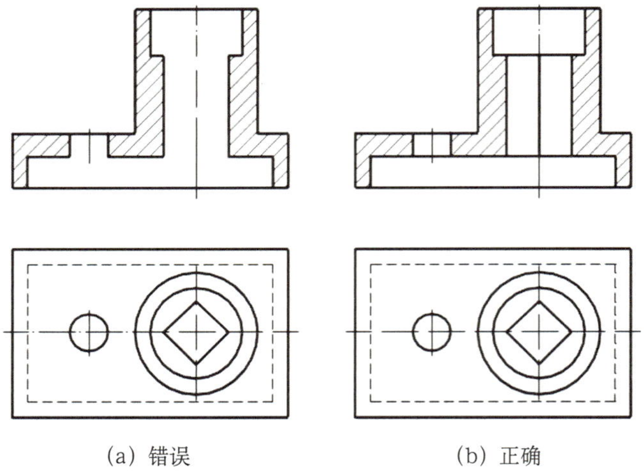

图1-57 剖切面可见轮廓线的绘制正误对照图

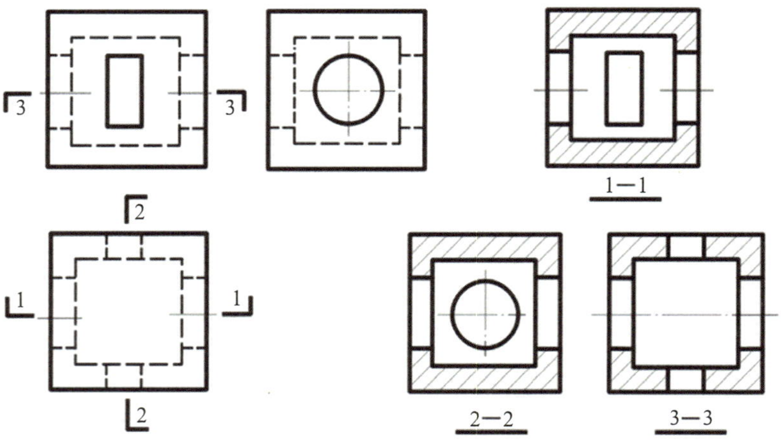

图1-58 全剖面图

课后练习：
依据图 1–59，画出水池 1—1、2—2 的剖面图。
参考答案见图 1–60。

（二）半剖面图

1. 概念

如果被剖切的形体呈对称状，在绘图时，通常把投影图的一半画成剖面图，另一半画成该形体的外形图，这种组合而成的投影图被称作半剖面图。

如图 1–61 所示，该图形是一个杯形基础的半剖面图。在正面投影和侧面投影中，都采用了半剖面图的画法，用以表示基础的内部构造和外部形状。

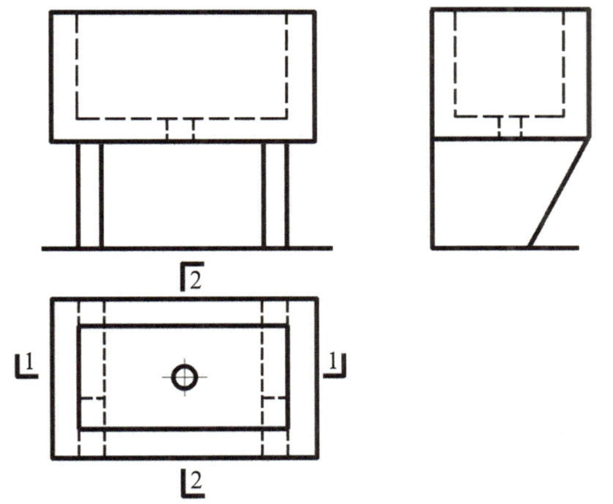

图 1-59

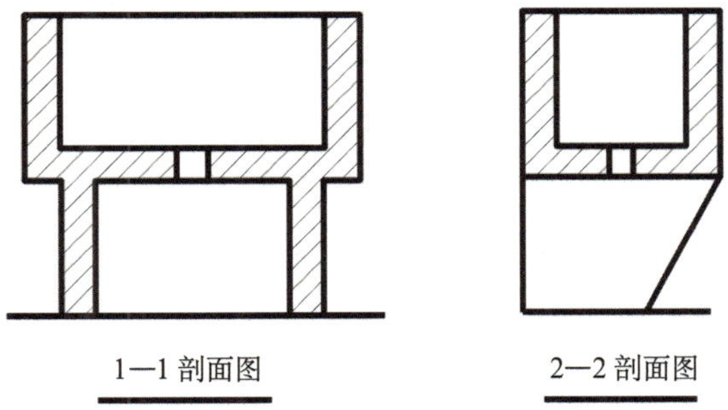

图 1-60

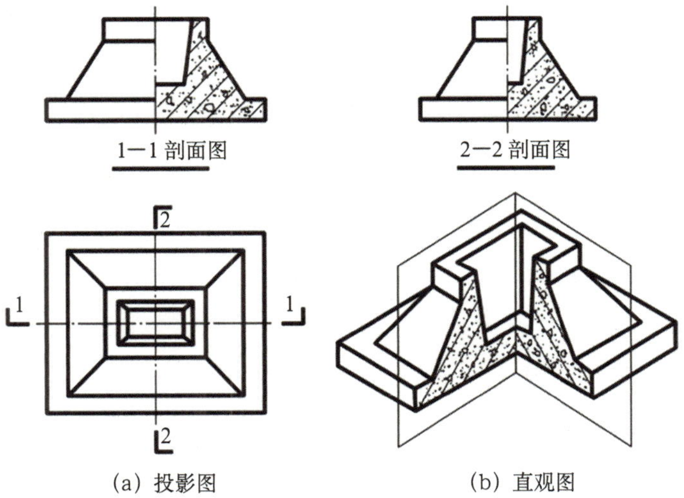

图 1-61 半剖面图

2. 注意事项

在绘制半剖面图时，应注意以下几点（图 1–62）：

（1）半剖面图与半外形投影图应以对称轴线为分界线，此分界线画成细单点长画线。

（2）半剖面图一般应画在水平对称轴线的下侧或垂直对称轴线的右侧。

（3）半剖面图一般不需要绘制剖切符号。

（4）当形体的轮廓线与对称中心轴线重合时，不宜采用半剖视图。

（5）对于左右对称的形体，剖切部分应画在视图的右半部分；对于前后对称的形体，剖切部分应画在视图的前半部分；对于上下对称的形体，剖切部分应画在视图的下半部分。

3. 半透视图与全剖视图的区别

（1）定义有所不同。全剖视图是采用单一剖切平面，将剖切平面前的部分完全移走，然后对剩余部分进行投影；半剖视图同样采用单一剖切平面，仅移走剖切平面前的一半，再对剩余部分进行投影。

（2）表达方法存在差异。全剖视图用于展现形体的内部结构，半剖视图则可在一个视图中同时呈现形体的内部结构和外形。

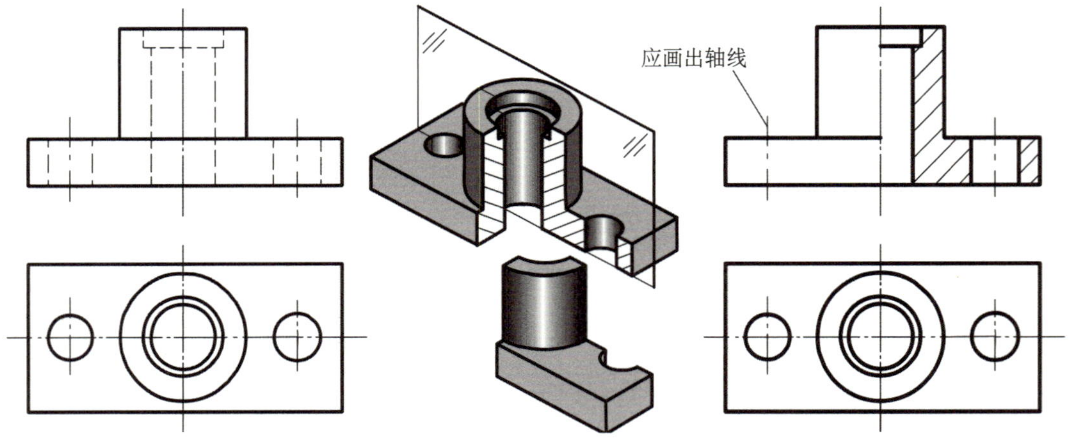

（a）正投影图　（b）立体图　（c）半剖视图

图 1–62 半剖面图图示方法

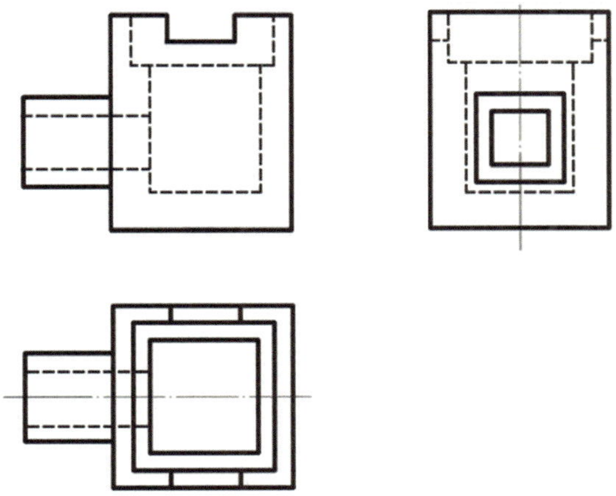

（a）投影图

图 1-63 半剖面图习题

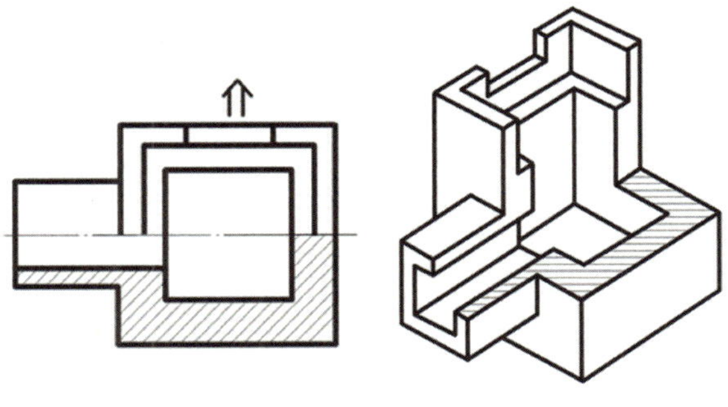

（b）半剖面图　（c）直观图

图 1-64 半剖面图习题参考答案

课后练习：
画出图 1-63 中的形体的水平半剖面图。
参考答案见图 1-64。

（三）阶梯剖面图

1. 阶梯剖面图概念

假想在物体剖切面的局部再进行剖切，所得到的剖视图称为阶梯剖视图。阶梯剖视图一般用于表达物体在几个平行平面不同位置上的内部结构。也就是说，当用单一假想剖面无法完全表达物体内部结构的时候，通常选择绘制阶梯剖视图，使假想剖面穿过物体重要部位，以相对完整地表达物体内部结构，如图 1-65。

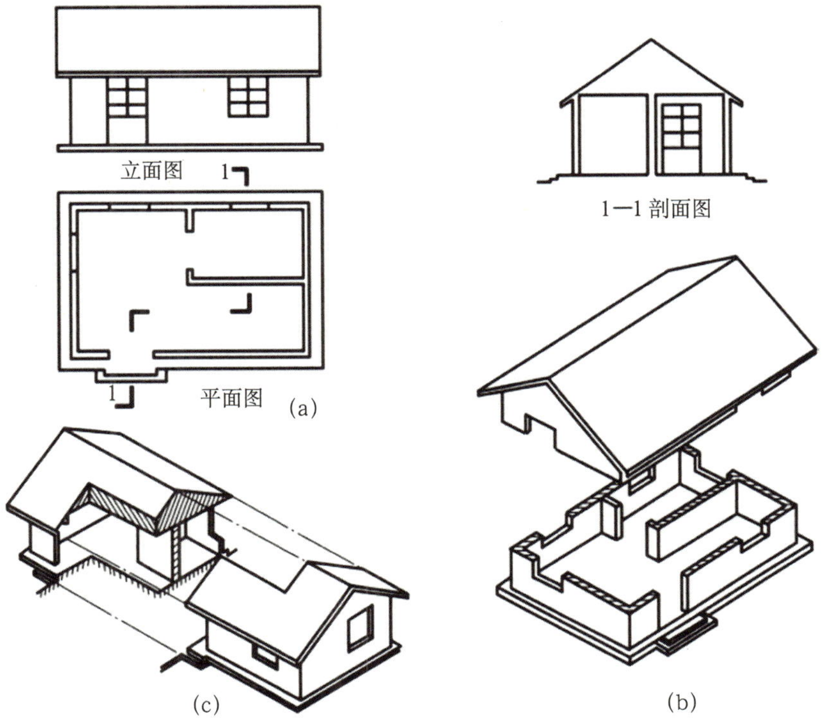

图 1-65 阶梯剖面图形成原理

2. 绘制阶梯剖面图的步骤

(1) 首先，确定几个互相平行的剖切面，剖开机件，移去切除部分。

(2) 其次，在视图中画出剖切线和剖切符号。

(3) 接着，画出中心线。

(4) 然后，绘制好机件的外形和内部形态。

(5) 最后，画剖面线。

3. 阶梯剖面图绘制注意事项

绘制阶梯剖面图要注意以下几点：

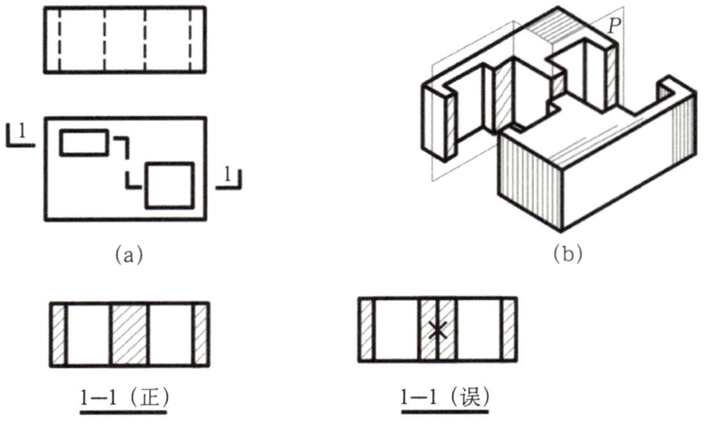

图 1-66 不用画剖切转折处投影

(1) 在阶梯剖面图上，不应画出两个剖切面转折处的投影，如图 1-66 所示。

(2) 剖切面转折处的剖切符号不能与图形中其他图线重合，如图 1-67 所示。

(3) 在剖视图中不应出现不完整的结构要素，如图 1-68 所示。

(4) 几个剖切面转折处应互相垂直，如图 1-69 所示。

课后练习：

指出图 1-70 中构建的正确阶梯剖面图是哪个。

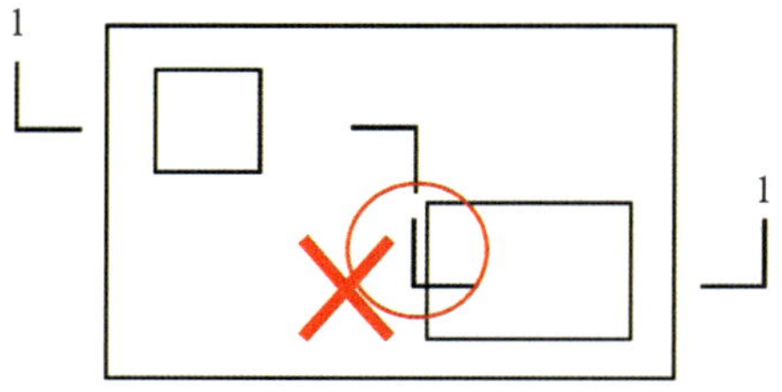

图 1-67 剖切符号不能与其他图线重合

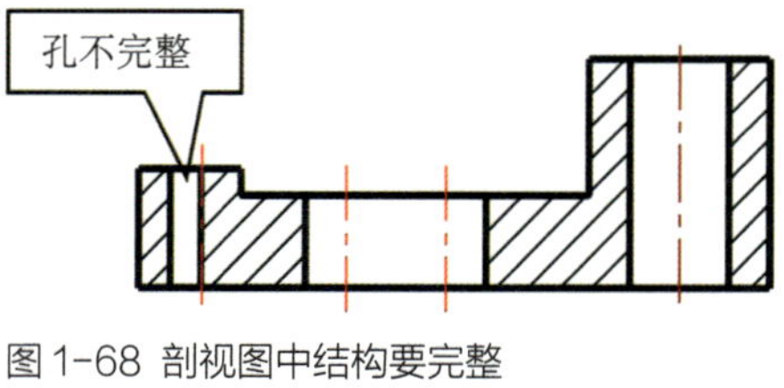

图 1-68 剖视图中结构要完整

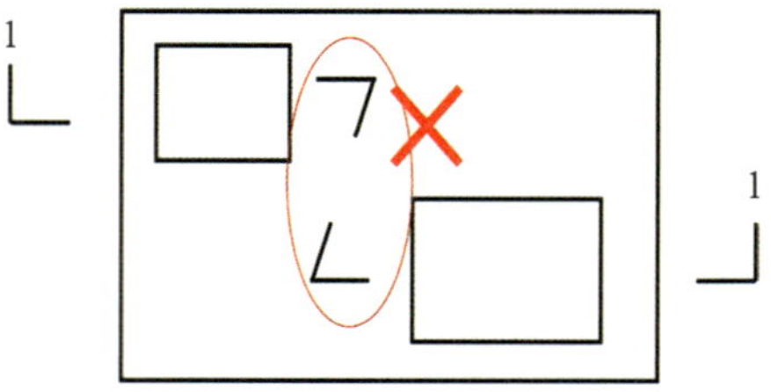

图 1-69 转折处的剖切位置要垂直

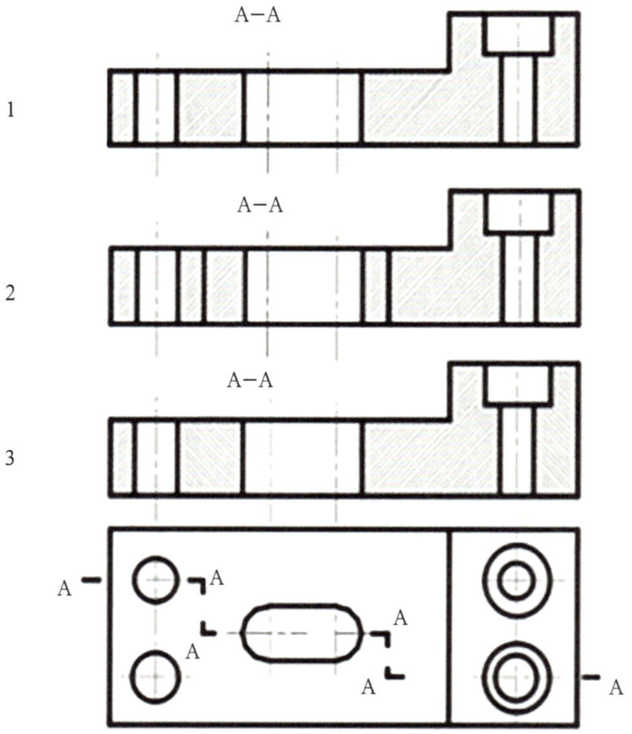

图 1-70

参考答案：

解析：正确的是1号图，2号图的剖切转折处不用画轮廓线，3号图右侧的斜线方向不一致。

（四）局部剖面图

1. 局部剖面图概念

将物体用假想的剖切平面局部地剖开，展示出物体局部的内部构造，这种剖面图就叫局部剖面图。局部剖面图是表达形体内部构造的一种比较灵活的方法。当形体的外形比较复杂，而我们又需要清晰表达其内部局部构造时，常采用局部剖面图进行表现。

见图1–71，图上为一个杯形基础局部剖面图。我们假想将其局部剖开，就能清楚地表达出杯形基础内部的钢筋配置情况。

如果遇到物体轮廓线与中心对称轴线重合的情况，使用局部剖面图更为合适，具体参照图1–72。

图1–72展示的是用剖视图表达中间带有一个方孔的圆柱体。图1–72（a）采用半剖面图来呈现其内部形状，然而，由于该立体的轮廓线与对称中心轴线重合，这种表达方式并不适宜，采用局部剖视更为合理。图1–72（b）为该立体的局部剖面图，图中把波浪线画到了对称中心轴线的左边，这样就能清晰地展现出与对称中心轴线重合的内轮廓线。

2. 局部剖面图绘制注意事项

（1）在画局部剖视图时，形体的被剖切部分与未剖切的部分以波浪线作为分界线，以此表明剖切范围。波浪线相当于剖切部分断裂面的积聚投影，因此波浪线应画在形体的实体部分，不能画在通孔、通槽或缺口的投影范围内，也不应超出视图之外，如图1–73所示。

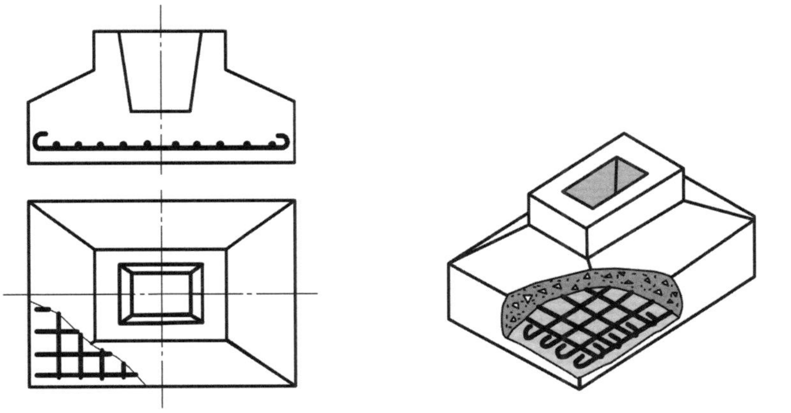

（a）局部剖面图　　（b）立体图

图1–71 杯形基础的局部剖面图

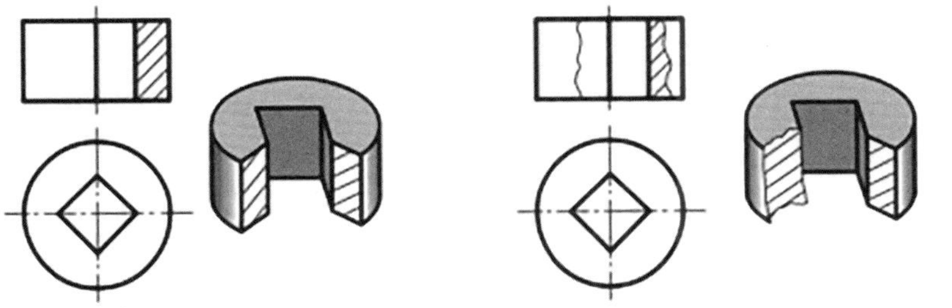

（a）不正确画法　　（b）正确画法

图1–72 对称轴线重合的半剖面画法

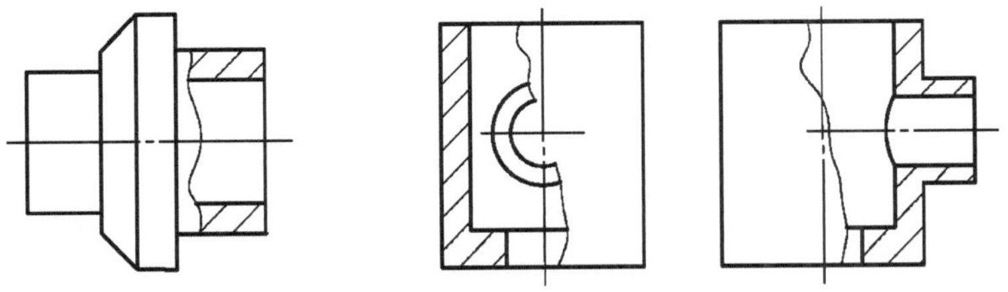

（a）正确

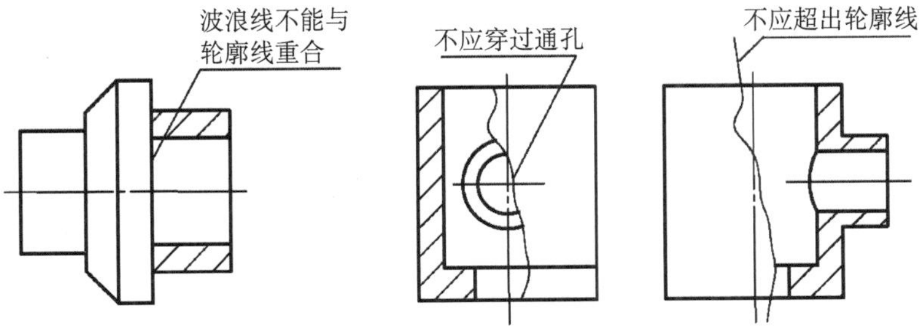

（a）错误

图1–73

（2）当被剖切的局部结构为回转体时，允许将结构的轴线作为局部剖视图与视图的分界线，如图 1–74 所示。

（3）在局部剖视图上，如果剖切位置明显，可不作剖视图的标注。

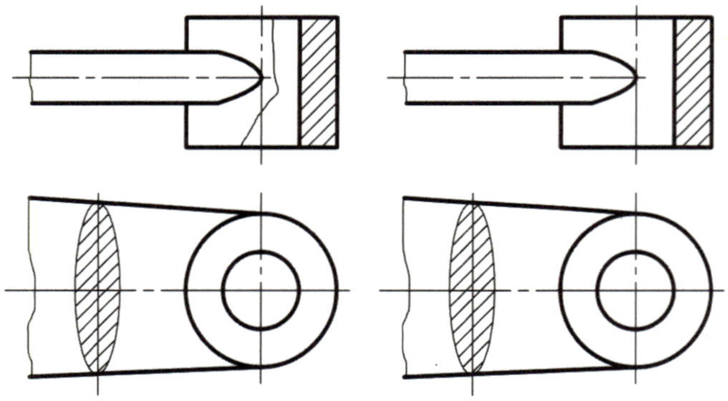

（a）一般画法　　（b）允许画法

图 1–74

课后练习：

1. 请找出图 1–75 中局部剖视图的错误，并将其改正。

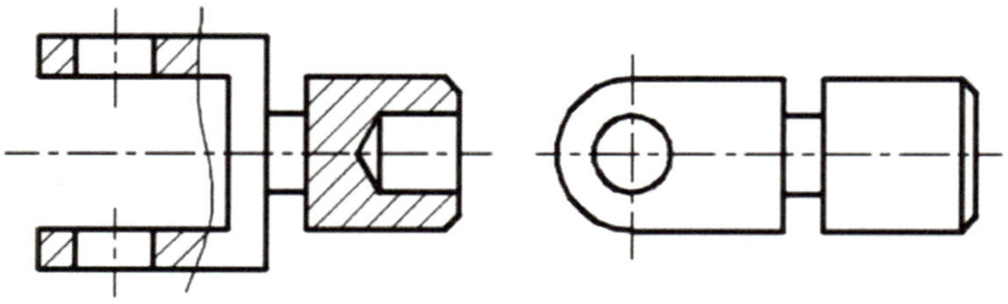

图 1–75

参考答案：图 1–75 中主视图采用了两处局部剖。左边局部剖的波浪线范围有误，右边局部剖未画出界定剖切范围的波浪线，正确图例见图 1–76。

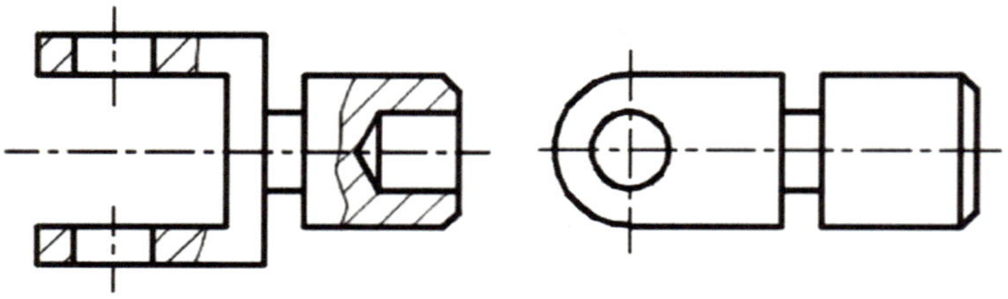

图 1–76

2. 请将图 1–77 所示零件的主视图、俯视图改为局部剖视图。

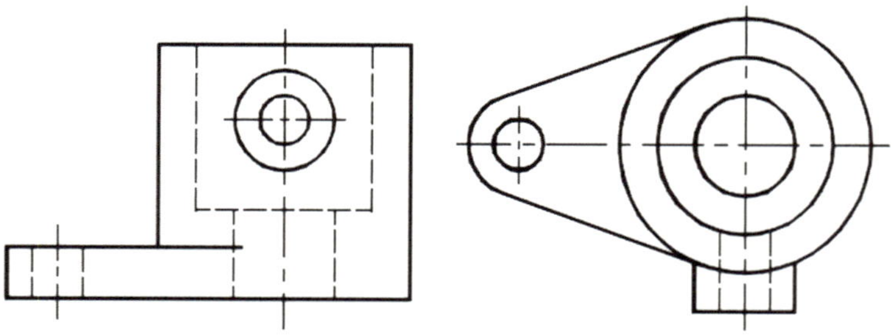

图 1–77

参考答案：从图 1–77 可知，零件主视图中虚线范围较大，仅需保留位于前面的圆筒凸台的外观。俯视图中虚线范围小，只需剖出圆筒凸台上的孔即可，具体见图 1–78。

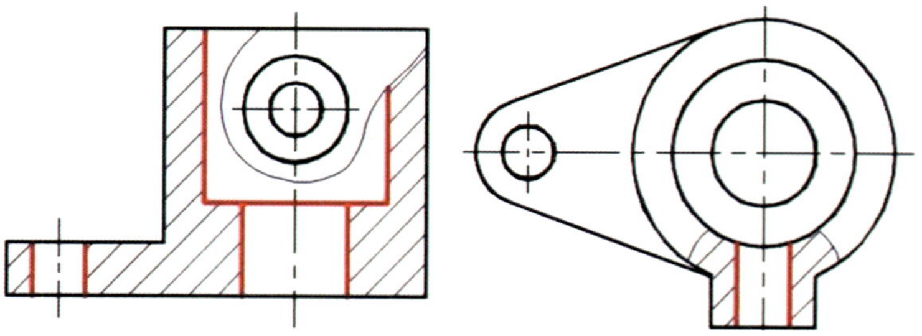

图 1–78

（五）旋转剖面图

1. 旋转剖面图概念

当需要表达形体不同角度的内部构造时，我们可以假想用两个相交的剖切平面来剖切该形体。其中一个剖切平面与基本投影面平行，将由与基本投影面倾斜的剖切平面剖开的部分旋转到与基本投影面平行的位置，然后进行投射所得到的剖视图被称为旋转剖视图。

我们以图 1-79（a）的正投影图为例进行旋转剖切。由于用一个剖切平面无法同时剖开形体上的三个孔，为了清晰表达形体上三个孔的内部构造，我们假想用两个相交的剖切平面：左边一个与正面平行剖切形体后得到图 1-79（b）；将右边与正面倾斜的剖面绕形体的中心轴线旋转到与正面平行的位置，见图 1-79（c）所示；再向正面进行投射即得到该形体的旋转剖视图，如图 1-79（d）所示。

2. 旋转剖面图绘制注意事项

（1）旋转剖视图必须全标注，在标注时，应在剖切平面的起、迄和转折处用粗短线标出剖切位置，在起、迄线的外端标明剖视方向，并注写上相同的编号。

（2）旋转剖视图运用于表达具有回转轴的形体，因此，画图时两剖切平面的交线应与形体上的回转轴线重合，但在旋转剖视图上，不画两个剖切平面的交线。

（3）位于剖切平面后的其他结构要素，一般仍按原位置投射，如图 1-80 所示，小孔在俯视图上的投影。

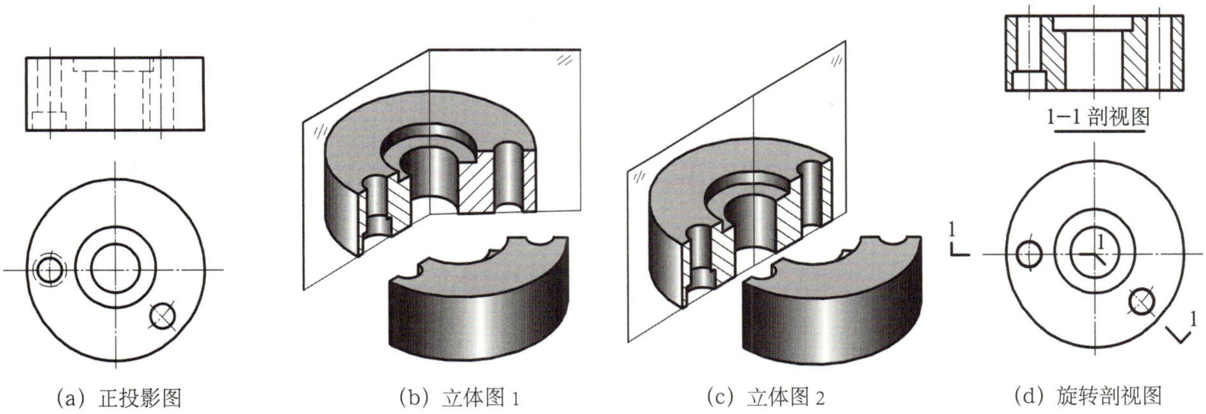

图 1-79

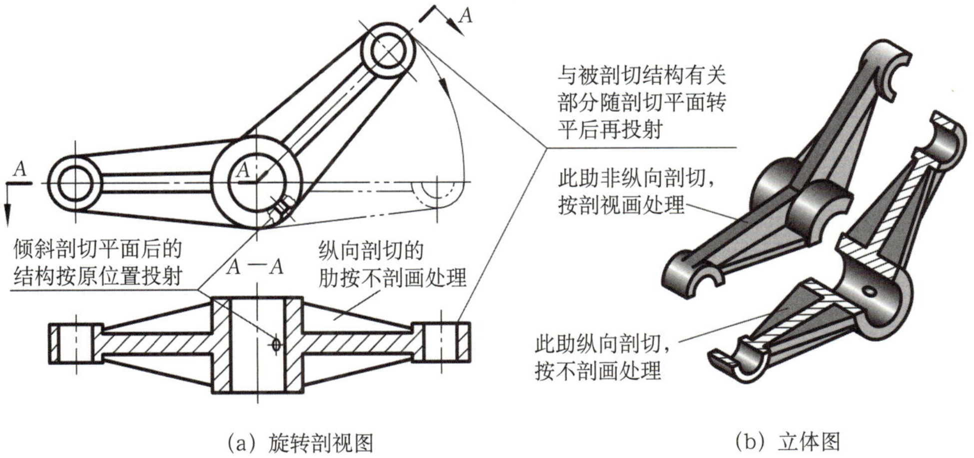

图 1-80 旋转剖面图

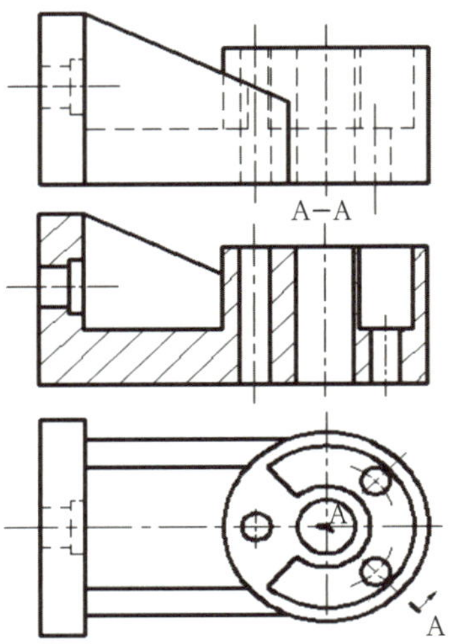

图 1-81

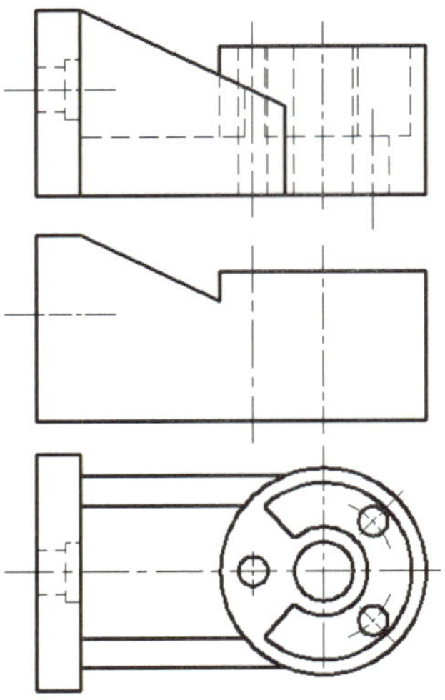

图 1-82

课后练习：

画出图 1-81 的旋转剖面图。

参考答案：见图 1-82 所示。

知识点二　断面图

一、断面图的概念

在建筑施工图中，对于梁、柱、屋架、基础等构件，我们按剖切符号所标注的位置，用假想的剖切面将其切开，然后采用正投影的方法，只绘制被剖切到的轮廓剖切面后面的部分不绘制，这种只表示部分构造情形的图叫断面图。

断面图主要用于配合视图表达肋板、轮辐、型材、带孔、洞、槽的轴等常见物体结构的断面形状。与剖视图相比，断面图在表达这些结构时更为简单。

还是以蛋糕为例，如图 1-83 所示，断面图指的是被切到的、与刀接触到的蛋糕部分的横截面，其他轮廓线不需要表现。

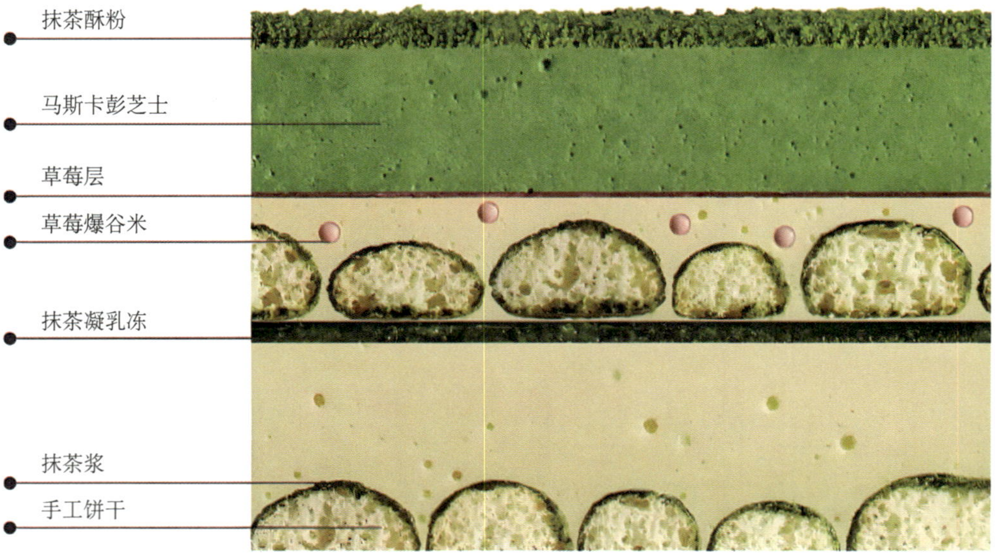

图 1-83 蛋糕截面

二、断面图的种类

断面图主要用于表达形体或构件的断面形状。根据安放位置的不同，断面图一般可分为移出断面图、重合断面图和中断断面图这三种类型。

（一）移出断面图

画在视图外面的断面图称为移出断面图。当一个物体有多个断面图时，要将各断面图按顺序依次整齐地排列在投影图附近，例如图 1-84 中预制钢筋混凝土柱的移出断面图就是如此。根据实际需求，断面图可以用较大比例画出，例如放大一倍进行绘制。移出断面图的轮廓线要用粗实线绘制，且应尽量画在剖切符号或剖切面迹线的延长线上，必要时可把移出断面图配置在其他合适的位置，如上面的移出断面图。

绘制移出断面图时，需注意以下几点：

⑴当剖切平面通过回转形成孔或凹坑的轴线时，结构按剖视绘制。

⑵由两个或多个相交平面剖切得到的移出断面图，中间一般应断开。

⑶为正确表达断面实形，剖切平面应垂直于所需表达机件结构的主要轮廓线或轴线。

⑷当剖切平面通过非圆孔会导致出现完全分离的两个断面时，这些结构按剖视绘制。

⑸在不引起误解的情况下，允许将移出断面图旋转。

（二）重合断面图

画在视图之内的断面图称为重合断面图。在画重合断面图时，其轮廓线应为细实线。当视图的轮廓线与重合断面的图形重叠时，视图中的轮廓线仍应连续画出，不可间断。

重合断面图的旋转方向可以向上、向下、向左或者向右。为了区分断面轮廓线与投影轮廓线，断面轮廓线应该用粗实线绘制，投影轮廓线则用中粗实线绘制，如图 1-85 所示。

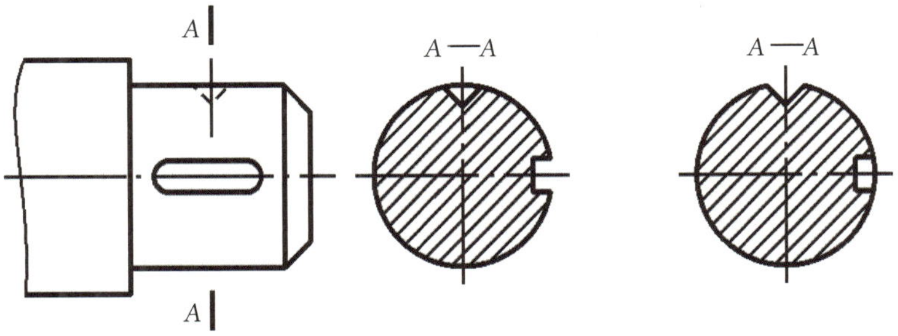

（a）正确　　（b）错误

图 1-84 移出断面图

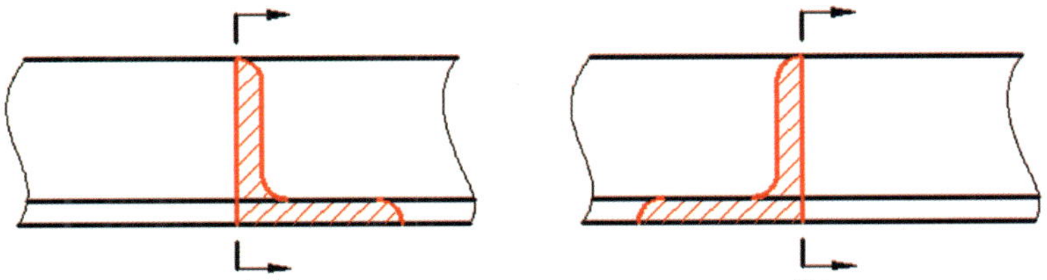

(a)　　(b)

图 1-85

（三）中断断面图

断面图画在构件投影图的中断处，就称为中断断面图。这种图主要应用于一些较长且均匀变化的单一构件。图 1–86 展示了中断断面图的画法，其画法为：在构件投影图的某一处用折断线断开，然后把断面图画在断开处。

三、断面图的标注

（一）移出断面图的标注

1. 移出断面图通常利用剖切符号来表明剖切位置，通过箭头表示投射方向，同时标注字母，并在断面图的上方采用相同的字母标明其名称“×—×”。

2. 如不对称移出断面图位于剖切符号延长线上，需要画出剖切符号与箭头，但可省略字母标注。

3. 如对称移出断面图未处于剖切符号延长线上，不管绘制在何处，箭头均可省略。

4. 如对称移出断面图处在剖切符号延长线上，则不必进行标注。

5. 按照投影关系配置的移出断面图，可省略箭头。

（二）重合断面图的标注

在绘制重合断面图的标注时，若重合断面图呈对称状态，则无须进行标注；若重合断面图不对称，则应画出剖切符号和箭头，如图 1–88 所示。

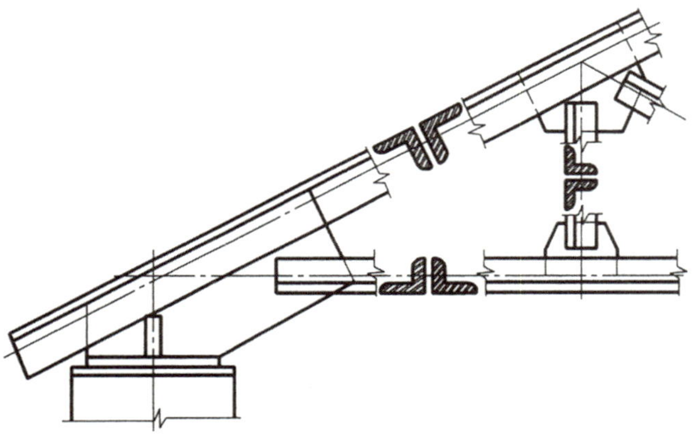

图 1–86 中断断面图

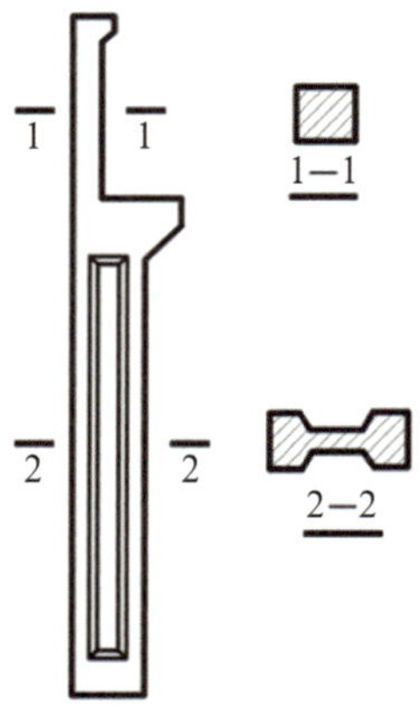

图 1–87

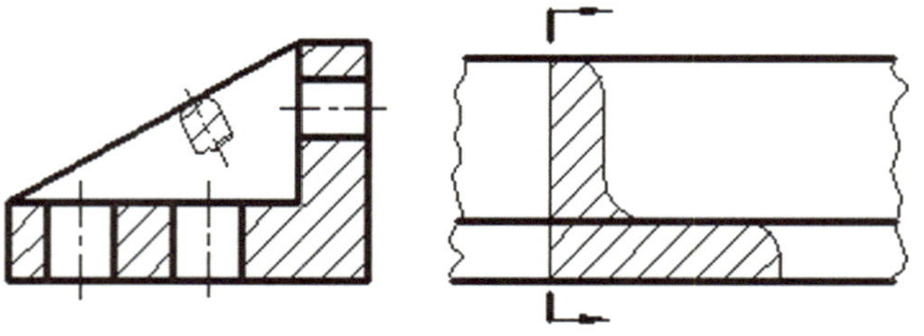

图 1–88 不对称重合断面图标注

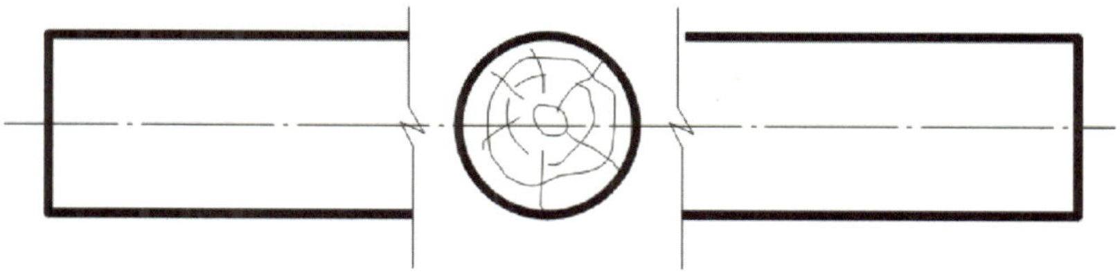

图 1-89 中断断面图的标注

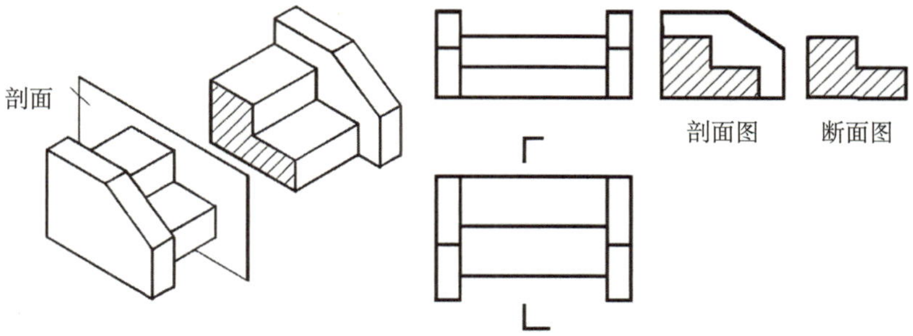

图 1-90 剖面图和断面图的区别

剖面剖切符号　　断面剖切符号

图 1-91 剖切符号

（三）中断断面图的标注

1. 在画中断断面图时，原投影长度可适当缩短，但尺寸应完整标注。
2. 断开处需用对称的折断线标明断开位置。
3. 画图比例、线型与重合断面图相同，且不需要标注剖切位置线和编号，如图 1–89 所示。

四、剖面图与断面图的区别

剖面图与断面图有较大的相似性，因此很多初学者难以分辨剖面图和断面图的差异。经分析，主要有以下两点。

1. 剖面图中包含断面图

剖面图是对剖切后物体剩余部分“体”的投影进行绘制。除了画出截断面的图形之外，还应画出沿投射方向能够看到的其余部分。而断面图仅仅画出物体被剖切后截断“面”的投影，断面图包含于剖面图之中，如图 1–89 所示。

2. 剖面图与断面图的表示方法不同

剖面图的剖切符号需画出剖切位置线与投射方向线，断面图的剖切符号仅画剖切位置线，投射方向由编号所在位置表示，如图1-90所示。

课后练习：

1. 作钢筋混凝土梁的1-1、2-2、3-3移出断面图，如图1-91所示。

参考答案：如图1-92

2. 图1-94中重合断面的正确图示是哪个？

参考答案：d

答案解析：此图为对称重合剖面，因此在图a、b中无须画出剖切符号。重合剖面图的轮廓线用细实线绘制，而图c轮廓线为粗实线。

3. 图1-95中，正确的中断断面图图示是哪个？

参考答案：d

答案解析：图a未画出中断处的折断线符号，图b中断面没有填充斜线，图c除了未标示折断线外，填充的斜线也不完整。

图1-92

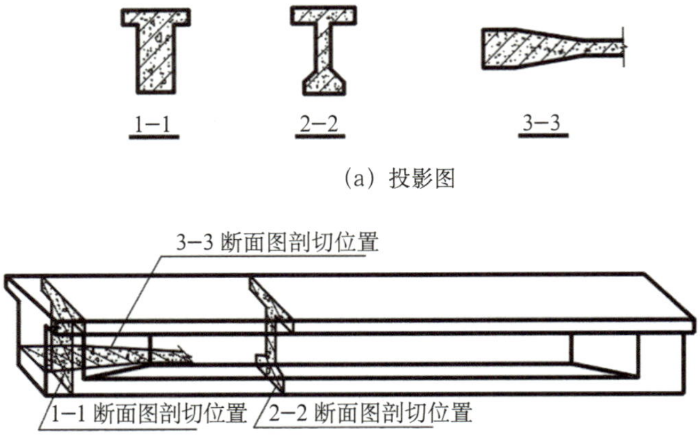

(a) 投影图

(b) 直观图

图1-93

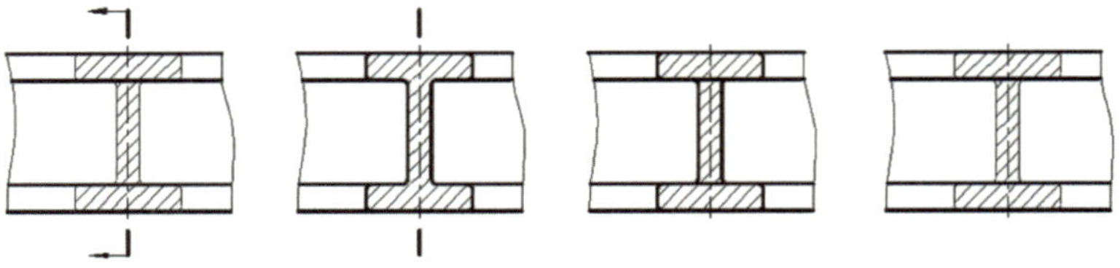

(a) (b) (c) (d)

图1-94

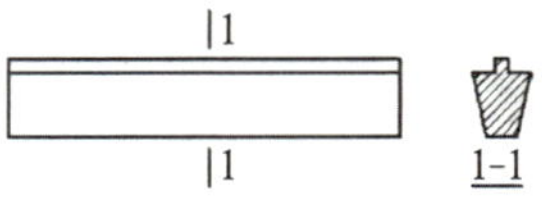

图1-95

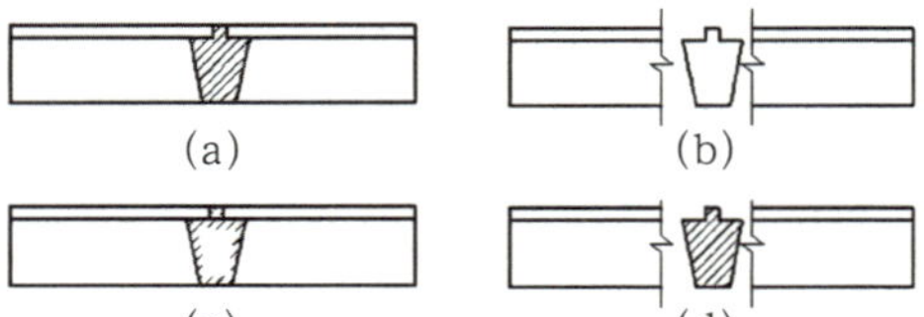

(a) (b) (c) (d)

图1-96

项目二

建筑施工图项目实训

任务一　国家制图标准及规范

任务二　建筑施工图识图

任务三　建筑施工图制图

本项目主要介绍建筑施工图的常用符号、图例和相关制图规范，同时，通过案例学习建筑施工图的识读和绘制方法。在掌握建筑施工图相关知识的过程中，养成严谨的制图习惯，树立正确的职业观念。

任务一 国家制图标准及规范

【任务目标】

知识目标：

掌握建筑施工图中的常用符号以及相关制图规范。

能力目标：

了解建筑施工图的相关标准和规定，具备识别各种符号含义和用途的能力。

素质目标：

通过学习国家制图标准与规范，树立严谨的工作态度，培养精益求精的工匠精神。

【学习重难点】

学习重点：

熟悉各制图标准、符号的含义及施工图的绘制方法。

学习难点：

熟悉各种建筑符号及标准的具体使用方法。

【学习内容】

知识点一 房屋建筑施工图的分类及内容

建造一幢房屋时，无论是外观装饰施工还是室内装饰施工，都需要依据施工图纸来进行。施工图纸的数量会根据房屋建筑的复杂程度的不同而有所不同。简单的房屋建筑，施工图纸可能只需几张到十几张；而复杂的房屋建筑，施工图纸则可能需要几十张甚至上百张。如前文所述，一个建筑方案从设计到施工需要经过初步设计、技术设计以及施工图绘制这几个阶段。房屋建筑施工图是土建工程各专业工种施工的依据，属于专业图，这就是通常所说的“按图施工”。因此，从事建筑专业的各类人员必须掌握施工图纸的绘制方法，并且要熟悉和能看懂施工图。

由于施工图纸被广泛引用，所以施工图必须具备统一的标准和规范。在我国，房屋施工图一般依据以下三项国家制图标准进行绘制和编制：《建筑制图标准》GB/T 50104-2010、《房屋建筑制图统一标准》GB/T 50001-2017、《总图制图标准》GB/T 50103-2010。

房屋施工图按专业不同可分为三部分：

1. 建筑施工图（简称“建施”）

建筑施工图主要用于表达房屋的建筑设计内容，像房屋的总体布局、内外形状、细部构造等。它包含总平面图、建筑平面图、建筑立面图、建筑剖面图、建筑详图等。

2. 结构施工图（简称“结施”）

结构施工图主要用来表达房屋结构设计内容，像房屋承重构件的布置、构件的形状与大小、所使用的材料以及构造等，其内容包括结构平面图、构件详图等。

3. 设备施工图（简称“设施”）

设备施工图主要用于表达建筑物内各专用管线与设备的布置及构造情况，包含给水排水、采暖通风、电气照明等设备的平面布置图、系统图和施工详图等。

知识点二　建筑施工图的常用符号及图例

一、定位轴线

（一）定位轴线的定义

建筑工程施工图中的轴线是定位放线的重要依据，它是用以确定主要结构位置的线，其目的在于明确表示建筑物某一部分的位置，同时清晰展现局部与整体的关系。在墙、柱、梁、屋架等主要承重构件的中心线处设置定位轴线，并为其编上轴线号。

在施工图中，对于主要承重构件，应绘制水平和竖向定位轴线并编注轴线号；对于非承重墙或次要承重构件，则需要编写附加定位轴线。

（二）定位轴线的编号

现以图 2-1 为例，对定位轴线的编号方法加以说明：

1. 横向定位轴线的编号采用阿拉伯数字，按照自左向右的顺序编写，相邻两根横向轴线之间为一个开间。

2. 纵向定位轴线的编号采用拉丁字母（除 I、O、Z 外），按自下而上的顺序编写。

3. 在平面图上，定位轴线的编号适宜标注在图样的下方与左侧。当两根轴线之间需要表示时，要用附加轴线，附加轴线采用分数编号。

4. 对于详图上的轴线编号，如果该详图同时适用多根定位轴线，那么就应该同时注明各相关轴线的编号。

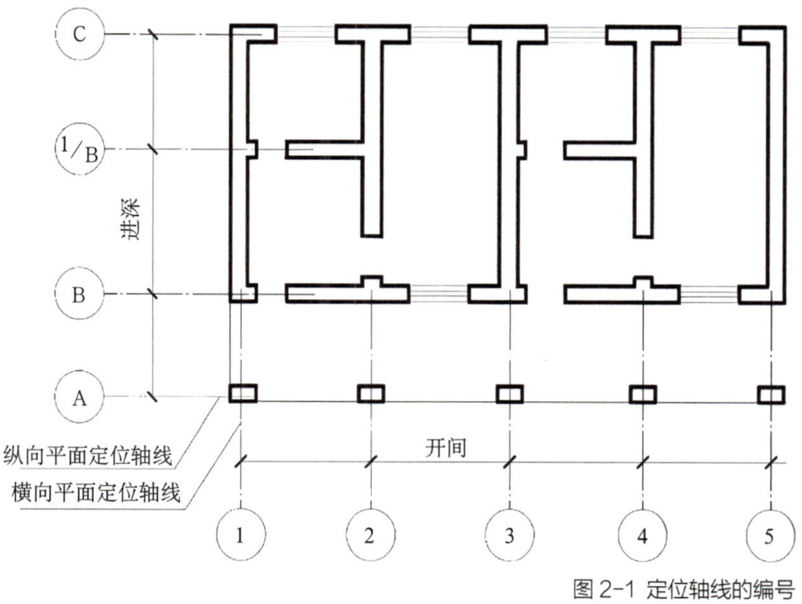

图 2-1 定位轴线的编号

（三）定位轴线的绘制注意事项

定位轴线应用细点画线进行绘制，其端部的圆采用细实线绘制，直径为 8—10 mm。在平面图上，定位轴线的编号适宜标注在图样的下方与左侧。横向编号应用阿拉伯数字，按照从左至右的顺序编写；竖向编号应使用大写拉丁字母，按照从下至上的顺序编写，如图 2-2 所示。

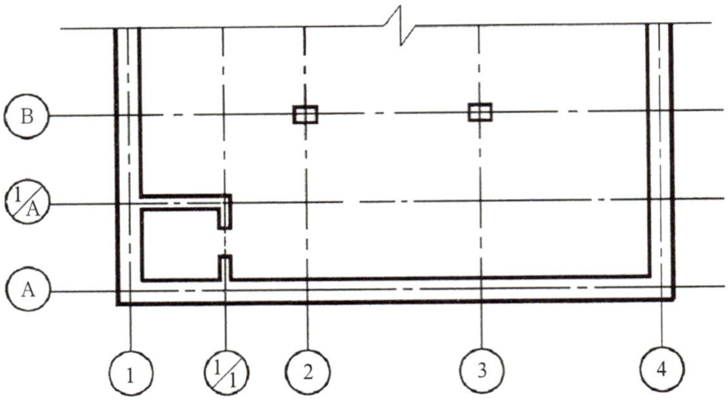

图 2-2 定位轴线编号顺序

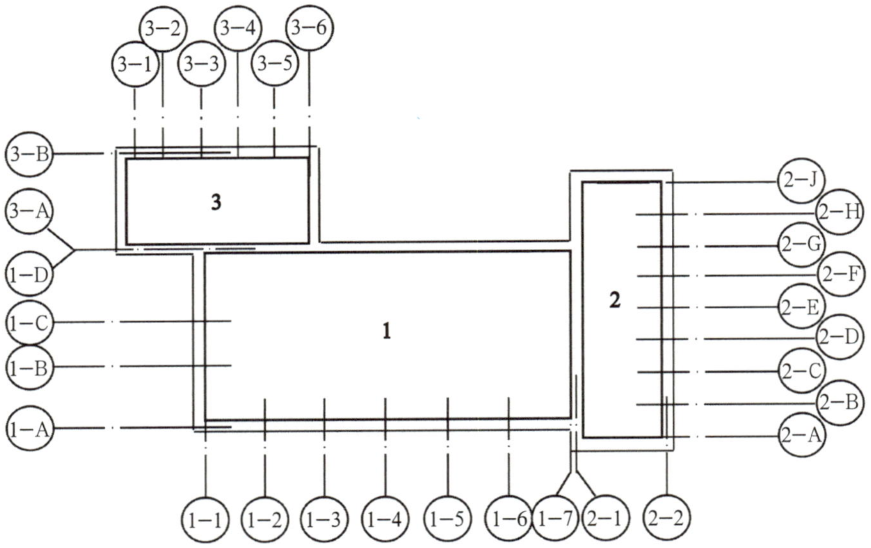

图 2-3 定位轴线的分区编号

定位轴线绘制应注意以下几点：

1. 拉丁字母的 I、O、Z 不能用作轴线编号。若字母数量不足，可以增用双字母或单字母加数字注脚，如 AA、BA、YA 或 A1、B1、Y1。

2. 在组合较为复杂的平面图中定位轴线也可采用分区编号，编号的注写形式应为“分区号—该分区编号”，如图 2-3 所示。

3. 在折线形平面图里，定位轴线的编号可按图 2-4 所示的形式编写。

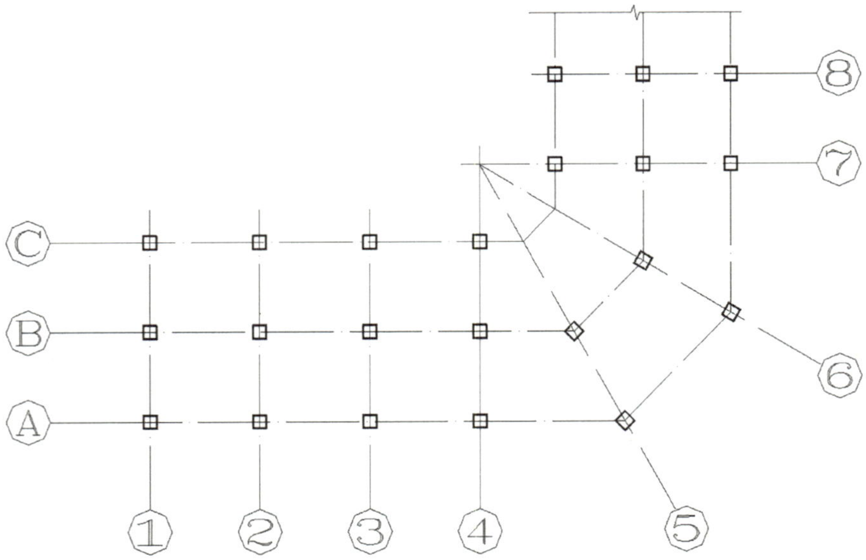

图 2-4 折线形平面定位轴线的编号

4. 在圆形平面图里，定位轴线编号时，其径向轴线适合用阿拉伯数字表示。编号应从左下角开始，按照逆时针方向编写，如图 2-5 所示。

5. 附加定位轴线的编号应以分数形式表示。对于两根轴线间的附加轴线，应当用分母表示前一轴线的编号，用分子表示附加轴线的编号，且编号宜采用阿拉伯数字顺序编写。

以图 2-6 为例，1 号轴线或 A 号轴线之前的附加轴线的分母应以 01 或 0A 表示。

6. 在详图的轴线标注里，若一个详图适用于几条轴线，就应同时注明各相关轴线的编号，如图 2-7 所示。

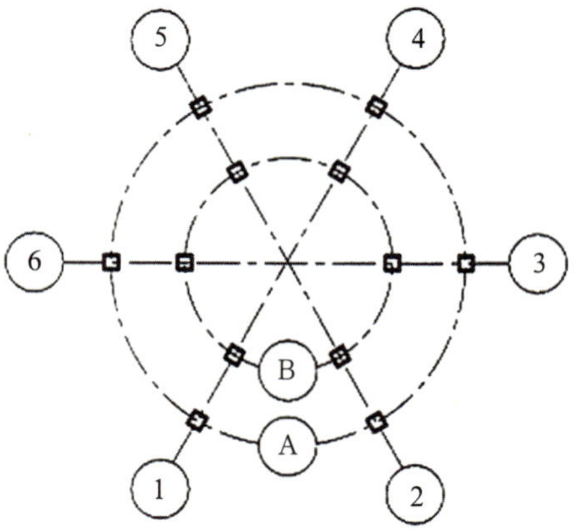

图 2-5 圆形平面定位轴线编号

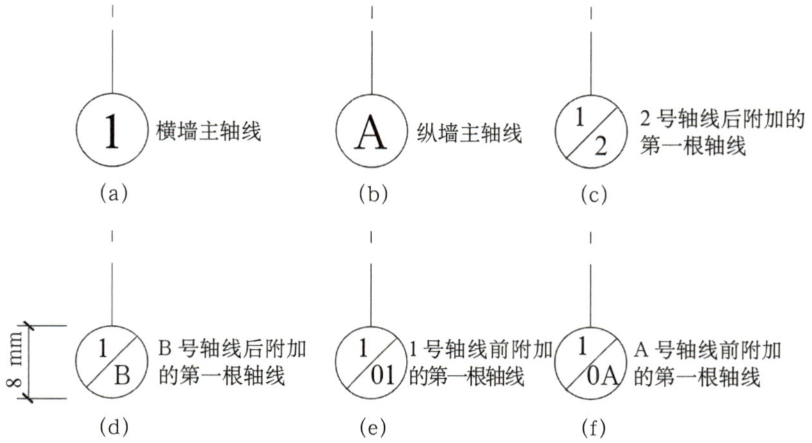

图 2-6 附加轴线图示方法

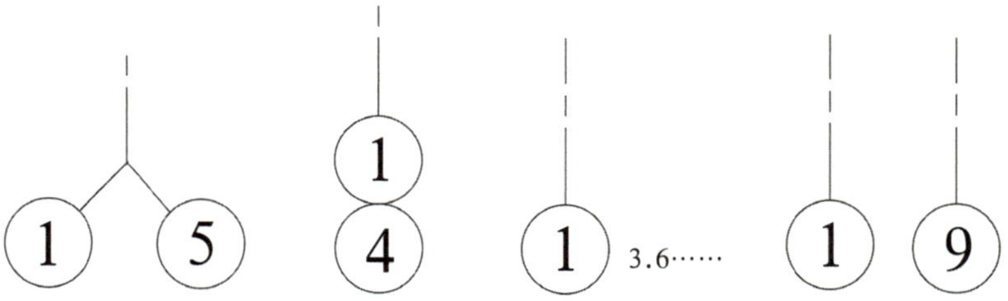

（a）用于两根轴线时
（b）用于 3 根或 3 根以上轴线时
（b）用于 3 根以上连续编号轴线时

图 2-7 详图的轴线标注

另外，在通用详图里，定位轴线只需画出圆即可，不必注写轴线编号，如图 2-8 所示。

课后练习：

1. 熟悉各类型轴线的识读方法和绘制标准，并进行练习。

2. 建筑平面图中，纵向定位轴线用拉丁字母并按（　　）顺序编号

A. 从左向右B. 从右向左

C. 从上向下D. 从下向上

3. 纵向定位轴线用大写拉丁字母编号，拉丁字母中的（　　）是不得用于轴线编号的。

A.H、K、Z

B.I、O、Q

C.I、O、Z

D.E、G、K

参考答案：2.D　3.A　4.C

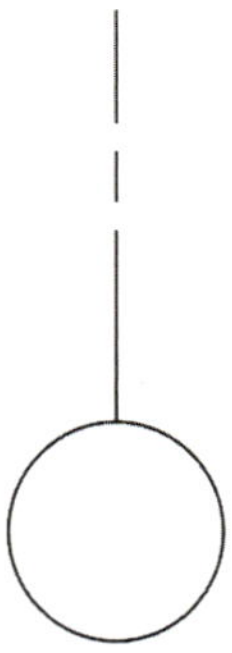
图 2-8 通用详图轴线标注

二、剖切符号

（一）剖视的剖切符号

剖视的剖切符号由剖切位置线和投射方向线组成，这两种线均用粗实线绘制，且不应与其他图线相接触。剖切位置线的长度以 6—10 mm 为宜；投射方向线垂直于剖切位置线，其长度应短于剖切位置线，以 4—6 mm 为宜。编号适宜采用阿拉伯数字，按照从左至右、从下至上的顺序连续编排，并且应注写在投射方向线的端部。如果剖切位置线需要转折，应在转角的外侧加注与该符号相同的编号，如图 2–9 所示。

需注意，建筑剖面图的剖切符号宜标注在 ±0.000 标高的平面图上。

（二）断面的剖切符号

断面的剖切符号仅用剖切位置线表示，并且应用粗实线绘制，其长度宜为 6—10 mm。编号所在的一侧即为该断面的剖视方向，如图 2–10 所示。

三、索引符号与详图符号

（一）索引符号

1. 索引符号画法

在建筑施工图里，若图中的某个局部或者构件需要另见详图，则应用索引符号进行索引。索引符号由直径为 10 mm 的圆和水平直径组成，圆与水平直径均用细实线绘制，如图 2–11 所示。

此外，绘制剖切位置线时，需要用引出线引出索引符号，引出线所在的一侧即为投射方向，如图 2–12 所示。

2. 索引符号绘制注意事项

（1）若索引出的详图与被索引的详图在同一张图纸内，则应在索引符号的上半圆内用阿拉伯数字注明该详图的编号，并在下半圆中间画一段水平粗实线。

（2）若索引出的详图与被索引的详图不在同一张图纸内，则应在索引符号的上半圆中用阿拉伯数字注明该详图的编号，并在下半圆中用阿拉伯数字注明该详图所在图纸的编号。当数字较多时可加文字标注。

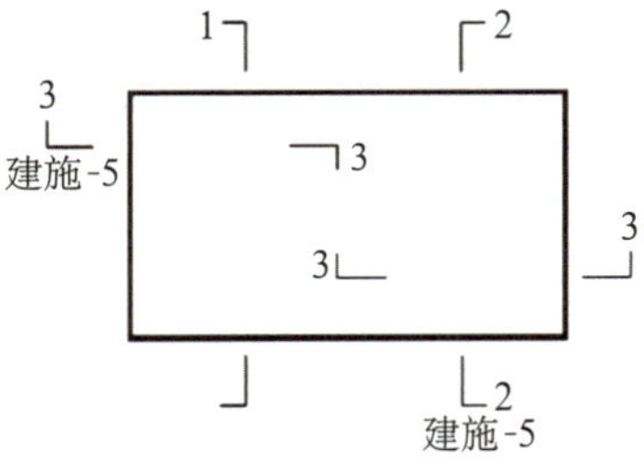

图 2–9 剖面剖切符号

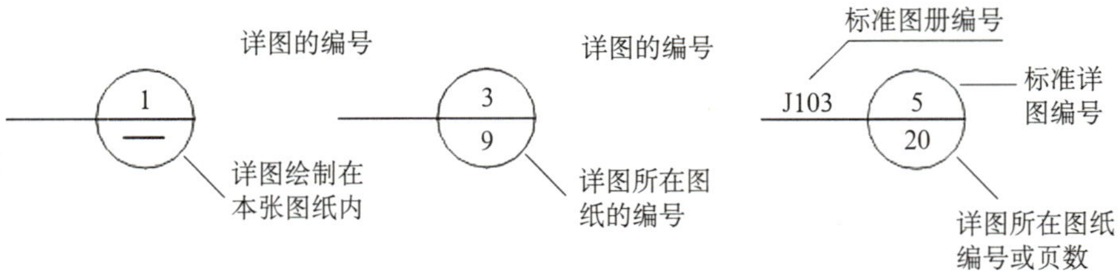

图 2–11 索引符号画法

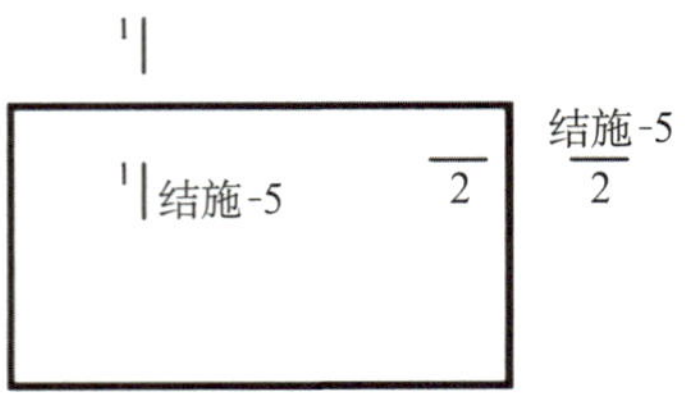

图 2–10 断面剖切符号

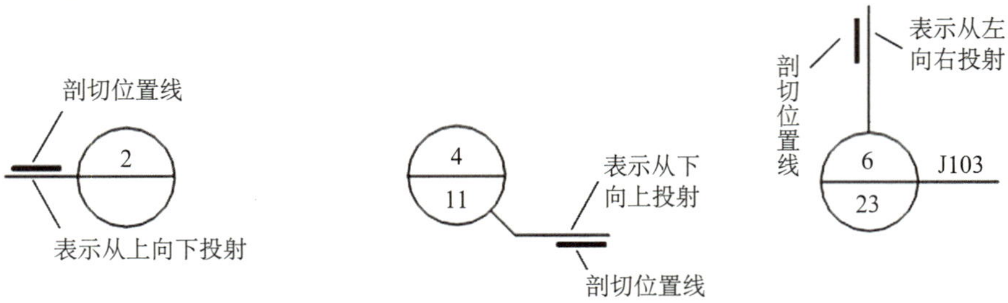

图 2–12 用于索引剖面详图的索引符号

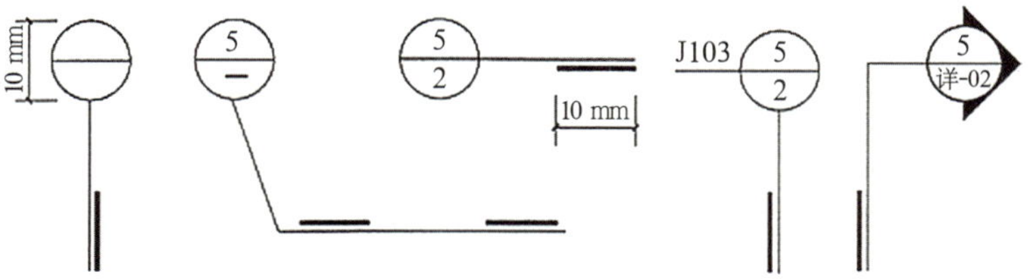

用于索引剖面详图的索引符号　　　　应用拓展

图 2-13 剖视图详图索引以及应用拓展

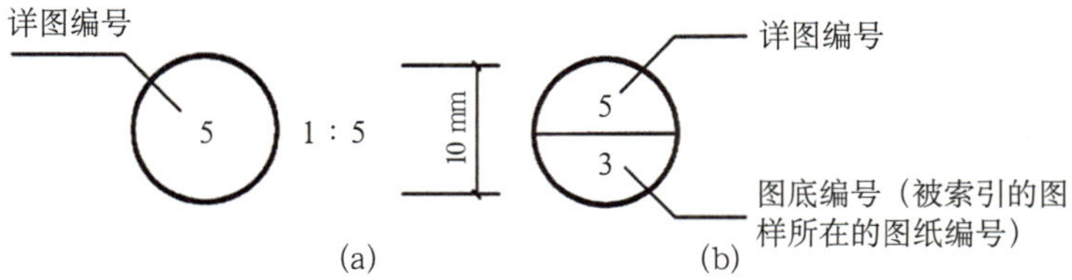

(a)　　　　(b)

（a）与被索引图样不在同一张图纸内的详图符号
（b）与被索引图样同在一张图纸内的详图符号

图 2-14 详图符号

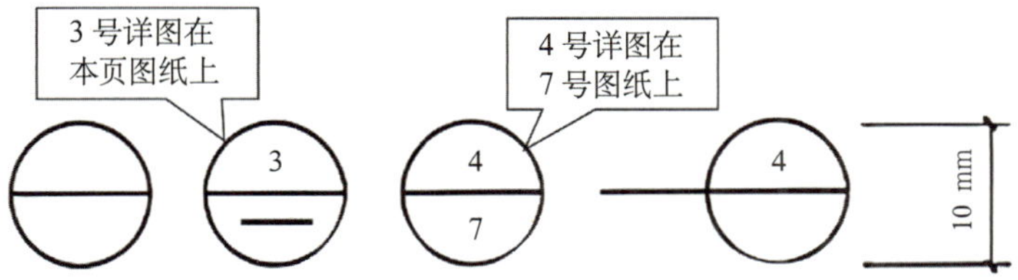

(a)　　(b)　　(c)　　(d)

图 2-15 详图符号

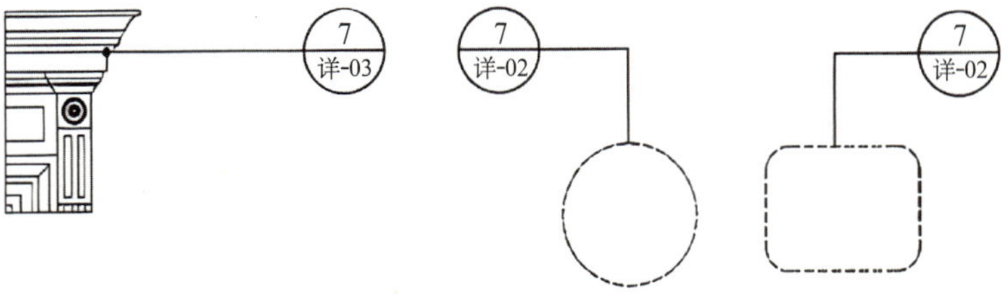

(a)　　　　(a)

图 2-16 大样图索引符号的应用

（3）若索引出的详图采用标准图，则应在索引符号水平直径的延长线上加注该标准图册的编号，如图 2–13 所示。

（4）若索引符号用于索引剖视详图，则应在被剖切的部位绘制剖切位置线，并以引出线引出索引符号，引出线所在的一侧应为投射方向。剖切位置线的长度为 10 mm。索引符号的编写应符合上述规定，在室内装饰施工图中也会使用到扩展形式，如图 2–13 所示。

（二）详图符号

被索引详图的位置和编号，应以详图符号表示。详图符号中的圆应用粗实线绘制，其直径为 14 mm，圆内横线用细实线绘制。详图应按下列规定编号（图 2–14）：

1. 当详图和被索引的图样在同一张图纸内时，应在详图符号内使用阿拉伯数字注明详图的编号。

2. 当详图与被索引的图样不在同一张图纸内时，应在详图符号内用细实线画一条水平直径，同时在上半圆中注明详图编号，在下半圆中注明被索引图纸的编号。

（三）索引符号和详图符号的用法

在工程图样的平、立、剖面图中，由于采用比例较小，工程物体的很多细部（如窗台、楼地面层等）和构配件（如栏杆扶手、门窗、各种装饰等）的构造、尺寸、材料、做法等无法清晰呈现。因此，为满足施工需求，常将这些在平、立、剖面图中难以表达清楚的内容，用较大比例绘制出图样，这些图样被称为详图。

为了能在图面中清晰地对这些详图进行编号，需要在图纸上清楚、有条理地标识出详图的索引符号与详图符号。详图索引符号的圆及其直径都应当用细实线绘制，圆的直径应为 10 mm，如图 2–15 所示。

详图可以是平、立、剖面图中的某一局部放大图（大样图），也可以是某一断面或者某一建筑的节点图（节点图），详图引出方法见图 2–16。

课后思考：
根据所学内容，复述索引符号的用法和意义。

四、引出线

引出线用细实线绘制，宜采用水平方向的直线，与水平方向成 30°、45°、60°、90°的直线，或者经过上述角度再折为水平线的直线。

文字说明宜注写在水平线的上方，也可写在端部。索引详图的引出线，应与水平直径线相连接。同时引出几个相同部分的引出线时，宜互相平行，也可以画成集中于一点的放射线。如图 2-17 中（a）与（b）为一般引出线的用法，可用于逐一说明材料或者做法；（c）为详图引出线用法，用于索引详图；（d）、（e）为公用引出线，用于逐层说明材料及做法。

多层构造引出线应穿过被引出的各层。文字说明宜写在水平线的上方或者端部，说明顺序应由上至下，并且应与被说明的层次一致；若层次为横向排列，那么说明顺序应由上至下，且与从左至右的层次一致，如图 2-18、2-19 所示。

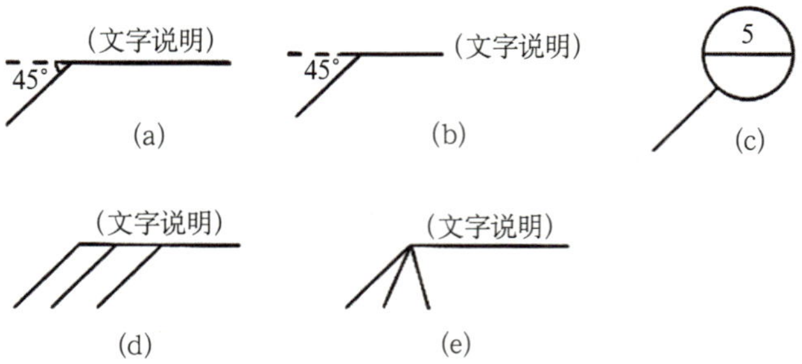

图 2-17 引出线的常见用法

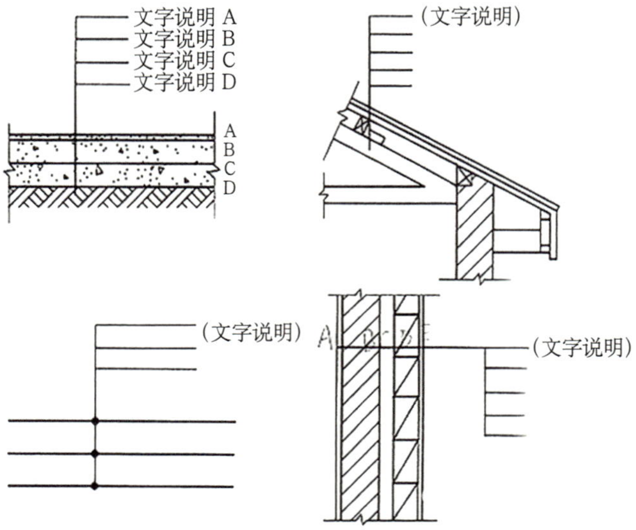

2-18 多层构造引出线

五、对称符号与连接符号

（一）对称符号

对称符号由对称线以及位于对称线两端的两对平行线组成。其中，对称线采用细点画线绘制，平行线则使用细实线绘制，如图 2-20 所示。

（二）连接符号

连接符号应用折断线来表示需连接的部位。当两部位相距过远时，在折断线两端靠图样一侧应标注大写拉丁字母，以此表示连接编号。并且，两个被连接的图样必须使用相同的字母编号（图 2-21）。

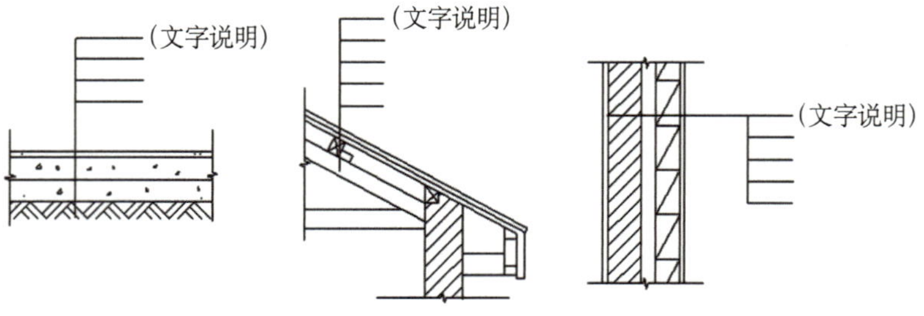

（a）地坪引出线标注 （b）屋顶引出线标注 （c）墙体引出线标注

图 2-19 多层构造引出线

图 2-20 对称符号

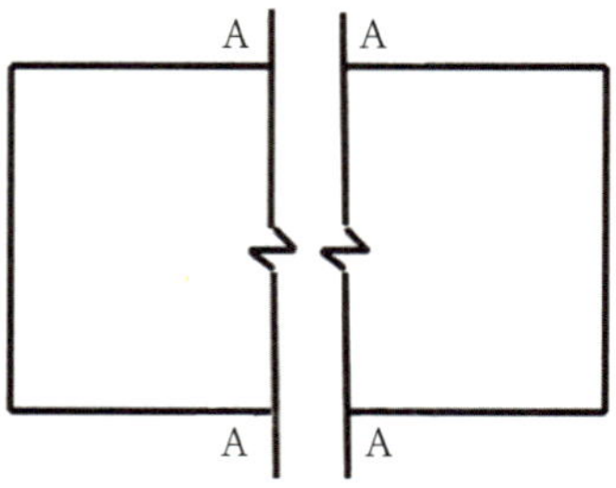

图 2-21 连接符号

六、指北针和玫瑰风向图

（一）指北针

在建筑制图里，指北针是一种重要工具，其作用是指示建筑图纸的方向。它常被应用于总平面布置图或者其他需要标明建筑方位的平面布置图中，能帮助读者确定图纸上的方向，从而更好地理解建筑物的布局与朝向。

指北针的具体绘制标准如下：

1. 指北针的圆直径通常为 24 mm，使用细实线绘制；
2. 指针头部应标注“北”或“N”，以此明确指示北方；
3. 指针尾部宽度一般是 3 mm。如果图样较大，指北针需要放大时，其尾部宽度应为圆直径的 1/8。（图 2–22）

（二）风向玫瑰图

在总平面图里，为合理规划建筑，我们会绘制风向玫瑰图。风向玫瑰图（也叫风向频率玫瑰图）属于气象科学的专业统计图表，用于呈现某个地区在特定时间段内风向和风速的分布情况。该图表一般依据某地区多年平均统计得出的各个风向和风速的百分数值，按一定比例绘制。通常采用八个或十六个罗盘方位来表示，因其形状像玫瑰花朵而得名。

在建筑施工图里，风向玫瑰图也是指向正北方向的。风向玫瑰图表示常年（实线部分）和夏季（虚线部分）的风向频率（各城市或地区常年气象统计的平均数值），图形中所显示的常年最高频率风向被称为主导风向。（图 2–23）

七、坡度及标高

（一）坡度

在建筑制图中，坡度是关键参数，用于表示地面、屋面、楼梯等结构物的倾斜程度。坡度的计算方法多样，常用的有百分比法和度数法。百分比法需计算两点高程差与水平距离的百分比，用这个百分比来确定坡度，度数法则是利用反三角函数计算坡度。

在建筑制图中，坡度一般通过特定的符号或者标记来表示。这些符号与标记可能会因国家或者地区的不同而存在差异，但通常都会遵循一定的标准和规范。所以，在绘制建筑图纸的时候，需要明确标注坡度信息，以便施工人员能够准确理解并按设计要求开展施工工作。

坡度在立面和平面的表示方式不同，具体图示方法如图 2–24 所示。

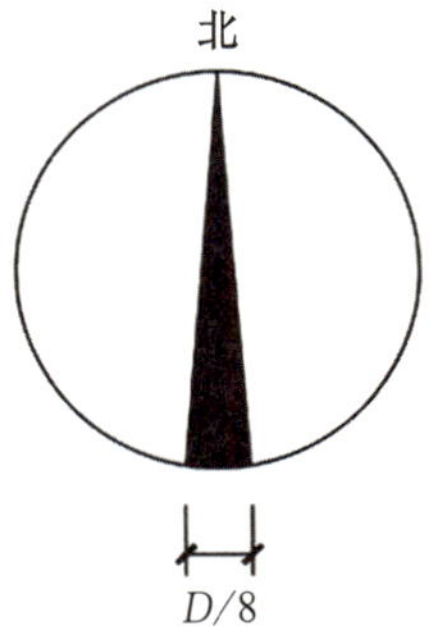

图 2–22 指北针

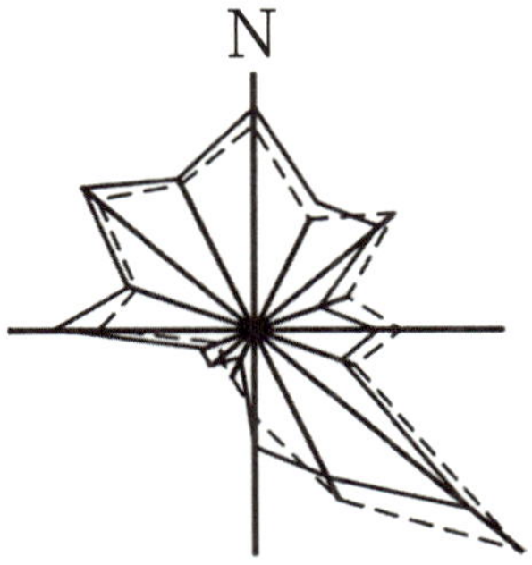

图 2–23 风向频率玫瑰图

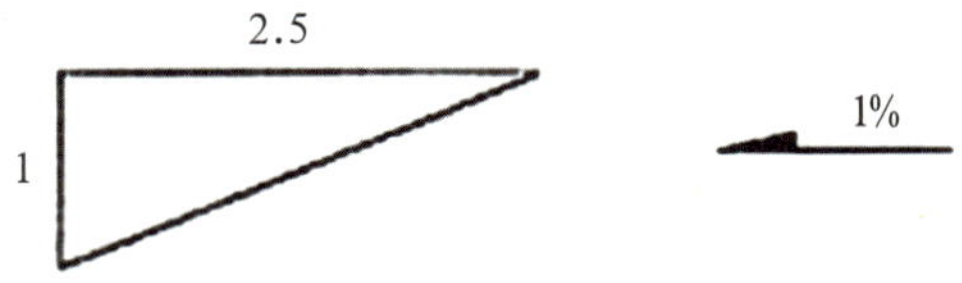

(a) 立面坡度符号

(b) 平面坡度符号

图 2–24 坡度符号

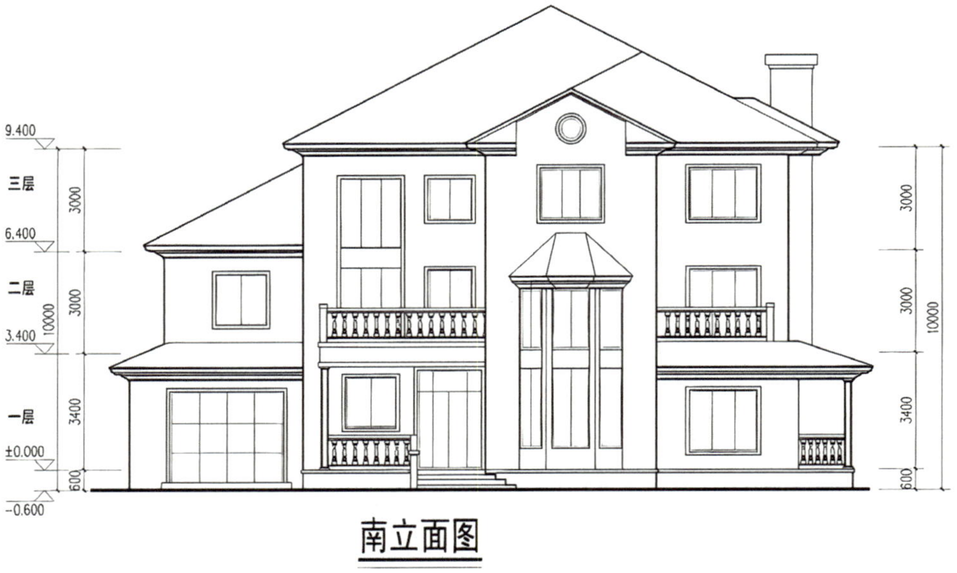

图 2-25 建筑立面图中的标高

（二）标高

标高是指标出建筑各部分的相应高度。它有基于黄海、渤海等高程体系的标高，也有建筑物本身的相对高程。

除与建筑相关的标高之外，其他情况一般只标注尺寸。标高的标准根据建筑中楼地面做法里的面层厚度而定。（图 2-25）

1. 标高的分类

依据选取的基准面不同，标高可分为绝对标高与相对标高两类。

（1）绝对标高：是以一个国家或地区统一规定的基准面为零点所确定的标高。我国规定以青岛附近黄海夏季的平均海平面作为标高的零点，由此计算出的标高称为绝对标高。除总平面之外，一般采用相对标高，即将底层室外地坪作为相对标高的零点。

（2）相对标高：以建筑物室内首层主要地面高度为零点作为标高起点进行计算，这样得出的标高称为相对标高。

①建筑标高

在相对标高中，凡是包含装饰层厚度的标高，都称为建筑标高。其标注在构件的装饰层面上。

②结构标高

在相对标高中，凡是不包含装饰层厚度的标高，都称为结构标高。它标注在构件的底部，是构件的安装或施工高度。结构标高分为结构底标高和结构顶标高两种。

一般情况下，在建筑施工图中标注建筑标高（不过，在屋顶平面图中通常标注结构标高），而在结构施工图中标注结构标高。

2. 标高标注方法

现以图 2-26 为例，说明标高标注的方法及注意事项。

（1）在施工图里，经常会出现一个小小的直角等腰三角形，该三角形的尖端要么向上，要么向下。这个三角形是标高的符号，是用细实线绘制、高为 3 mm 的等腰直角三角形。

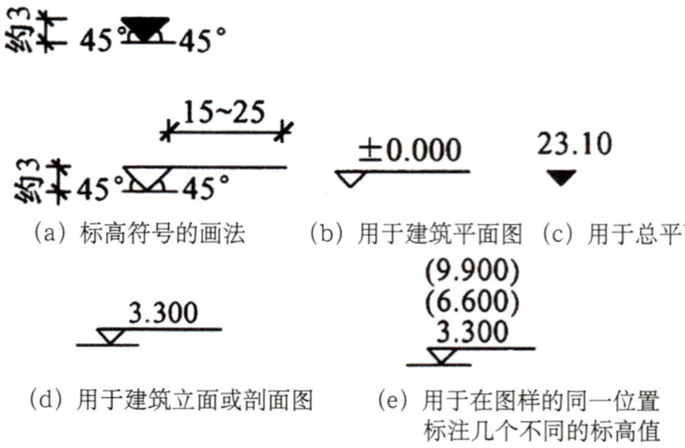

图 2-26 标高符号的画法

（2）在总平面图中，室外整平地面标高符号是涂黑的等腰直角三角形，标高数字写在符号的右侧、上方或者右上方。

（3）在底层平面图中，室内主要地面的零点标高标记为 ±0.000。低于零点标高的为负标高，需在标高数字前添加“-”号，如 -0.450；高于零点标高的是正标高，标高数字前的“+”号可省略，例如 3.000。

（4）在标准层平面图里，同一位置能够同时标注几个标高。

（5）标高符号的尖端应该指向被标注的高度位置，尖端可以向上，也可以向下。

（6）标高以米（m）作为单位。

课后练习：

根据所学知识，尝试用思维导图对施工图常用图例进行分类整理并复述其用途。

任务二 建筑施工图识图

【任务目标】

知识目标：

掌握建筑施工图的识图方法。

能力目标：

了解各类建筑施工图的识图要点，能看懂建筑施工图。

素质目标：

学习国家制图标准及规范，树立严谨的工作态度及精益求精的工匠精神。

【学习重难点】

学习重点：

了解建筑施工图的图纸编排和识图方法

学习难点：

掌握建筑施工图的识图顺序及要点。

【学习内容】

建筑施工图识图，是指在建筑施工期间，工程师、设计师以及施工人员对建筑施工图纸进行阅读与理解的环节，从而实现建筑设计师的设计意图，并保障工程质量。建筑施工图识图通常涵盖以下几个方面：

1. 熟悉图纸内容：了解图纸上的符号与标记，熟知各类绘图规则，例如比例、尺寸、轴线等。建筑施工图一般包含平面图、立面图、剖面图、详图等部分。

2. 了解设计要求：明确建筑在结构、材料、尺寸、形状等方面的设计要求，以确保工程按照设计要求施工。

3. 读懂尺寸标注：掌握尺寸标注的规则，如比例、单位、尺寸线等，通过尺寸标注能够了解建筑物的结构尺寸和形状。

4. 理解节点详图：对复杂的设计节点，需查看节点详图，从而知晓具体的施工方法与要求。

5. 识读图例：建筑施工图纸通常包含很多特定的图例，了解这些图例有助于更好地理解图纸内容。

6. 审核图纸：在施工过程中，要定期对建筑施工图纸进行审核，确保施工符合设计要求和规范。

总之，建筑施工图识图是建筑施工过程中是极为重要的一个环节，掌握建筑施工图识图技能，对提高工程质量和施工效率大有益处。

知识点一　施工图识图步骤

一套房屋的施工图，简单的可能只有几张，复杂的则会有几十张甚至几百张。在识图的时候，就全套图纸而言，要先看说明书和首页图，再看建筑施工图（建施）、结构施工图（结施）和设备施工图（设施）；对于每张图纸，要先看图标和文字，再看图样；对于建施、结施和设施，要先看建施，再看结施和设施；对于建施，要先看平面图、立面图和剖面图，再看详图；对于结构图，要先看基础施工图和结构布置平面图，再看构件详图。当然，这些步骤并非孤立的，而是相互联系的，工作人员要反复阅读才能够看懂。

在一套较复杂或较完整的施工图里，建施图通常会有一张首页图，且被编为“建施 01”。在读图时，应该先读首页图，这样就能对该幢房屋有个大致的了解。要是没有首页图，可以先把全套图纸翻一翻，了解这套图纸包含多少类别，每类有几张，每张有哪些内容。之后按照建施 → 结施 → 设施的顺序进行读图。

建筑施工图识图一般包括以下步骤：

1. 准备阶段：首先要了解建筑施工图的设计意图，熟悉相关的建筑规范与标准，并且对图纸中的符号、标记和尺寸有基本的了解。

2. 分类阅读：把图纸按不同类型分类，像建筑平面图、立面图、剖面图、详图等，了解各类图纸的主要内容和功能。

3. 看图顺序：一般从建筑平面图开始，接着依次阅读立面图、剖面图、详图等，这种阅读顺序有助于建立空间关系和结构认识。

4. 整体观感：按照先整体后局部的方式阅读图纸，以了解整个建筑的结构和布局。关注结构、墙、柱、门窗等主要建筑元素。

5. 细节分析：针对立面图、剖面图和详图等局部图纸，重点关注比例、尺寸、形状和材质等细节信息，了解各部分的具体设计要求。

6. 相互对照：阅读图纸时，将建筑平面图、立面图、剖面图等相互对照，确保理解的准确性。遇到不明白之处，要及时向设计师或其他专业人士请教。

7. 检查核对：对图纸内容进行全面检查，确保所有信息准确无误。关注图纸的完整性和一致性，发现问题及时纠正。

8. 形成记忆：通过反复阅读、理解和实践，逐步增强对建筑施工图的识读能力，形成扎实的识图基础。

建筑施工图识图是一个需要持续学习和实践的过程。我们应通过不断学习和实践来提高自己的识图技能，从而为建筑工程的顺利实施保驾护航。

知识点二　房屋建筑施工图的类型

建筑施工图是工程师与施工团队用于理解和规划建筑项目的重要工具。它包含了对建筑物的结构、尺寸、形状、材料等方面的详细设计信息。以下是几种常见的建筑施工图类型。

一、建筑总平面图

在画有等高线或附有坐标方格网的地形图上，运用水平投影法并依据相应的图例，绘制新建、拟建、原有以及待拆除的建筑物、构筑物的图样，此图样被称为总平面图。

（一）建筑总平面图的作用

建筑总平面图主要表达拟建房屋的位置、朝向、与原有建筑物的关系、周围道路、绿化布置以及地形地貌等内容，可作为拟建房屋定位、施工放线、土方施工和施工总平面布置的依据。

总平面设计在整个工程设计和施工过程中起着极其重要的作用。建筑总平面图作为总平面设计的图纸部分，在不同设计阶段发挥着不同作用。

1. 方案设计阶段

在方案设计阶段，总平面图着重体现拟建建筑物的大小、形状，以及周边道路、房屋、绿地和建筑红线之间的关系，用以表达室外空间的设计效果。

2. 初步设计阶段

进一步推敲总平面设计涉及的各种因素和环节，以考量方案的合理性和科学性。初步设计阶段的总平面图是方案设计阶段总平面图的细化，为施工图阶段的总平面图奠定基础。

施工图设计阶段的总平面图，是在深化初步设计阶段内容的基础上完成的。它能够准确描述建筑的定位尺寸、±0.00 相对标高、道路竖向标高、排水方向及坡度等内容。该总平面图是单体建筑施工放线、确定开挖范围及深度、进行场地布置以及水、暖、电管线设计的主要依据，也是道路、围墙、绿化、水池等施工的重要依据。

（二）建筑总平面图的内容

以图 2-27 为例，一个完整的建筑总平面图应包括以下信息：

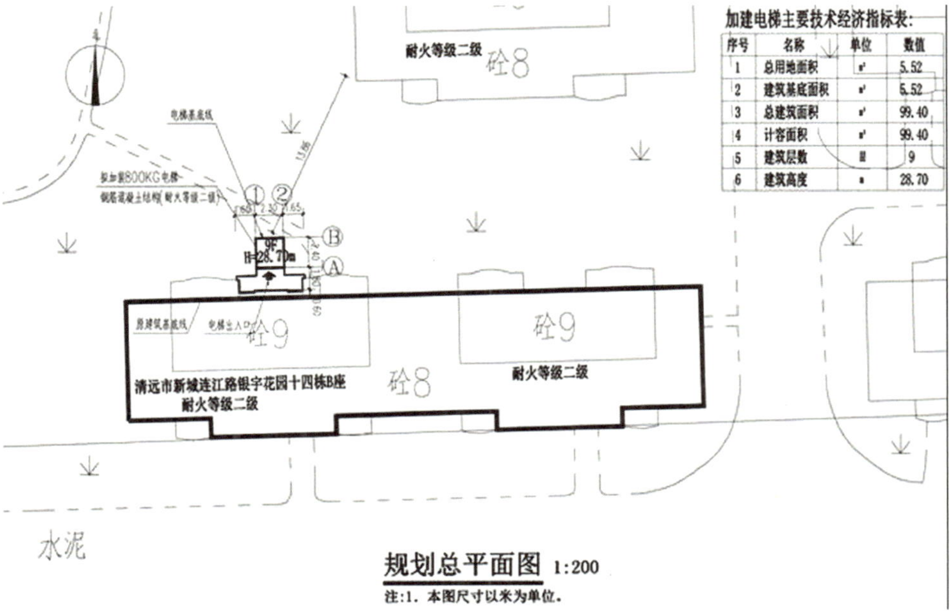

图 2-27 总平面图示例

1. 场地基本信息：新建工程所在地区的地形、地貌、道路以及水电管网布局。

2. 用地红线：这是所有新建及拟建房屋不可逾越的界线，并且要满足消防、日照等规范要求。

3. 建筑物分布：建筑总平面图将清晰地标明所有建筑物的位置、规模和形状。所有室外设施（如地埋管线、车库、设备用房等）也须在图纸中明确标识。

4. 建筑物尺寸和比例：包含建筑物的平面位置、长度、宽度、平面形式、层数、绝对标高以及和原有建筑物的定位关系。

5. 建筑物的布局：建筑总平面图会清晰呈现所有建筑物的朝向、相对位置以及在场地中的位置。

6. 建筑场地的绿化：这与建筑周围的植被覆盖度相关，对提升环境质量和维持生态平衡非常重要。

7. 其他设施：通常包含道路、绿化、围墙、室外照明、排水设施等。

8. 指北针或风向玫瑰图。

9. 主要技术经济指标表。

在施工图里，一般会包含若干重要的经济技术指标，这些指标能助力工程师与建筑师更好地了解设计的成本、效率以及环保性能。以下为一些常见的施工图经济技术指标：

建筑面积：这一指标表示建筑物的总面积，通过它能初步了解建筑物的总体尺寸和规模。

建筑高度：指的是建筑物从地面到屋顶的总高度。

建筑层数：为建筑物实际的楼层数量，部分建筑可能包含地下室、半地下室或者夹层。

建筑占地面积：是建筑物整体的占地面积，涵盖建筑物及其所有附属建筑区域的占地范围。

建筑结构类型：通常包含砖石结构、混凝土结构、钢结构或者其他类型。

建筑材料：需列出建筑物将要使用的主要材料，可能有砖、混凝土、木材、钢材等。

施工日期：一般而言，施工图会给出建筑物的预期完工日期。

能源标准和节能措施：如果建筑物的设计遵循特定的能源标准，例如 LEED 或 ESBD（节能建筑设计），这些信息通常会在施工图中列出。

绿化空间：施工图也许会标明建筑周边的绿化区域。

基础设施：施工图可能会列出建筑物所需的基础设施，如供水系统、排水系统、电缆和电线系统、供热和热水系统、消防系统等。

以上列出的是一些常见的施工图经济技术指标，不过，具体指标可能会因具体项目以及地区规定的不同而有所差异。

建筑总平面图在设计与施工阶段发挥着关键作用，能为规划、设计、施工、管理和维护等工作提供必要信息。在理解与应用建筑总平面图时，需注意不同建筑物间的相互关系，以便更好地规划和组织施工。

二、建筑平面图

建筑平面图属于建筑施工图，是其中最基本、最常见的类型。它展示出建筑物在水平方向的设计与布局情况，其主要目的在于帮助施工团队理解并规划建筑物内部空间的使用和布局。

（一）建筑平面图的形成

用一个假想的水平剖切平面，沿略高于窗台的位置剖切房间，移去剖切平面以上部分，将剩余部分向水平面作正投影，所得到的水平剖面图被称为建筑平面图，简称平面图，如图 2-28 所示。

（二）建筑平面图的内容

以图 2-29 为例，建筑平面图一般会标示如下内容：

1. 建筑物的主要结构元素（如墙、柱、梁等）及其位置和尺寸。

2. 建筑物内主要房间（包括卧室、浴室、厨房、餐厅、客厅、办公室、休息区、阳台等）以及楼层地面的

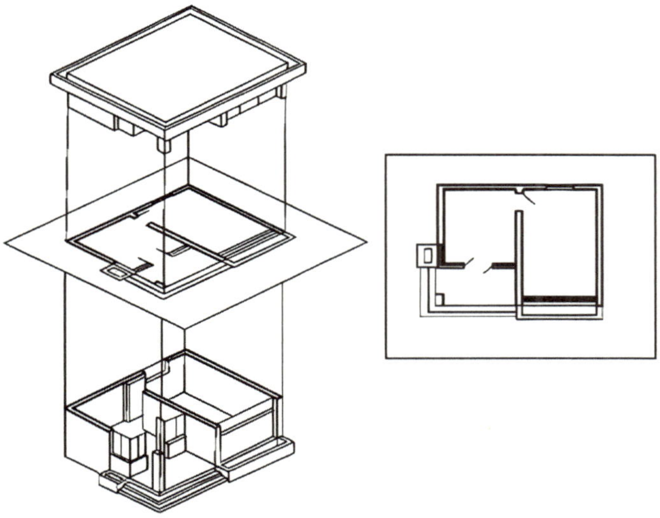

图 2-28 建筑平面图形成原理

位置和尺寸。

3. 建筑物的尺寸与比例，包括墙体厚度、门窗的宽度和高度、房间的长度和宽度等。

4. 建筑物的方向与朝向（通常用箭头或符号表示）。

5. 建筑物内外设施（楼梯、电梯、门、窗、空调、消防设施等）的位置和尺寸。

6. 建筑物的地基和基础设计。

为了能更好地理解与应用建筑平面图，需要配合阅读其他类型的建筑施工图，如立面图、剖面图和详图等，以此获取建筑物在不同视角与深度的详细信息。此外，要关注图纸上的细节，像线条的粗细、颜色的深浅、符号的形式等，因为这些细节可能都体现了设计者的特定意图。

（三）建筑平面图的分类

建筑平面图按照其反映的内容可分为以下几个类型。

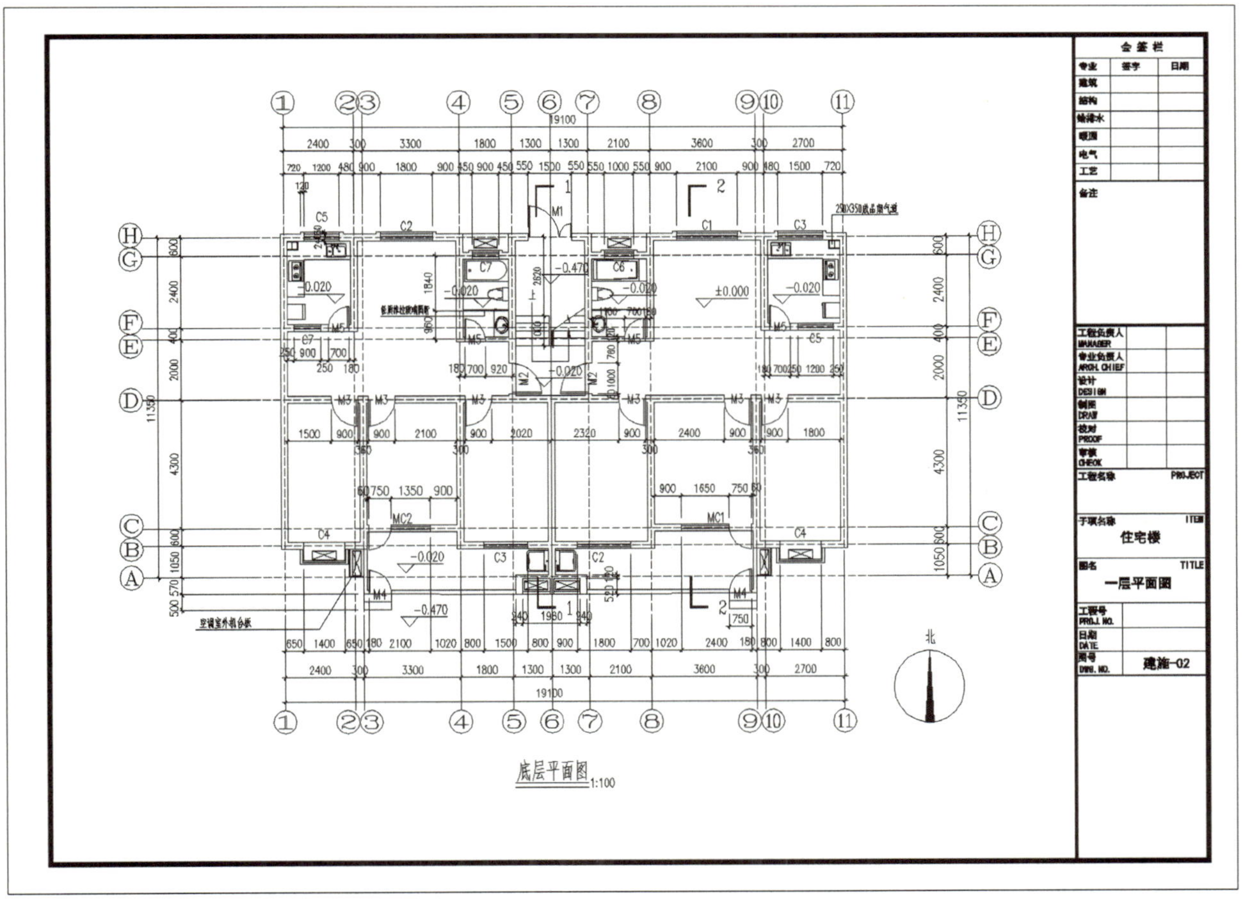

图 2-29 某建筑底层平面图

1. 首层平面图

首层平面图，也被称为一层平面图。它是所有建筑平面图中最先绘制的一张图。在绘制此图的时候，应该先将剖切平面放在房屋一层地面与一楼通向二楼的休息平台之间，并且要尽量通过该层所有的门窗洞。

2. 中间标准层平面图

一般来说，绘制多层建筑施工图时，应该为每层绘制一个平面图，并以该层本身的层数命名，例如“二层平面图”“三层平面图”等。但在实际建筑设计中，多层建筑的许多楼层的平面布置形式通常相同或者相近。因此在绘图时，可以用同一张平面图表示这些相同或者相近的楼层，这种合用的平面图被称为“标准层平面图”，有时也可以用其所对应的楼层命名，例如“二至六层平面图”。

3. 顶层平面图

顶层平面图并非屋顶平面图，它指的是楼房最上面的楼层，可以理解为楼房封顶的最后一层房屋的平面布置图，还可以用相应的楼层数命名。

4. 屋顶平面图

屋顶平面图用于表明屋面排水情况以及突出屋面构造的位置。屋顶平面图应着重说明以下内容：

（1）屋顶的形状与尺寸、屋檐挑出的尺寸、女儿墙的位置及厚度等。

（2）屋面的排水情况，包括排水分区、排水方向、屋面坡度和雨水管等。

（3）屋顶、屋面的相关索引。

（4）突出屋面的楼梯间、水箱间、烟囱、通风道以及布置在屋顶上的太阳能板等。

三、建筑立面图

建筑立面图属于建筑施工图的一种类型，其用途为展示建筑物的外部形状与主要设计元素。在建筑设计里，立面图起着至关重要的作用，因为它能够提供建筑物外观、结构、材料以及照明等关键信息。

（一）立面图的形成原理

以平行于房屋外墙面的平面作为投影面，运用正投影原理绘制出的房屋投影图，如图 2-30 所示，被称为建筑立面图，简称为立面图。对于某些平面形状曲折的建筑物，可以绘制展开立面图，且应在图名后面加注“展开”二字。

（二）立面图的主要内容

1. 建筑物高度：立面图一般会标明建筑物的总高度以及各楼层的高度。

2. 建筑物间距：立面图通常会标明建筑物与相邻建筑物之间的最小间距，以确保设计符合当地的建筑规定与安全规范。

3. 外墙材料：立面图通常会显示建筑物所使用的主要外墙材料，例如砖、石材、铝板、玻璃幕墙等。

4. 门窗位置与尺寸：立面图会标明建筑物各部分门窗的位置、洞口尺寸以及开启方式。

5. 绿化和景观设计：立面图还会展示建筑物周边的绿化和景观设计元素，像绿化带、树木、喷泉、雕塑等。

6. 建筑元素：立面图会标明建筑物表面的

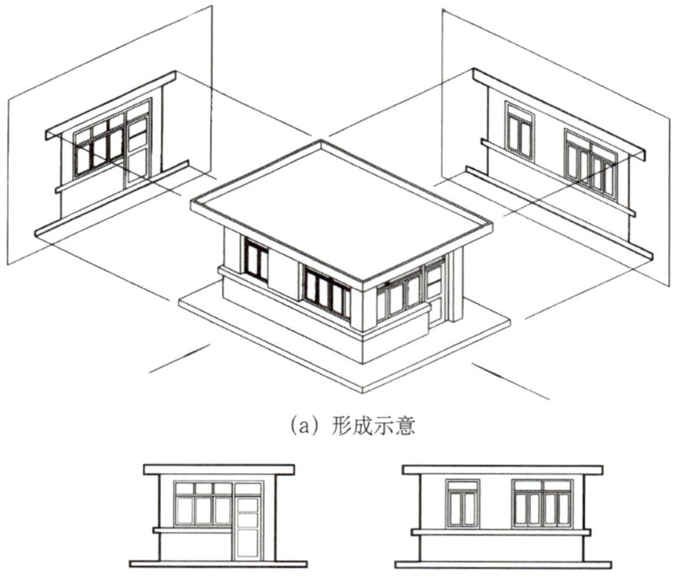

（a）形成示意

（b）东侧立面图　（c）南立面图

图 2-30 立面图的形成原理

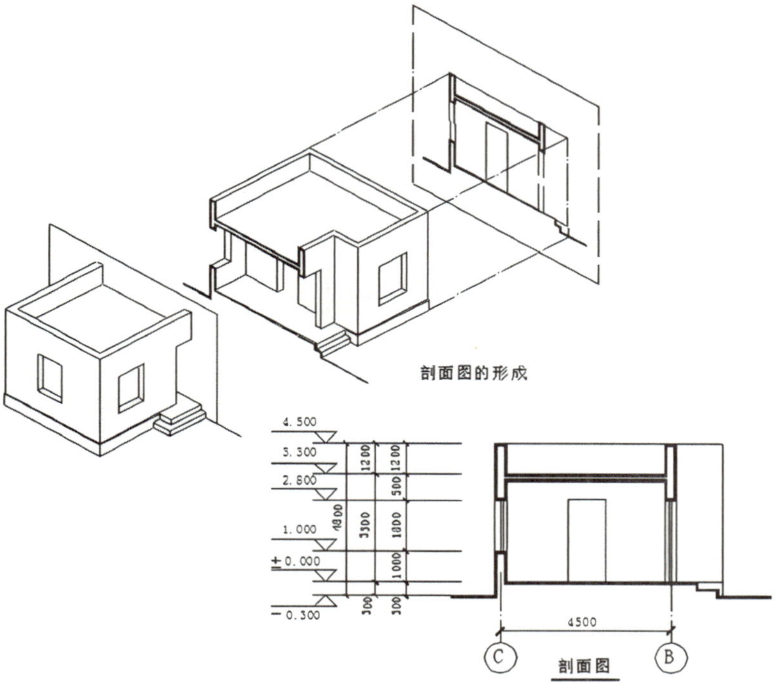

图 2-31 剖面图形成原理

各类装饰元素，如浮雕、瓷砖、纹理等。

要想准确理解并应用建筑立面图，就需要结合建筑平面图、剖面图、详图等施工图纸进行分析，从而获取建筑物的完整设计信息。此外，建筑设计师、施工团队以及其他相关专业人士需要具备足够的经验和专业知识，才能够充分利用立面图所提供的信息。

四、建筑剖面图

（一）剖面图的形成原理

假想用一个或多个垂直于外墙轴线的铅垂剖切平面把房屋剖开，如图 2-31 所示，所得到的正投影图称为建筑剖面图，简称剖面图。

建筑剖面图是从垂直方向对建筑物的三维结构进行界定的，它有助于工程师和其他建设者了解楼层之间的空间关系、结构元素的高度与位置以及材料的选用情况。

（二）建筑剖面图的主要内容

1. 高度信息：剖面图应展示建筑物从地面到屋顶的垂直高度，每一层的高度以及建筑的总高度都需在剖面图中明确标注。

2. 梁、板和柱：在剖面图中可以看到这些主要结构元素的位置、形状和尺寸。梁、板和柱的位置和尺寸对于建筑的稳定性以及是否符合建筑规定至关重要。

3. 房间和空间：每个楼层房间和空间的位置和尺寸都应在剖面图中明确呈现，这些信息对理解建筑的布局和功能非常关键。

4. 门窗和楼梯：剖面图要清晰呈现建筑物楼梯、门窗的位置和尺寸，还应指明楼梯和电梯的位置，以确保其在建筑物内部有效连通。

5. 屋顶结构：剖面图通常会清晰地展现屋顶结构，包括屋顶板和屋顶梁。此外，这些图通常还会呈现阁楼、防水层和屋顶排水系统等方面的信息。

建筑剖面图在建筑工程里极为重要，它能呈现建筑物内部结构以及整体的视图，从而有助于工程师和其他建设者制定建筑的设计与施工方案。对于建筑师、工程师和其他相关专业人员来说，掌握理解和阅读剖面图的方法是一项必备技能。

五、建筑详图

（一）详图的形成

由于在绘制平面、立面、剖面图时采用的比例较小，房屋很多细部构造无法清楚表示。为满足施工需求，必须分别以较大比例绘制这些部位的形状、尺寸、材料、做法等图样，这种图样被称为建筑详图，简称详图，有时也被称为大样图。

（二）详图的内容

建筑详图是一种更为详细的施工图纸，它展示了特定的建筑元素、细节或者构造部分。常见的建筑详图包括平面图、立面图、剖面图等。这些详图旨在提供更为详细的建筑物信息，以帮助施工团队理解设计师的意图并准确施工。

建筑详图主要有以下三种类型：

1. 详图：详图是详细的施工图纸，通常涵盖特定的细节或者元素，像楼梯剖面图、梁剖面图、墙剖面图、门窗详图等。这些详图会提供更具体的尺寸与材料信息，有助于施工人员更好地理解并实施设计方案。

2. 节点图：节点图详细展示了各组成部分的连接方式。例如，结构节点图详细解释了梁和柱连接的结构，管线节点图解释了管道和电气设备的连接方式。

3. 结构图：结构图展示了建筑物的主要结构元素，如梁、柱、板等。结构图还能够包含额外的结构细节，例如锚固、连接板等。

上述这些图纸需要由具备相应领域知识的人阅读和使用，它们是设计和施工过程中的重要工具，能够帮助工程师和建筑师更准确地理解设计意图，并且明确在实际施工中如何执行这些设计。对这些图纸的理解和解析能力是建筑师和工程师的重要职业技能。

知识点三　建筑总平面图识图要点

一、建筑总平面图识图要点

先以下图 2-32 为例，说明总平面图的识读要点。

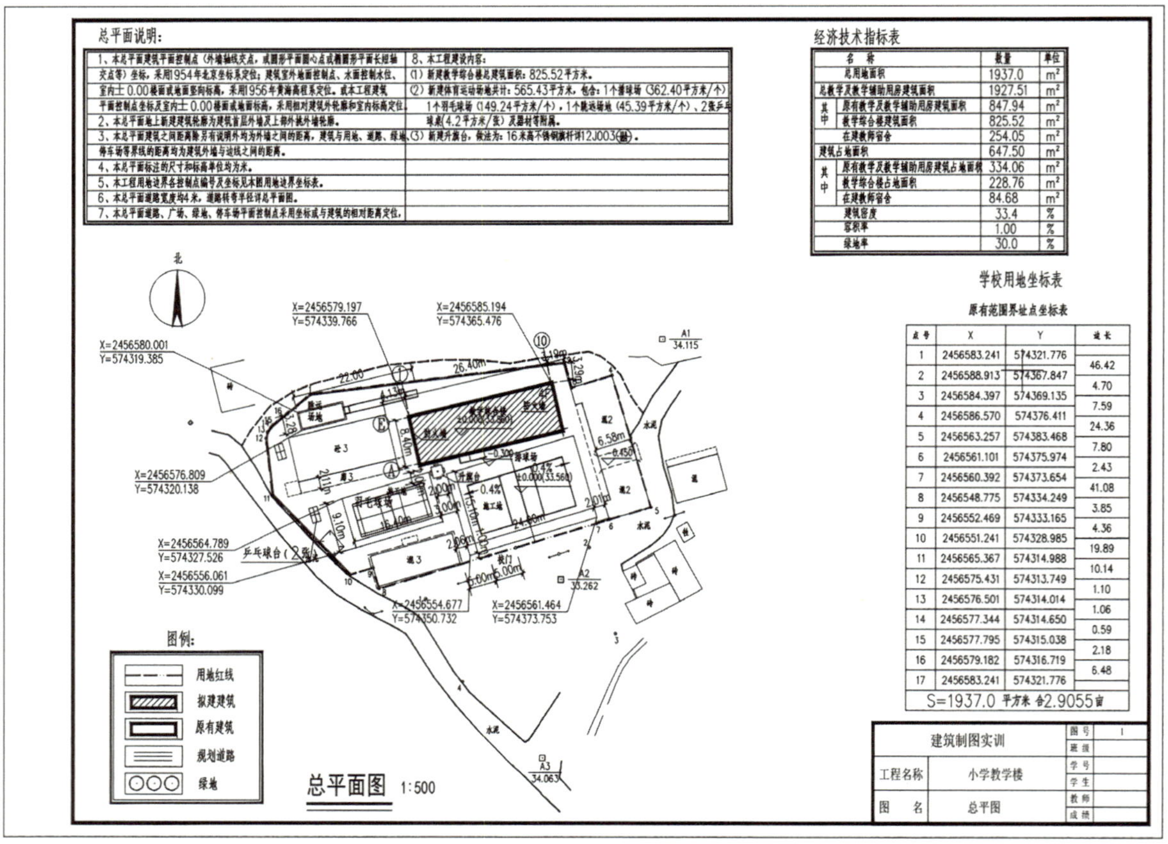

图 2-32 某学校总平面图

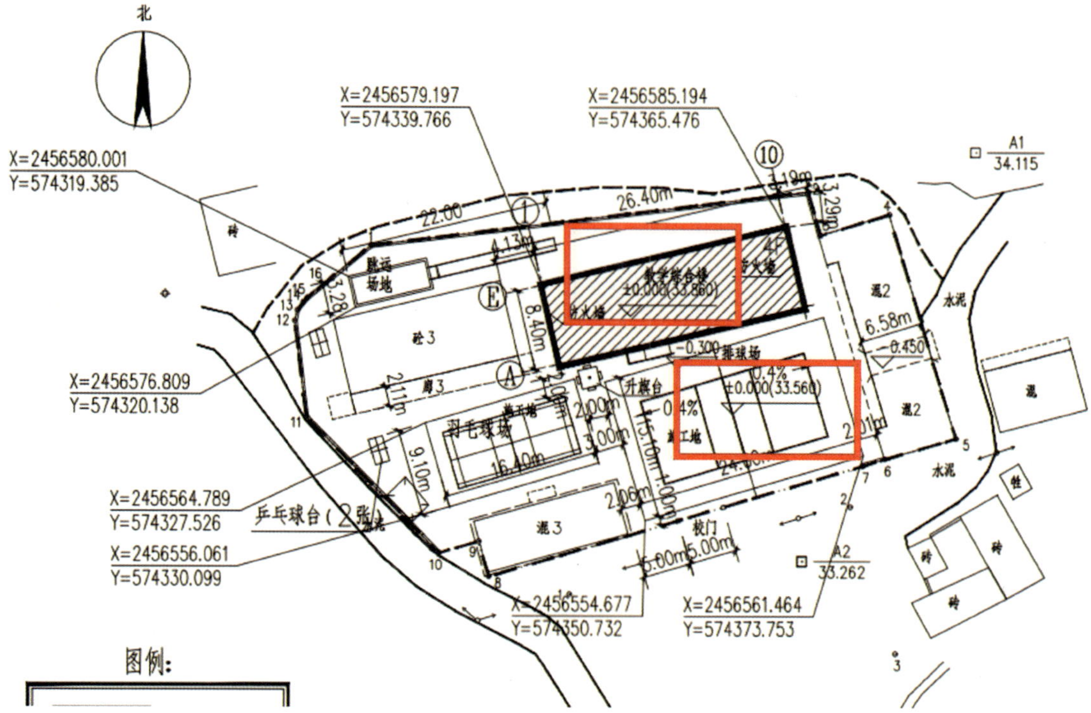

图 2-33 总平面图地形标高识读

1. 查看图名、比例、图例及相关的文字说明。

2. 总平面图上标注的尺寸，统一以米为单位。该总平面图所用的比例为 1：500。

3. 了解工程的性质、用地范围、地形地貌和周围环境状况。

4. 从图中可看出，由点划线标示的范围为用地范围，拟建建筑为一栋 4 层的教学综合楼，建筑周边为其他教学建筑及运动场地。

5. 了解拟建房屋的平面位置和定位依据。把房屋从图纸“搬移”到地面上，将这一过程称为房屋的定位。图中的拟建建筑采用测量坐标定位方法，这是最直接的方法，也就是使用设计图纸上的坐标系统来确定建筑物的具体位置。建（构）筑物定位一般采用尺寸和坐标定位两种方式，主要建筑物、构筑物用坐标定位，较小的建筑物、构筑物可用相对尺寸定位。坐标定位需标注其三个角的坐标。若建筑物、构筑物与坐标轴线平行，可注明其对角坐标。均以“米”为单位，标注至小数点后两位。

6. 了解拟建房屋的朝向和主要风向。在本案例中，可根据左上方指北针的方位判断出拟建建筑物均坐北朝南。

7. 了解地形的高低情况。总平面图上标注的标高，标高值需标注至小数点后两位，单位为米，均为绝对标高。绝对标高是指以我国青岛附近黄海夏季的平均海平面作为零点而测定的高度尺寸。

见图 2-33，此图为 2-32 的局部放大图。本图中拟建房屋底层室内地面的标高为 33.86 m，即室内 ± 0.000 相当于绝对标高 33.86 m，室外地坪的绝对标高为 33.56 m。图中建筑物还用 4F 标示了拟建建筑的楼层数，意思是四层，有的图纸也用原点表示楼层数，一个原点代表一层，两个原点代表两层，以此类推。

8. 了解道路交通及管线的布置情况。

9. 了解绿化、美化的要求和布置情况。

10. 明确道路（或铁路）和明沟等的起点、变坡点、转折点、终点的标高与坡向箭头。

二、总平面图常用图例

注意，以上识读要点并不是在所有总平面图中都是必需的，可根据具体情况进行选择。总平面图常用图例见表 2-1。

表 2-1　建筑总平面图常用图例

序号	名称	图例	备注
1	新建建筑物	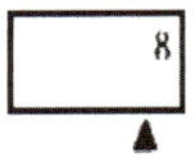	1. 需要时，可用▲表示出入口，在图形内右上角用点数或数字表示层数； 2. 建筑物外形（一般以 ±0.00 高度处的外墙定位轴线或外墙面线为准）用粗实线表示。需要时，地面以上建筑用中粗实线表示，地下建筑用细虚线表示。
2	原有建筑物		用细实线表示。
3	计算扩建的预留地或建筑物		用中粗虚线表示。
4	拆除的建筑物		用细实线表示。
5	建筑物下面的通道	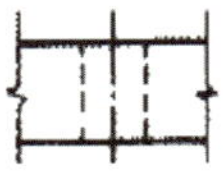	—
6	散状材料露天堆场		需要时可注明材料名称。
7	其他材料露天堆场或露天作业场		
8	铺砌场地	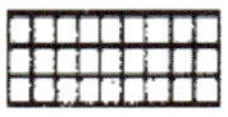	—
9	敞棚或敞廊		—
10	高架式料仓	 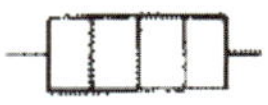	—
11	漏斗式贮仓		左、右图为底卸式，中图为侧卸式。
12	冷却塔（池）		应注明冷却塔或冷却池。
13	水塔、贮罐		左图为水塔或立式贮罐，右图为卧式贮罐。
14	水池、坑槽		也可以不涂黑。

续表

序号	名称	图例	备注
15	明溜矿槽（井）		—
16	斜井或平洞		—
17	烟囱		实线表示烟囱下部直径，虚线表示基础。必要时，可标注烟囱高度和上、下口直径。
18	围墙及大门	 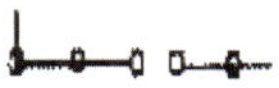	上图为实体性质的围墙，下图为通透性质的围墙。若仅表示围墙时，则不画大门。
19	挡土墙		被挡土在“突出”的一侧。
20	挡土墙上设围墙		
21	台阶		箭头指向表示向下。
22	露天桥式起重机		“+”为柱子位置。
23	露天电动葫芦	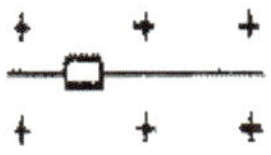 	“+”为支架位置。
24	门式起重机	 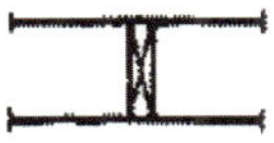	上图表示有外伸臂，下图表示无外伸臂。
25	架空索道		“I”为支架位置。
26	斜坡卷扬机道		—
27	斜坡栈桥（皮带廊等）	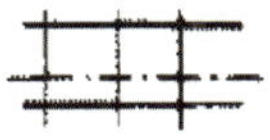	细实线表示支架中心线位置。
28	坐标	 	上图表示测量坐标，下图表示建筑坐标。
29	方格网交叉点标高	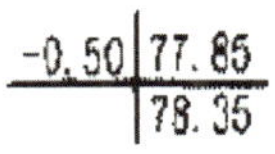	“78.35”为原地面标高，“77.85”为设计标高，“-0.50”为施工高度，“-”表示挖方（“+”表示填方）。

续表

序号	名称	图例	备注
30	填方区、挖方区、未整平区及零点线	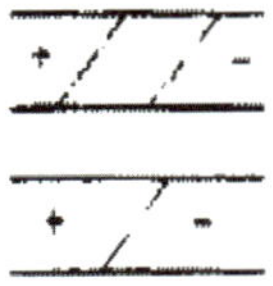	“+”表示填方区，“-”表示挖方区，中间为未整平区，点划线为零点线。
31	填挖边坡		1. 边坡较长时，可在一端或两端进行局部表示； 2. 下边线为虚线时表示该区域为填方。
32	护坡		
33	分水脊线与谷线	 	上图表示脊线，下图表示谷线。
34	洪水淹没线		阴影部分表示淹没区（可在底图背面涂红）。
35	地表排水方向		—
36	截水沟或排水沟		“1”表示 1% 的沟底纵向坡度，“40.00”表示变坡点间距离，箭头表示水流方向。
37	排水明沟	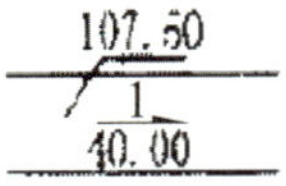 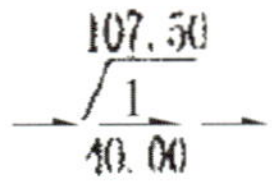	1. 上图用于比例较大的图面，下图用于比例较小的图面； 2. “1”表示 1% 的沟底纵向坡度，“40.00”表示变坡点间距离，箭头表示水流方向； 3. “107.50”表示沟底标高。
38	铺砌的排水明沟	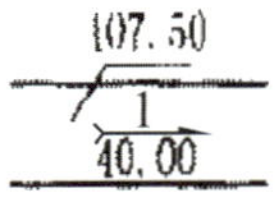 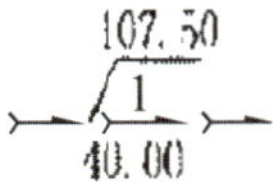	1. 上图用于比例较大的图面，下图用于比例较小的图面； 2. “1”表示 1% 的沟底纵向坡度，“40.00”表示变坡点间距离，箭头表示水流方向； 3. “107.50”表示沟底标高。
39	有盖的排水沟	 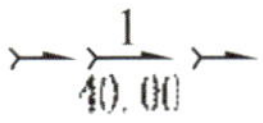	1. 上图用于比例较大的图面，下图用于比例较小的图面； 2. “1”表示 1% 的沟底纵向坡度，“40.00”表示变坡点间距离，箭头表示水流方向。
40	雨水口		—
41	消火栓井		—
42	急流槽		箭头表示水流方向。
43	跌水		

续表

序号	名称	图例	备注
44	拦水（闸）坝		—
45	透水路堤		边坡较长时，可在一端或两端局部表示。
46	过水路面		—
47	室内标高	151.00(±0.00)	—
48	室外标高	●143.00 ▼143.00	室外标高也可采用等高线表示。

知识点四　建筑平面图识图要点

建筑平面图实际上就是房屋各层的水平剖面图，不过按照习惯，无须标注其剖切位置，也不将其作为剖面图。一般而言，房屋有几层就应该绘制几个平面图，并且要在图的下方标注相应的图名，例如底层（或者一层）平面图、二层平面图等。然后，当某些建筑中间各层的构造、布置情况完全相同时，可以用同一个平面图来表示，这个平面图被称为中间层（标准层）平面图。所以，多层建筑的平面图通常由底层平面图、标准层平面图、顶层平面图和屋顶平面图组成。

建筑平面图是通过图例符号来呈现的，所以需要熟悉常用的图例符号。下面以图 2-34 为例，说明建筑平面图的识读步骤。

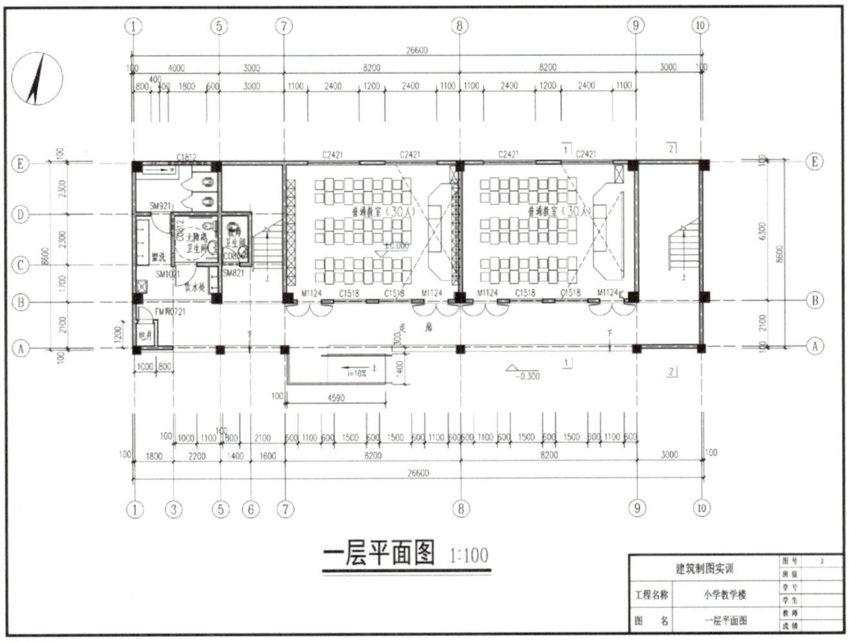

图 2-34 某建筑首层平面图

一、底层平面图的识读

底层平面图也就是一层平面图，具体识图方法如下：

1. 读图名、识形状、看朝向

从图名可知，该平面为一层平面图，图的比例是 1 ： 100，平面形状基本呈长方形。查看图左上角的指北针，能够确定房屋朝向西南方向。

2. 读名称，懂布局、组合

通过墙（或柱）的位置、房间的名称，能了解各房间的用途、数量以及它们之间的组合情况。

该建筑涵盖教室、男厕、教师卫生间、电井等房间。开放式走廊将各个房间连接起来，同时设有台阶用于上下楼，还设置了坡道方便轮椅出入。楼梯位于走廊的左端。

3. 根据轴线定位置

根据定位轴线的编号及其间距，我们能够明确各承重构件的位置以及房间的大小。定位轴线是墙、柱和屋架等构件的轴线，通常以墙柱中心线为准，不过也可根据实际需要偏离中心线来确定轴线，如此一来，便于在施工时进行定位放线和查阅图纸。

4. 看尺寸，识开间、进深

建筑平面图上标注的尺寸均为未经装饰的结构表面尺寸，且这些尺寸以毫米为单位。平面图上标注有外部和内部尺寸。

内部尺寸用于说明房间的净空大小、室内门窗洞、孔洞、墙厚以及固定设施（如厕所、盥洗室、工作台、搁板等）的大小与位置。例如，教室的门（M1124）宽 1100 mm，高 2400 mm。

为便于施工读图，平面图下方及左侧应注写三道外部尺寸；如情况不同，其他方向也应标注。这三道尺寸从里向外分别为：第一道尺寸表示建筑物外墙门窗洞口等细部位置及大小，如图 2-35 所示；第二道尺寸表示定位轴线之间的距离，称为轴线尺寸，用以说明房间的开间和进深。相邻横向定位轴线之间的尺寸称为开间，相邻纵向定位轴线之间的尺寸称为进深，如图 2-36 所示；第三道尺寸表示外轮廓的总尺寸，如图 3-37 所示，即从一端外墙边到另一端外墙边的总长总宽尺寸，通过这道尺寸可计算出本幢房屋的占地面积。

5. 了解建筑中各组成部分的标高情况

在平面图里，对于建筑物的各个组成部分，如地面、楼面、楼梯平台面、室外台阶面、阳台地面等，都应分别注明标高。这些标高均采用相对标高，即相对于标高零点（注写为 ±0.000）的相对高度。建施图中的标高数字表示的是装饰面的数值。如果标高数字前有“－”号，则表示该处标高低于

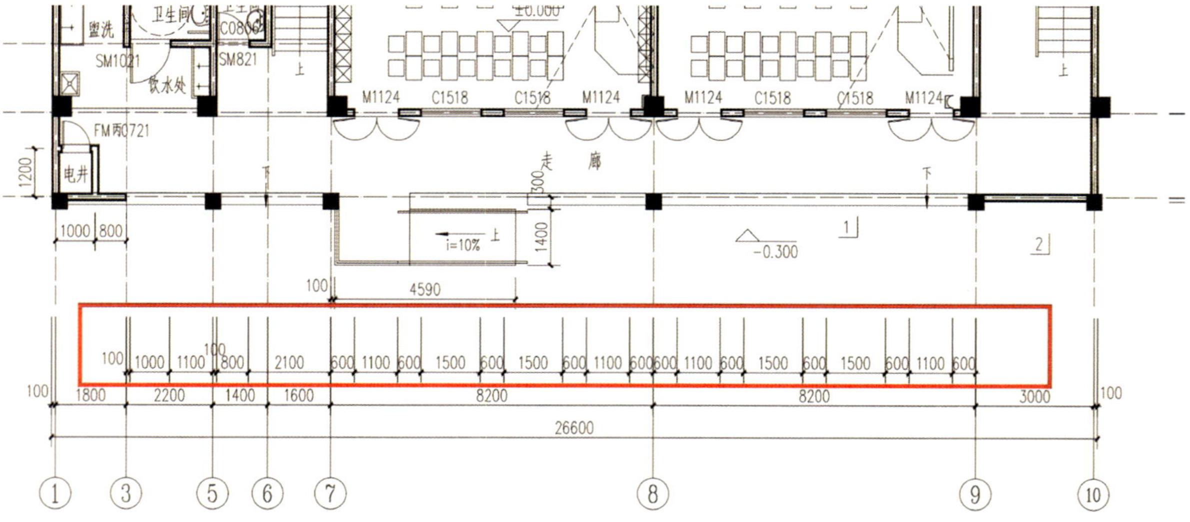

图 2-35 某建筑平面图第一道尺寸标注识读

零点标高；要是数字前无符号，则表示高于零点标高，高于零点标高的数值无须额外加写“+”号。图例中，建筑物教室内的地面标高为 ±0.000，室外地坪标高为 − 0.300，这表明室内外地面的高度差值是 0.3 m。如果地面有坡度，就应该注明坡度方向和坡度值，如图 3–38 所示，图中的坡度 i=10%。

6. 看图例，读细部、区分门窗代号

平面图识图，除了上述提及的尺度外，还需了解房屋其他细部，如室外的台阶、花池、散水、明沟等的平面形状、大小和位置。

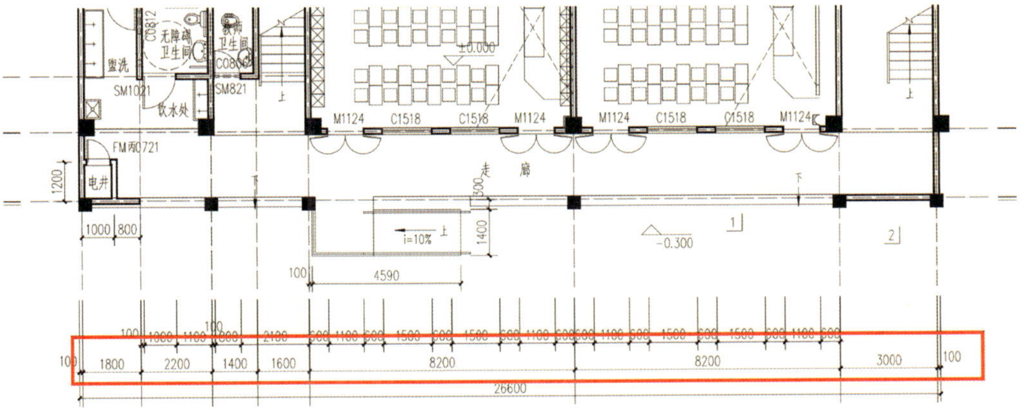

图 2–36 某建筑平面图第二道尺寸识读

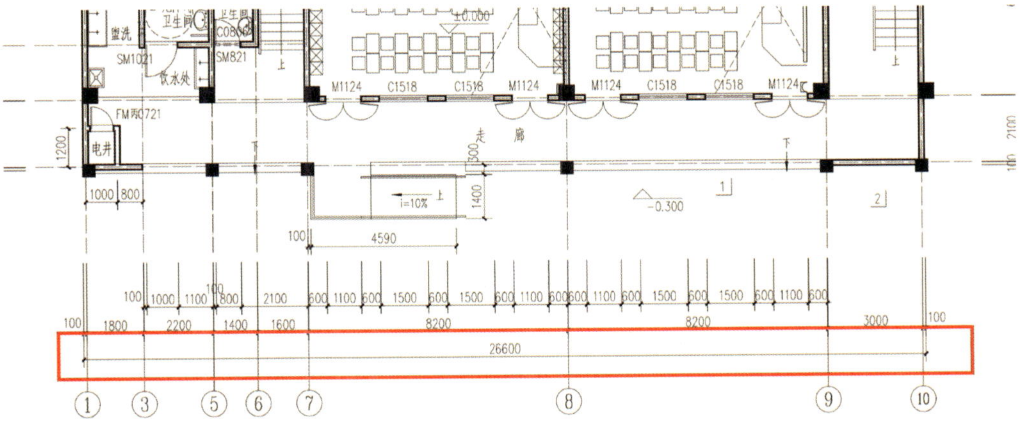

图 2–37 某建筑平面图第三道尺寸识读

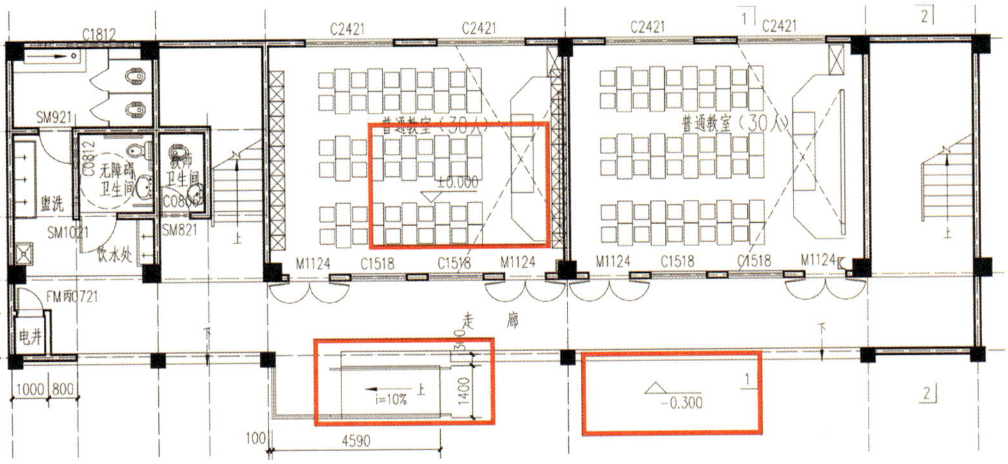

图 2–38 某建筑平面图中标高符号及坡度的识读

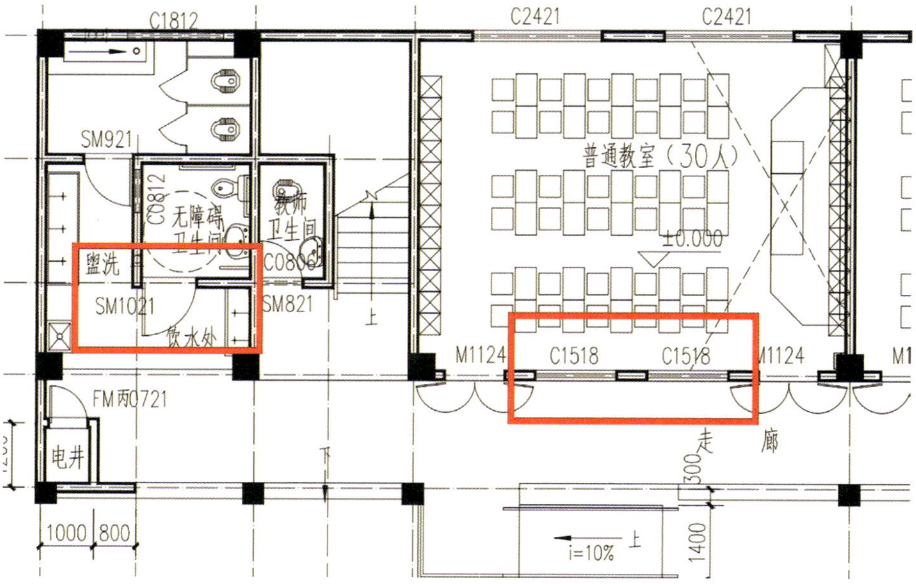

图 2-39 门窗编号

通过图 2-34 中的门窗图例及其编号，我们能够了解门窗的类型、数量和位置。门的代号为 M，窗的代号为 C，在代号后面加上序号进行区分，同一编号的门窗意味着其型号和尺寸相同。

在阅读图纸时，需要注意每种类型门窗的位置、形式、大小和编号，并且要与门窗表相对应，从而了解门窗所采用标准图集的代号、门窗型号以及是否有备注。例如图 2-39 中的 SM1021，“SM”表示塑钢门，“1021”表示门宽 1000 mm，门高 2100 mm；其中 C1518，“C”表示窗，“1518”表示窗宽 1500 mm，窗高 1800 mm。

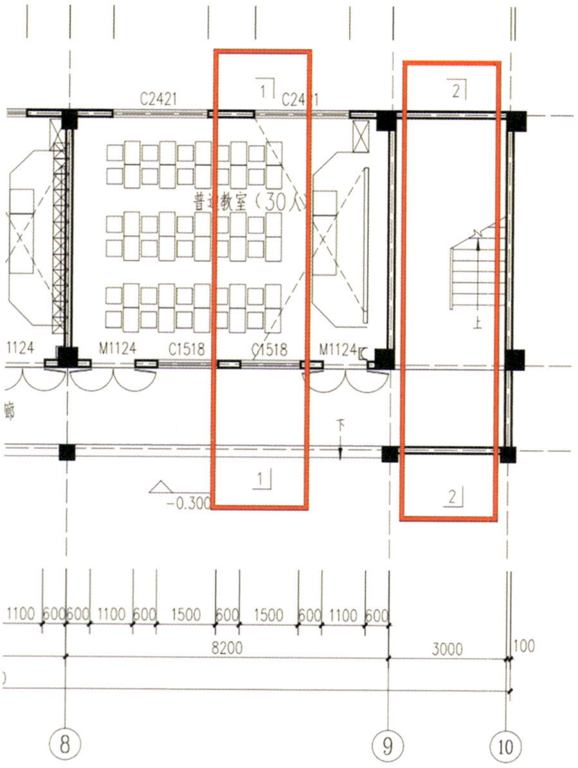

图 2-40 首层平面图中的剖切符号

7. 了解建筑剖面图的剖切位置、索引标志

在底层平面图的适当位置画有剖切符号，该剖切符号用于表示剖面图的剖切位置和剖视方向。例如图 2-40 中，位于⑧、⑨轴线间的 1-1 剖切符号，表示此处有一个剖切面，即建筑剖面图的剖切位置，其剖视方向朝左，是全剖面图。

图样中的某个局部或者构件，如果需用详图进行特别说明，通常会使用索引符号来注明画出详图的位置、详图的编号以及详图所在的图纸编号。

8. 了解各专业设备的布置情况

在对建筑物内的设备进行读图时，要注意卫生间里的便池、盥洗池以及电井等设备的位置、形式及相应的尺寸。

二、中间层或标准层平面图

在多层建筑里，通常每层都需要一个单独的平面图。不过，一般建筑的中间几层平面布置往往完全相同，这种情况下，就可以省去几个平面图，仅用一个平面图来表示，这个平面图被称为中间层平面图，也叫作标准层平面图。

标准层平面图和顶层平面图的形成原理与底层平面图一样。为简化作图，底层平面图中已表示过的内容，在标准层平面图和顶层平面图中不再表示，比如散水、明沟、室外台阶等不再绘制；顶层平面图中也不再绘制标准层平面图里已表示过的雨篷等。识读标准层平面图和顶层平面图时，重点是将其与底层平面图对照，找出异同点，例如平面布置有无变化、墙体厚度是否改变、楼面标高有无变动、楼梯图例是否有变化等。

以图 2-41 为例，由于所选例图每层都有一些变化，所以我们以二层平面图为例进行讲解。从图中可以看出，该建筑物平面布置有些变化，楼层标高为 3.650 米。在二层平面图中，雨篷、楼梯图例以及卫生间等的位置布局出现了变化。

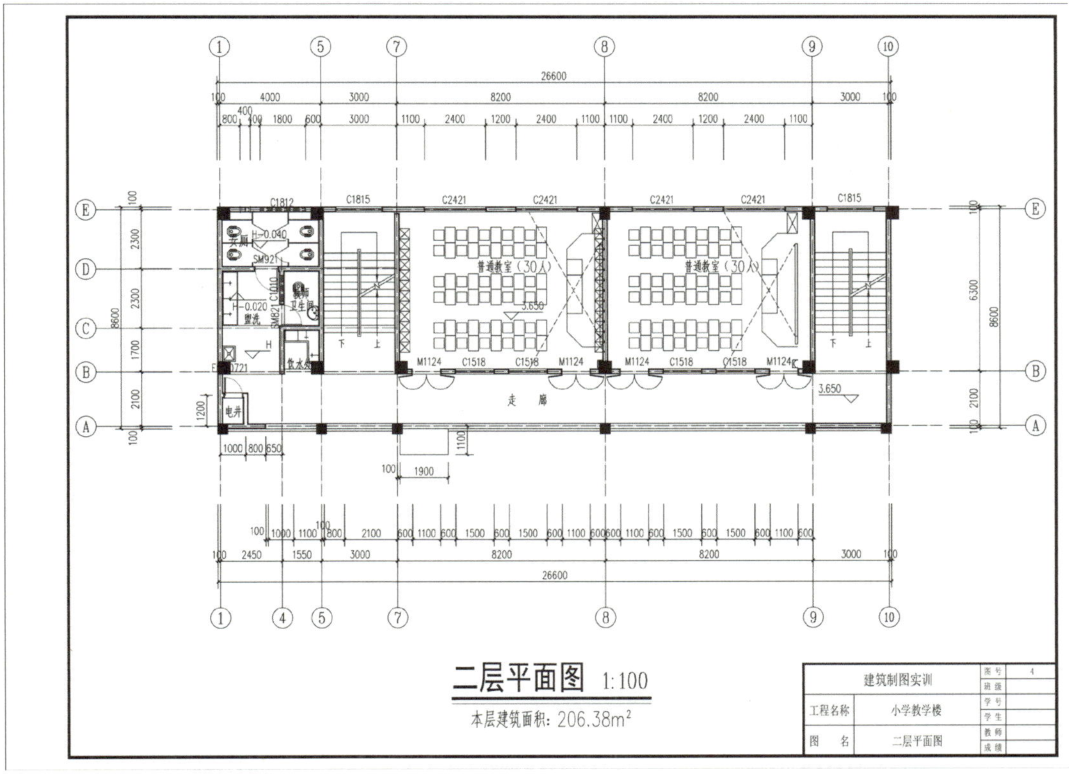

图 2-41 某建筑二层平面图

三、屋顶平面图的识读

屋顶平面图是用于呈现房屋屋顶形状、女儿墙位置、屋面排水方式、坡度以及落水管位置等信息的图形。如图 2-42 所示，此屋顶采用有组织的女儿墙内檐沟排水方式，雨水从屋面汇聚至檐沟，檐沟排水坡度为 1%，且设有 4 个雨水管。

根据实际需求，还可在屋顶平面图附近附上檐口、女儿墙泛水、变形缝、雨水口、高低屋面泛水等构造详图，以方便配合屋顶平面图进行阅读。

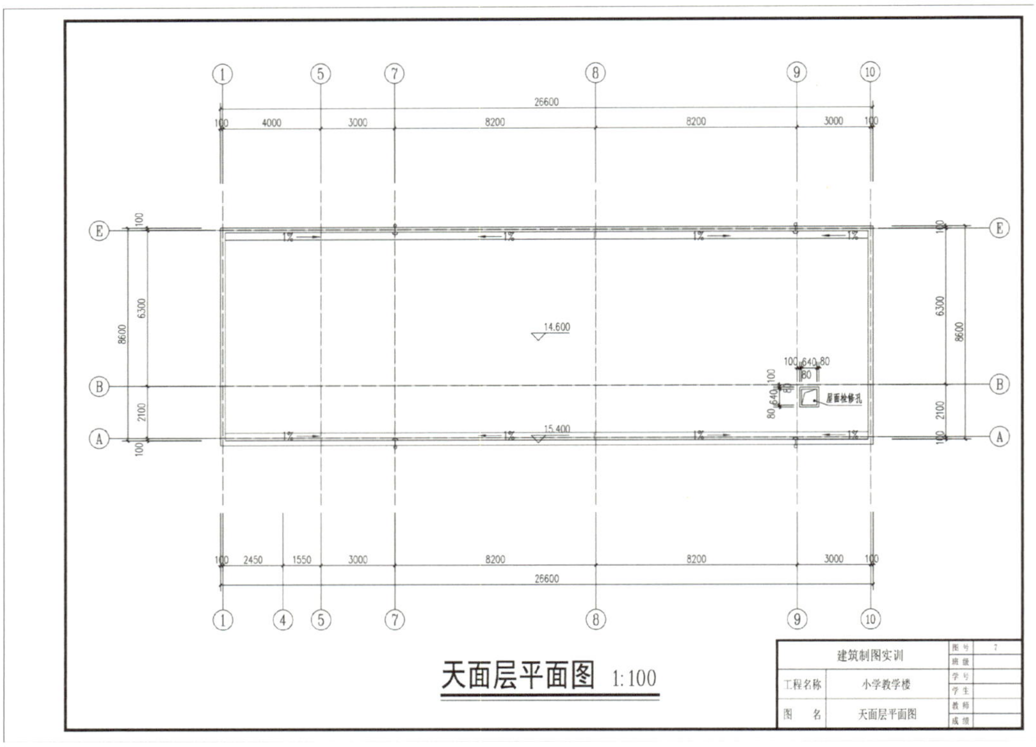

图 2-42 某建筑屋顶平面图

知识点五　建筑立面图识图要点

下面以图 2-43、图 2-44 为例，结合平面图，说明建筑立面图的识读步骤。

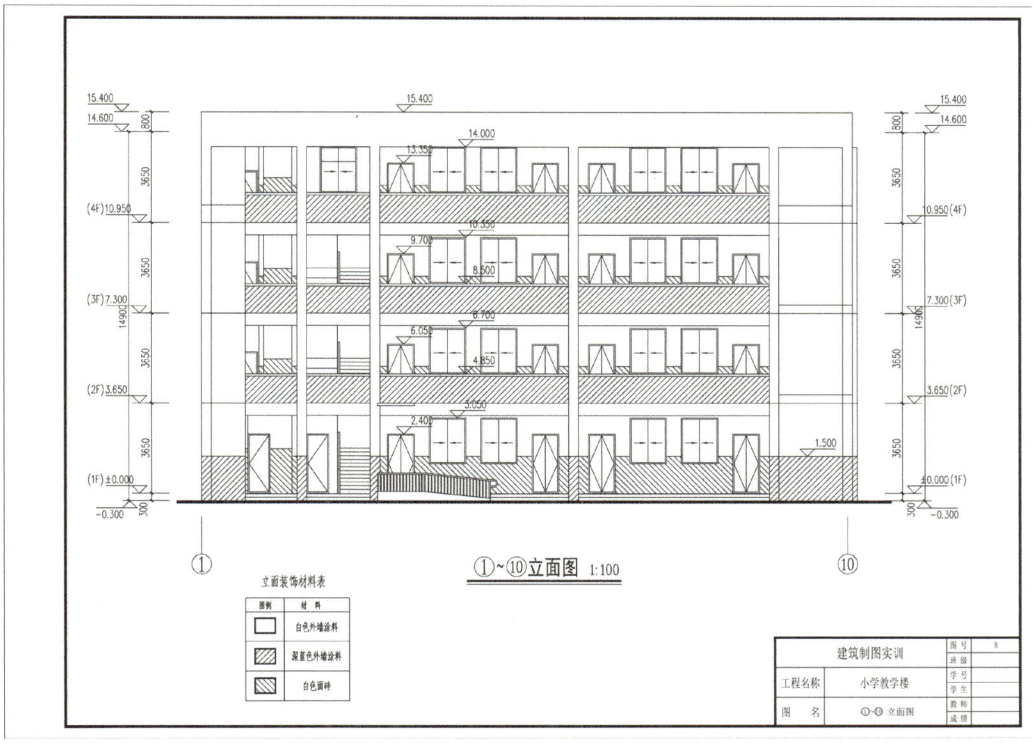

图 2-43 某建筑 1-10 轴立面图

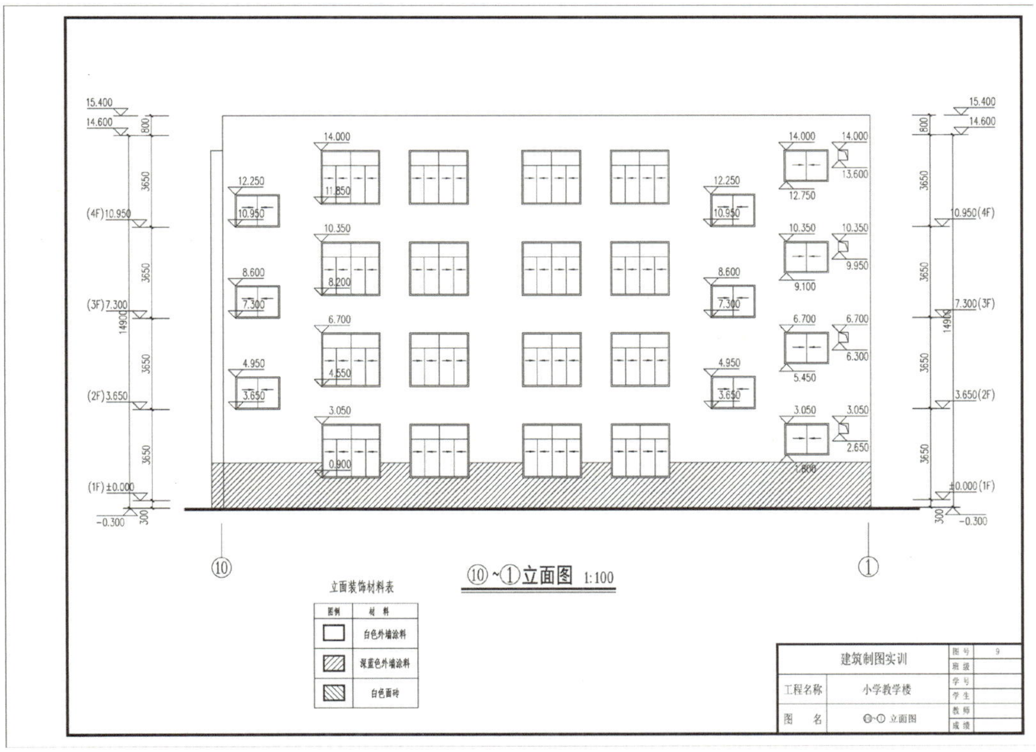

图 2-44 某建筑 10-1 轴立面图

1. 了解图名及比例。立面图的名称确定方式有两种，一是按各面的朝向确定，如东立面图、南立面图等；二是根据两端定位轴线编号来命名，如 1–10 轴立面图、10–1 轴立面图。由上图可知，该图为 1–10 轴立面图，是根据两端定位轴线编号命名的，比例为 1：100。

2. 了解房屋的外貌特征，并与平面图对照深入了解屋面、门窗、雨篷、台阶等细部的形状及位置关系。

3. 由图 2–43 能够得知，该建筑的立面造型为四层平顶。其左端的轴线编号是 1，右端的轴线编号为 10。对照平面图形，可以看出此图表示的是房屋东南方向的立面，而且是反映建筑主要出入口的正立面图。

4. 了解房屋的竖向尺寸与标高。从图 2–43 可以看到，立面图的右侧标注有标高。由所标注的标高可知，房屋室外地坪比室内地面低 0.3 m，首层层高为 3.65 m，二、三层的层高均为 3.65 m，檐口处标高 14.600 m。各窗洞底部和顶部标高及尺寸在图中均已标注出来。

5. 了解建筑物的装修做法。若使用成品，则无须单独施工制作；若不使用成品，则需用详图列出详细施工做法。

6. 了解立面图上索引符号的意义。在有些图纸的立面图中，若有需要说明的细节做法，则需用详图索引符号引出详图来详细说明。

7. 了解其他立面图，例如图 2–44 的 10–1 轴立面图，其主要反映房屋北面外墙及窗户的造型。

8. 建立建筑物的整体形状概念。结合平面图和立面图，应形成对该房屋整体形状的认知，涵盖形状、高度、装修的颜色、质地等方面。

知识点六　建筑剖面图识图要点

下面以图 2–45 为例，说明剖面图的识读步骤。

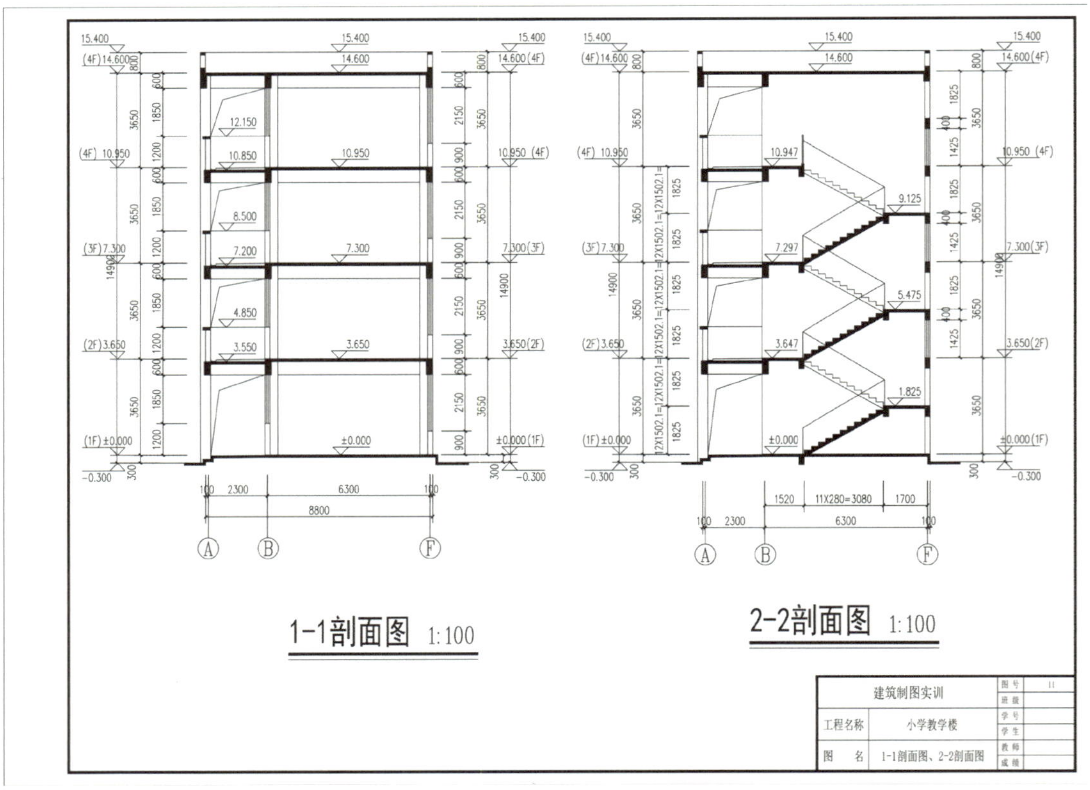

图 2–45 某建筑 1–1、1–2 剖面图

1. 了解图名及比例

从图 2–45 我们可以看到两幅剖面图，分别是 1–1 剖面图和 2–2 剖面图，它们分别剖在建筑物的不同位置。这两幅剖面图的比例均为 1 ： 100，属于整幢建筑物的垂直剖面图。需要注意的是，剖面图的图名应当与底层平面图上标注的剖切符号编号保持一致。

2. 了解剖面图与平面图的对应关系

把图名和轴线编号跟底层平面图的剖切符号进行对照，就可以明确 1–1 以及 2–2 剖面图的具体剖切位置。这两幅剖面图都是经过剖切后从右向左投影而得到的横剖面图，其中，1–1 剖面图剖切到教室和走廊的结构，2–2 剖面图剖切到楼梯和走廊。剖面图的宽度应该和平面图的宽度相等，剖面图的高度应该和立面图的高度一致。

3. 了解主要标高和尺寸

在剖面图里，标注出了房屋主要部位的标高，像底层室内外地坪、各层楼面、屋面、楼梯休息平台、屋顶等部位都标注有标高数值。除标高之外，图中还标注了楼梯、门窗洞口等的细部尺寸和高度尺寸。

4. 了解屋面、楼面、地面的构造层次及做法

在剖面图里，常通过多层构造引出线和文字来标注屋面、楼梯、地面的构造层次以及各层的材料、厚度和做法。

5. 了解索引详图所在位置及编号

剖面图中，若存在需要详细说明的结构，也当使用索引符号列出详图编号及其所在图纸的位置。

知识点七　建筑详图识图要点

建筑详图可分为节点构造详图与构配件详图两类。其中，表达房屋某一局部构造做法和材料组成的详图被称为节点构造详图，像例如檐口、窗台、勒脚、明沟等部位的详图就属于此类；而表明构配件本身构造的详图，则称为构件详图或者配件详图，例如门、窗、楼梯、花格、雨水管等配件的详图。

详图常用的比例有 1 ： 50、1 ： 20、1 ： 5、1 ： 2、1 ： 1 等。接下来将介绍建筑施工图中常见的详图。

一、外墙身详图

外墙身详图也被称为外墙大样图，它是建筑外墙剖面图的放大图样，主要用于表达外墙与地面、楼面、屋面的构造连接状况，以及檐口、门窗顶、窗台、勒脚、防潮层、散水、明沟的尺寸、材料、做法等构造情况，是砌墙、室内外装修、编制施工预算以及材料估算等工作的重要依据。

在多层房屋里，由于各层的构造情况基本相同，所以只需绘制墙脚、檐口和中间部分这三个节点即可。门窗一般采用标准图集，为简化作图，通常采用省略画法，即让门窗在洞口处断开。

（一）外墙身详图的内容

1. 墙脚：外墙墙脚主要指一层窗台及其以下部分，其包含散水（或明沟）、防潮层、踢脚、一层地面、勒脚等部分，需明确这些部分的形状、大小、材料及其构造情况。

2. 中间部分：主要包含楼板层、门窗过梁、圈梁，要明确它们的形状、大小、材料及其构造情况，同时应表示出楼板与外墙的关系。

3. 檐口：应表明屋顶、檐口、女儿墙、屋顶圈梁的形状、大小、材料及其构造情况，还应表示出窗内护窗栏杆的做法。

4. 在实际工程中，因为各地区都编有标准图集，所以外墙详图各节点构造做法可直接查阅标准图集。

（二）剖面图的识读要点

1. 明确外墙详图所采用的比例为 1 ： 10，从轴线符号可知这是 A 轴线的外墙身。

2. 了解明沟和勒脚的做法。从图中可以得知，勒脚采用 25 厚的 1 ： 2 水泥砂浆粉饰。

3. 了解窗台的做法。

4. 了解墙体的材料、厚度，墙上构件，防潮层等的材料与做法。

5. 了解楼板与墙体、天沟板与墙体、雨水管与墙体、过梁与墙体等之间的位置关系。

6. 了解檐沟的构造做法。

7. 了解各部位的标高和竖向尺寸等。

二、楼梯详图

楼梯作为建筑中连接上下层的主要垂直交通工具，目前最常用的是由钢筋混凝土材料制成的。楼梯一般由四大部分构成，分别为楼梯段、平台（包括楼层平台和休息平台）、栏杆和扶手，此外还有楼梯梁、预埋件等，如图 2-47 所示。

楼梯按形式可分为单跑楼梯、双跑楼梯、三跑楼梯、转折楼梯、弧形楼梯、螺旋楼梯等。其中，双跑楼梯因构造简单、施工方便且节省空间，目前应用最为广泛。每层楼由两个梯段连接而成。

由于楼梯构造复杂，建筑平面图、立面图和剖面图的比例较小，楼梯中的许多构造难以清晰呈现，因此在建筑施工图中一般都需要绘制楼梯详图。

楼梯详图包括楼梯平面图、楼梯剖面图和楼梯节点详图三部分。

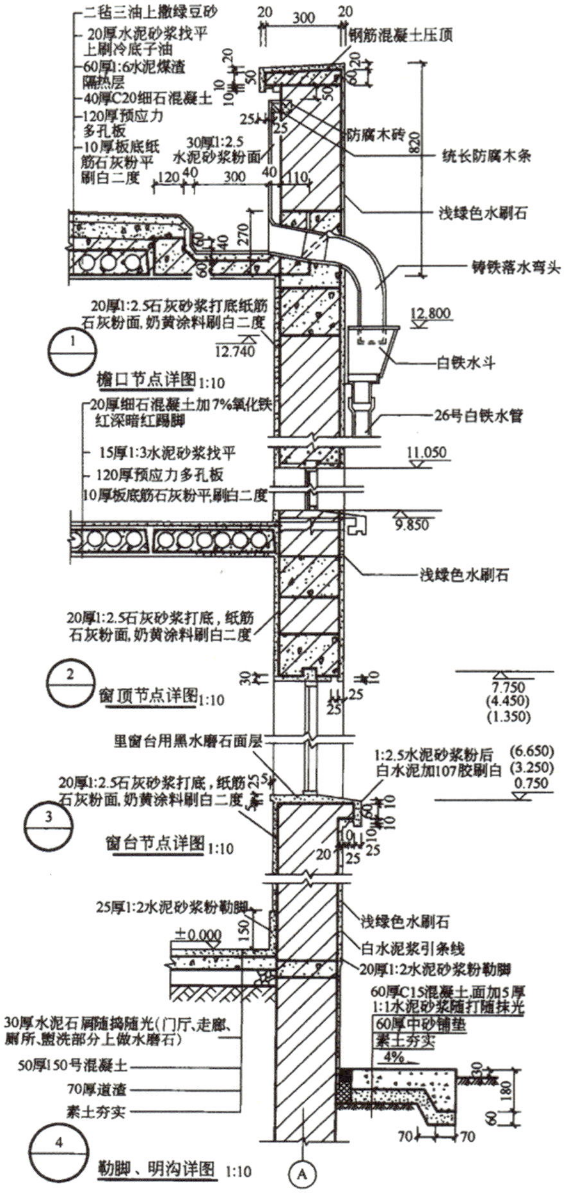

图 2-46 外墙详图

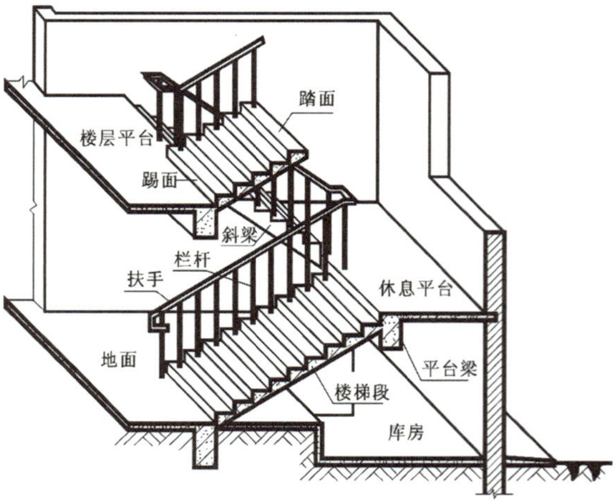

图 2-47 楼梯结构

（一）楼梯平面图

楼梯平面图的形成楼梯平面图是将建筑平面图中的楼梯间按一定比例放大绘制而成的图样，其比例通常为 1 ∶ 50，一般包含楼梯底层平面图、楼梯标准层平面图和楼梯顶层平面图等。楼梯底层平面图是从第一个平台下方进行剖切的。由于第一梯段被断开，所以在楼梯底层平面图中仅绘制半个梯段，在梯段断开处画 45° 折断线，并用箭头表示上或下的方向。楼梯标准层平面图是从中间层房间窗台以上处剖切的。因此在楼梯标准层平面图上既要画出被剖切的上行部分梯段，也要画出下行部分梯段以及休息平台，在向上梯段断开处画 45° 折断线。楼梯顶层平面图是从顶层房间窗台以上处进行剖切的（出屋顶的楼梯间除外），此时没有剖切到楼梯段。所以，在楼梯顶层平面图中应画出完整的两跑梯段及中间休息平台，并在梯口处标注“下”及箭头。

现以图 2-48 为例，说明楼梯平面图的识图要点。

1. 明确楼梯间在建筑物中的位置。对照上图可知，此楼梯位于横向 3-4 轴线、纵向 A-E 轴线之间。因为建筑物左右两边楼梯的结构尺寸相同，所以此处楼梯的平面详图叠加标注了两边的轴线编号。

2. 明确楼梯间的开间、进深，墙体的厚度和门窗的位置。从图中能够得知，该楼梯间开间为 3000 mm，进深为 6300 mm，窗户位于墙中部，依据窗户编号 C1815 可知，窗宽 1800 mm，窗洞高为 1500 mm。

3. 明确楼梯段、楼梯井和休息平台的平面形式、位置以及踏步的宽度和数量。该楼梯为双跑式，梯段宽度为 1400 mm，每层楼梯段有 12 个踏步，踏步宽 280 mm，整段楼梯的水平投影长度为 3360 mm。

4. 明确楼梯的走向以及上下行的起步位置。该楼梯的走向如图 2-48 中箭头所示。

5. 明确楼梯段各层平台的标高。图中入口处地面标高为 ±0.000，其余平台标高分别为 1.95 m、3.9 m、5.85 m、7.8 m。

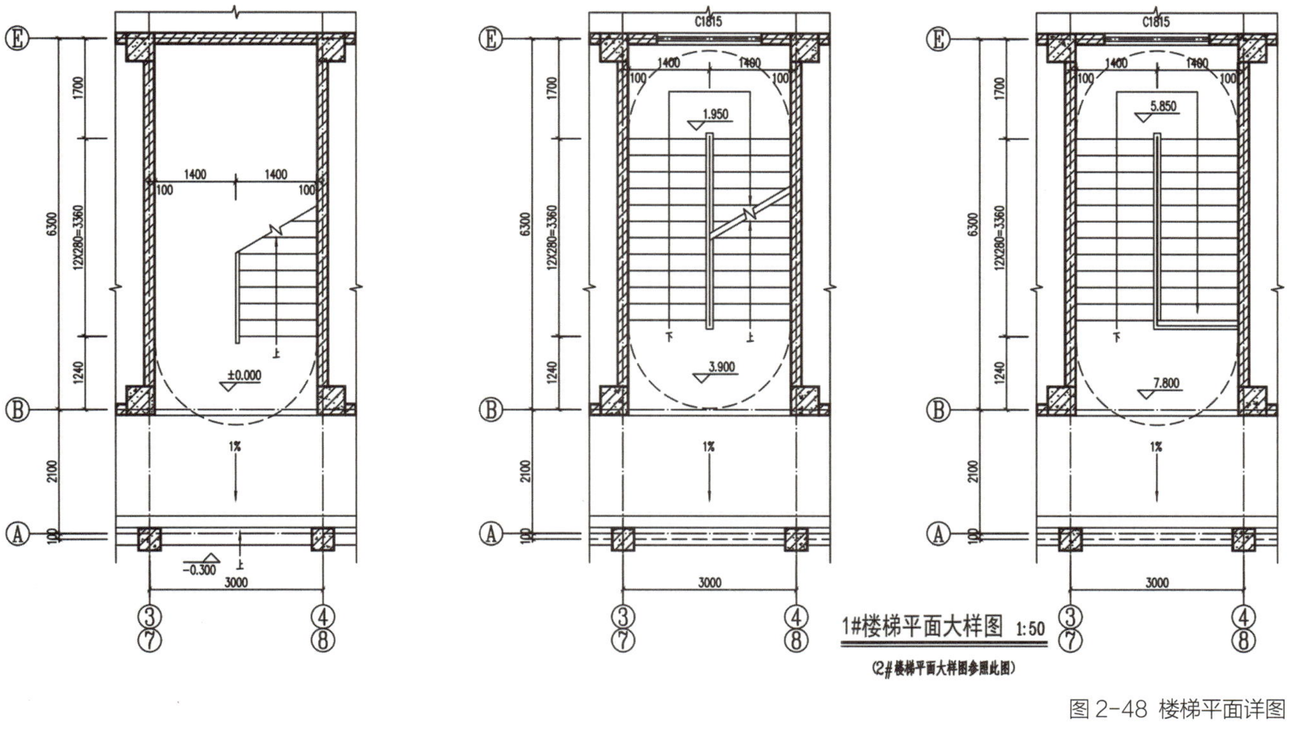

图 2-48 楼梯平面详图

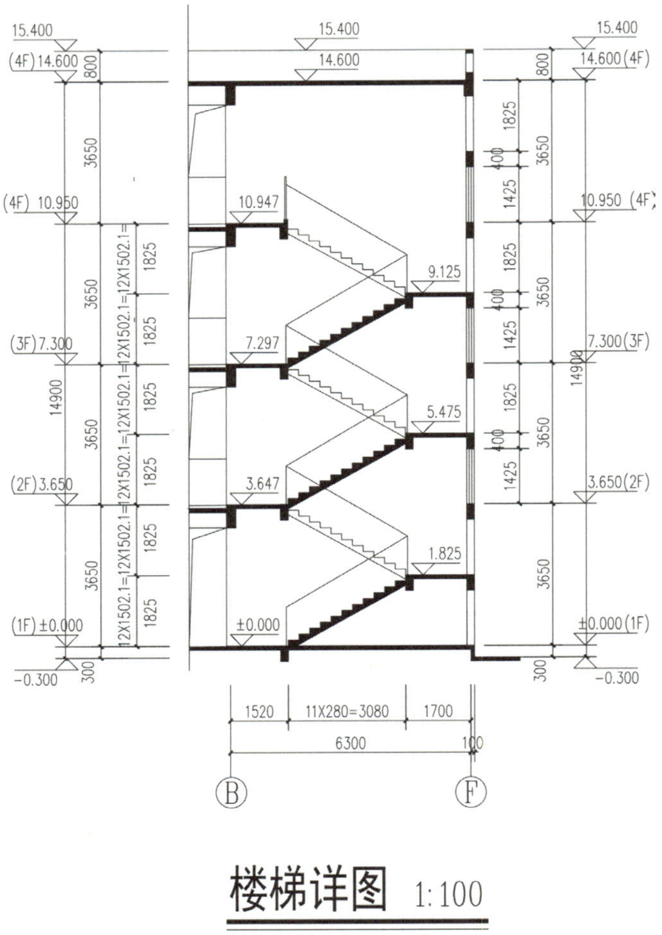

图 2-49 某建筑楼梯详图

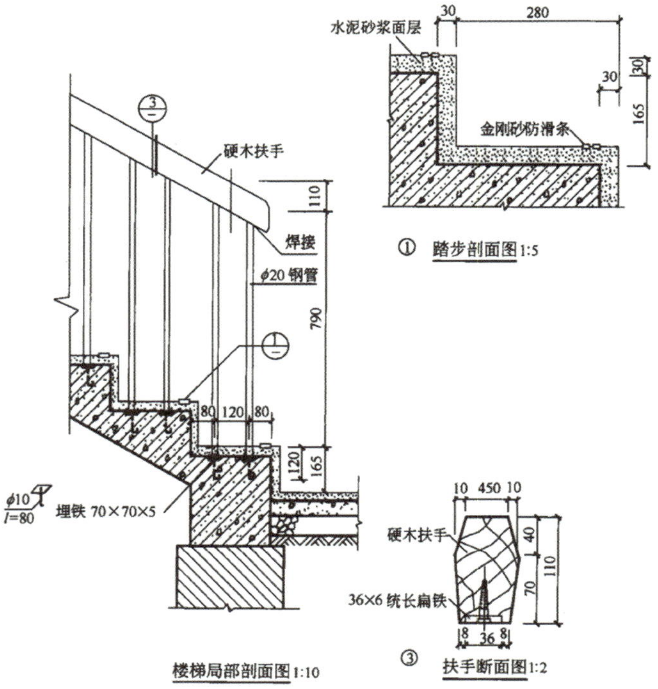

图 2-50 楼梯节点详图

（二）楼梯剖面图

楼梯剖面图是采用假想的铅垂剖切平面通过各层的一个梯段和门窗洞口对楼梯进行垂直剖切，然后向未剖切到的梯段方向投影所作出的剖面图。该剖面图主要用来表达楼梯踏步与平台的构造、栏杆的形状以及相关尺寸。其比例一般为 1 ∶ 50、1 ∶ 30 或者 1 ∶ 40。按照惯例，如果各层楼梯的构造相同，并且踏步尺寸和数量也相同，那么楼梯剖面图只画出底层、中间层和顶层的剖面图，其余部分用折断线省略。

楼梯剖面图需要注明各楼梯层面、平台面、楼梯间窗洞的标高、踢面高度、踏步数量以及栏杆高度。

以图 2-49 为例，说明楼梯剖面图的识图步骤。

1. 了解楼梯的构造形式。从图中可以得知，该楼梯的结构形式为板式楼梯，且为双跑式。

2. 了解楼梯在竖向与进深方向的相关尺寸。依据楼层标高以及定位轴线间的距离可知，该楼每层层高均为 3650 mm。

3. 了解楼梯、平台、栏杆、扶手等的构造与用料情况。

4. 了解被剖切梯段的踏步数。从图中可知，从地面到第一层楼梯休息平台共有 12 级台阶，高度总计 1825 mm。

5. 了解图中的索引符号，从而知晓楼梯细部的做法。

（三）楼梯节点详图

楼梯节点详图主要用于展示楼梯栏杆、踏步、扶手的做法。若采用标准图集，可直接引注标准图集代号；若采用的形式特殊，则需按照 1 ∶ 10、1 ∶ 5、1 ∶ 2 或 1 ∶ 1 的比例，详细呈现其形状、大小、所用材料以及具体做法。图中展示的是该楼梯的两个节点详图，此详图主要呈现踏步防滑条的做法，也就是防滑条的具体位置和所用材料。

三、门窗详图

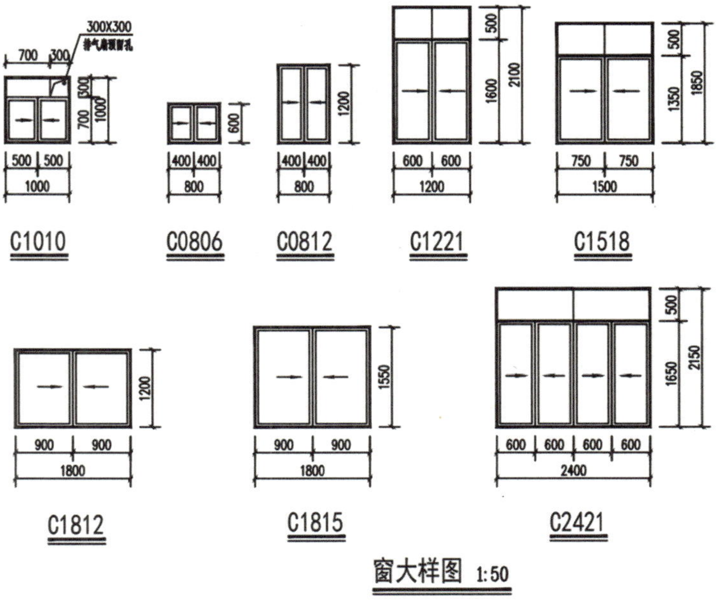

图 2-51 窗户详图

建筑中常用的门窗，各省都预先绘制了各种不同规格的标准图，供设计者选用。所以，在施工图中，只需说明该详图在标准图集中的编号，不需要另行绘制详图。

门窗详图一般由门窗的立面图、节点详图、断面图、五金表和文字说明等构成，如图 2-51、图 2-52 所示。

门窗立面图用于表明门窗的组合形式、开启方式、主要尺寸以及节点索引标志。门窗的开启方式由开启线确定，开启线分为实线和虚线。实线表示外开，虚线表示内开，开启线相交的一侧为装铰链处，图中所示窗户为推拉窗。

门窗节点剖面图表示门窗某节点中各部件的用料、断面形状，以及各部件的尺寸和相互间的位置关系。查看节点剖面图时，要与立面图配合，明确剖面图的剖切位置和剖视方向。

门窗五金表列出每一扇门窗上所需的五金件及其名称、规格、数量、要求等。

类型	设计编号	洞口尺寸(mm)	数量			备注	外窗面积(m²)	外窗可开启面积(m²)	外窗开启面积比例
			1F	2~4F	合计				
木质防火门	FM丙0721	700X2400	1	1X3=3	4	丙级防火门：由专业厂家按国家有关标准制作安装，防火门必须选用当地消防部门认可的合格产品			
成品钢门	M1124	1100X2400	4	4X3=12	16	由专业厂家按国家有关标准制作安装，门顶设300高亮子			
塑钢门	SM821	800X2100	1	1X3=3	4	由专业厂家按国家有关标准制作安装，门下部设通风百页			
	SM921	900X2100	1	1X3=3	4				
	SM1021	900X2100	1		1	门扇需符合无障碍要求			
铝合金推拉窗(90系列)	C0806	800X600	1		1	详门窗分隔示意图 由专业厂家按国家有关标准制作安装	0.48	0.24	50.0
	C0812	800X1200	1		1		0.96	0.48	50.0
	C1010	1000X1000		1X3=3	3		1.00	0.50	50.0
	C1518	1500X1850	4	4X3=12	16		2.78	1.01	36.3
	C1812	1800X1200	1	1X3=3	4		2.16	1.08	50.0
	C1815	1800X1550		2X3=6	6		2.79	1.40	50.0
	C2421	2400X2150	4	4X3=12	16		5.16	1.98	38.4

图 2-52 某建筑选用门窗列表图

任务三 建筑施工图制图

【任务目标】

知识目标:

掌握建筑施工图的绘制步骤及绘制技巧。

能力目标:

掌握绘图步骤及技巧，具备按比例手绘施工图的能力。

素质目标:

通过学习国家制图标准及规范，树立严谨的工作态度及精益求精的工匠精神。

【学习重难点】

学习重点:

了解建筑施工图的绘制步骤和技巧

学习难点:

运用工具按比例进行施工图绘制。

【学习内容】

知识点一　建筑施工图制图准备

通过前面各任务的学习，我们已基本掌握建筑施工图的内容、图示原理及识读方法。然而，唯有通过绘制施工图，我们才能准确、清晰且明确地表达出房屋的内容和设计意图。并且，在绘制施工图的过程中，我们还能够进一步了解房屋的构造，提升识读建筑施工图的能力。

一、绘制建筑施工图的准备工作

（一）绘图工具、图纸的准备

绘图工具通常需要用到圆规、分规和建筑模板。丁字尺和三角板需根据图幅大小来选用，绘图板一般选用 A1 或 A2 规格。绘图铅笔通常选用 2B、HB、H 和 2H 这四种型号。墨线笔一般选用粗、中、细三种型号的针管笔。图纸幅面的选择取决于绘制比例和图形复杂程度，进行绘图练习时，选用 A2、A3 图纸为宜。

（二）熟悉房屋的概况、确定图样比例和数量

根据房屋的外形、层数、每层的平面布置 和内部构造的复杂程度，来确定图样的比例和数量，确保表达内容既不重复，也无遗漏。图样的数量在满足施工要求的前提下，宜少不宜多。另外，对于房屋的细部构造，如墙身剖面、门、窗、楼梯等，凡能选用标准图集，就无须另外绘制详图。

（三）合理布置图面

当平面、立面、剖面图画在同一张图纸内时，图样应保持对应关系，即平面图与正立面图长对正，平面图与侧立面图宽相等，立面图和剖面图高平齐。当详图与被索引图样画在同一张图纸内时，应让详图尽量靠近被索引位置，以方便读图。若二者不画在同一张图纸上，它们相互对应的尺寸都应保持一致。

此外，各图形的布局应匀称，图形之间要预留出足够的空间用于标注尺寸、书写文字以及注明图名。总之，要依据房屋复杂程度的不同进行合理安排与布置，使每张图纸主次分明、排列均匀紧凑、表达清晰且布置整齐。

具体步骤如下：

1. 打底稿：为保证图纸准确、整洁，所有图纸均应先用较硬的铅笔（如 H、2H）画出较淡的底稿线。底稿的绘制顺序为：平面图—剖面图—立面图—详图。

2. 检查加深：将底稿的全部内容相互对照并反复检查，确认图形、尺寸准确无误之后，再进行加深以正式出图。加深时可选用针管墨水笔或较软的铅笔（如 B、2B），并按照国标规定的线型加深图线。图线加深的一般顺序与后续习惯画法一致。

3. 标注：注写尺寸、图名、比例以及各种符号（剖切符号、索引符号、标高符号等）。

4. 填写标题栏。

5. 清洁图面，擦除不必要的图线和脏痕。

二、绘图中的习惯画法

1. 绘制相同方向、相同线型的线条时，应尽可能一次画完，这样可避免频繁移动三角板、丁字尺。在上墨或者描图的时候，同一粗细的线型要一次画完，如此能够使线型保持一致，还能减少换笔的次数。

2. 相等的尺寸要尽可能一次量出。例如，在平面图中宽度相同的门窗洞，以及立面图中高度相同的门窗洞、阳台、雨篷等，都可以使用分规一次性量出。

3. 同一方向的尺寸要一次性量出。比如画平面图时，要一次性量出纵向、横向尺寸；画剖面图时，要一次性量出从地坪到檐口的垂直方向尺寸。

4. 在使用铅笔加深或者描图上墨时，一般按照先上后下、先左后右、先水平后垂直线或倾斜线、先曲线后直线的顺序进行。

5. 绘图方式并无固定模式，只要将上述几点有机结合，就能获得满意的效果。

知识点二　建筑平面图绘制步骤

1. 绘制定位轴线，并在定位轴线基础上绘制墙、柱轮廓线，如图 2-53、图 2-54 所示。

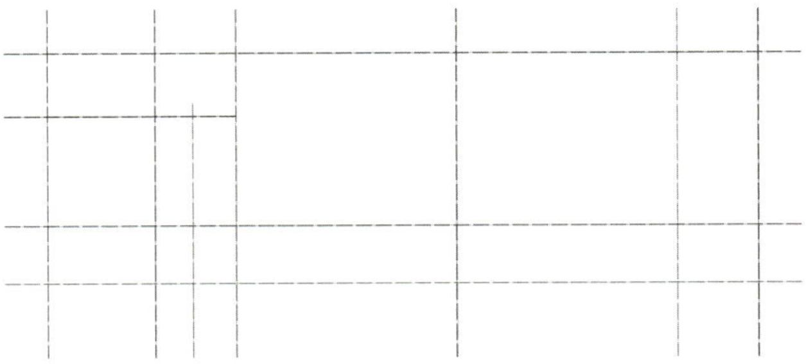

图 2-53 绘制定位轴线

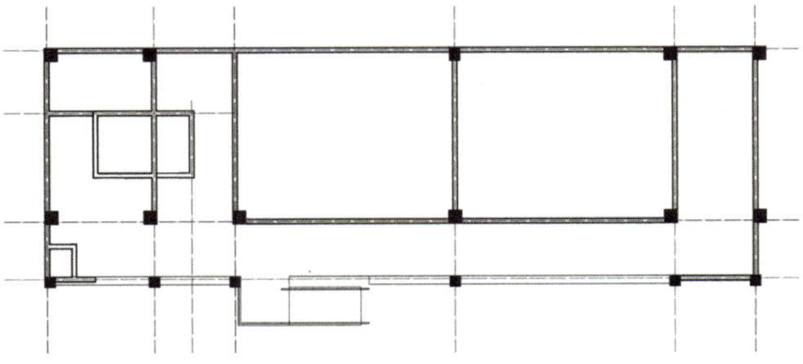

图 2-54 绘制墙、柱

2. 确定门窗洞的位置，绘制细部，例如楼梯、台阶、卫生间、散水、明沟、花池及家具等，如图 2-55 所示。

3. 绘制剖切位置线、尺寸线、标高符号以及门的开启线，标注定位轴线、尺寸和门窗编号，注写图名、比例、指北针以及其他文字说明，然后在标题栏填写图纸相关信息，如图 2-56 所示。

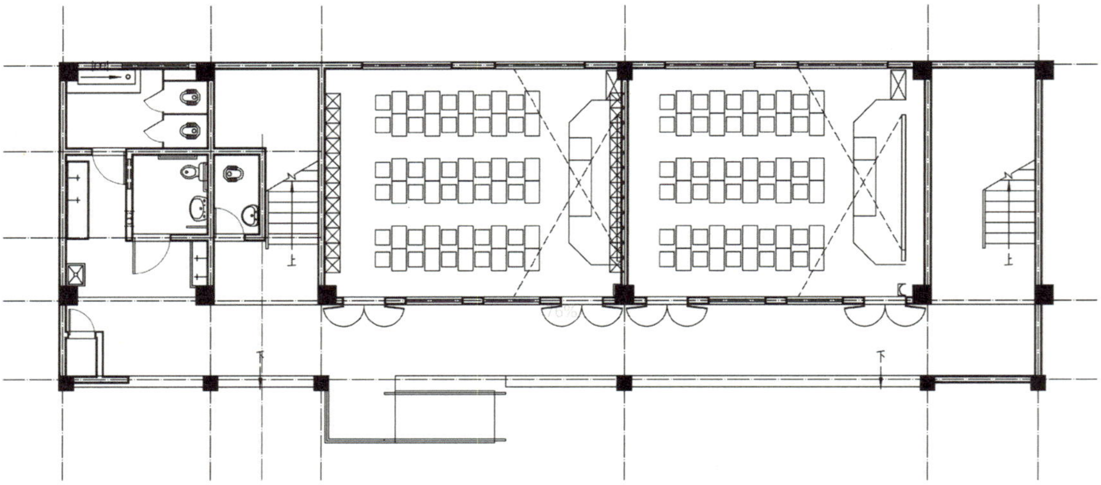

图 2-55 绘制门洞、楼梯等细节

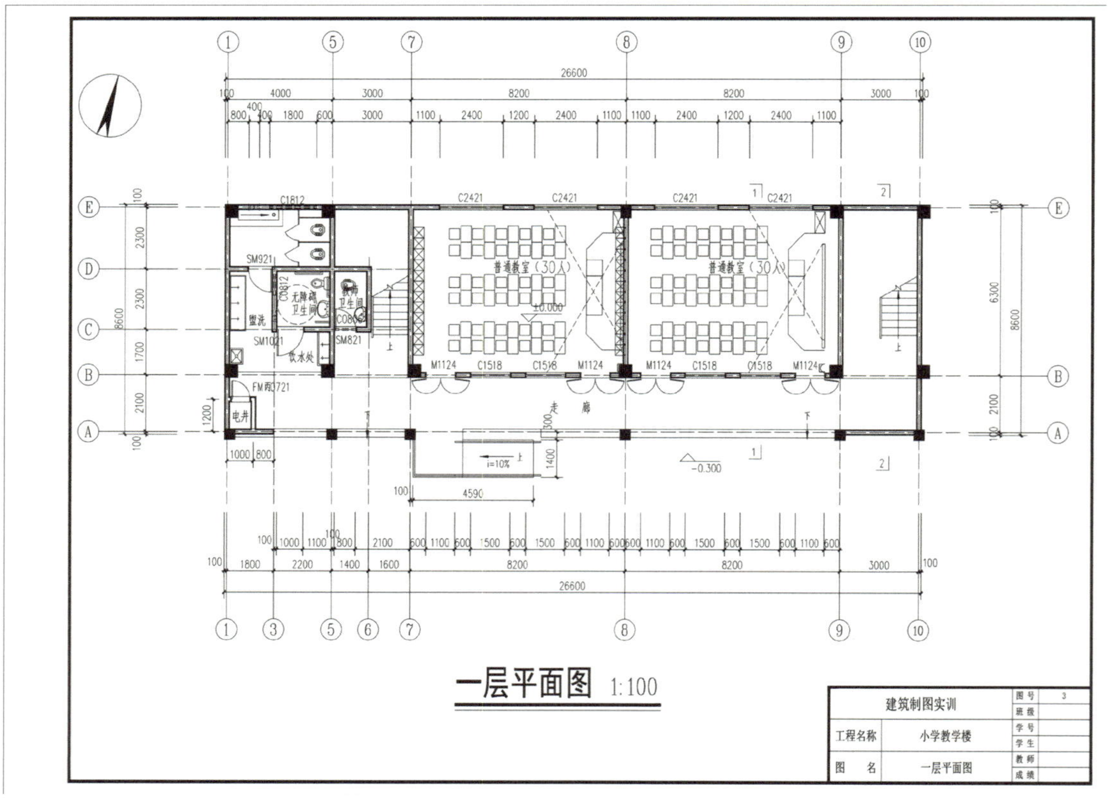

图 2-56 平面图最终样式

知识点三　建筑立面图的画法步骤

1. 从平面图中引出立面的长度，根据建筑给定的数据绘制立面的高度以及各部位的对应位置。

2. 画出室外地坪线、屋面线以及外墙轮廓线，如图 2-57 所示。

3. 确定门窗的位置，绘制细部，如檐口、门窗洞、窗台、阳台、花池、栏杆、台阶、雨水管等部位。

4. 检查无误后加深图线，画出窗扇、门、装饰、墙面分格线、定位轴线，并且标注标高、图名、比例、材料以及有关文字和图例表，填写标题栏相关信息。

图 2-57 立面步骤一

图 2-58 立面步骤二

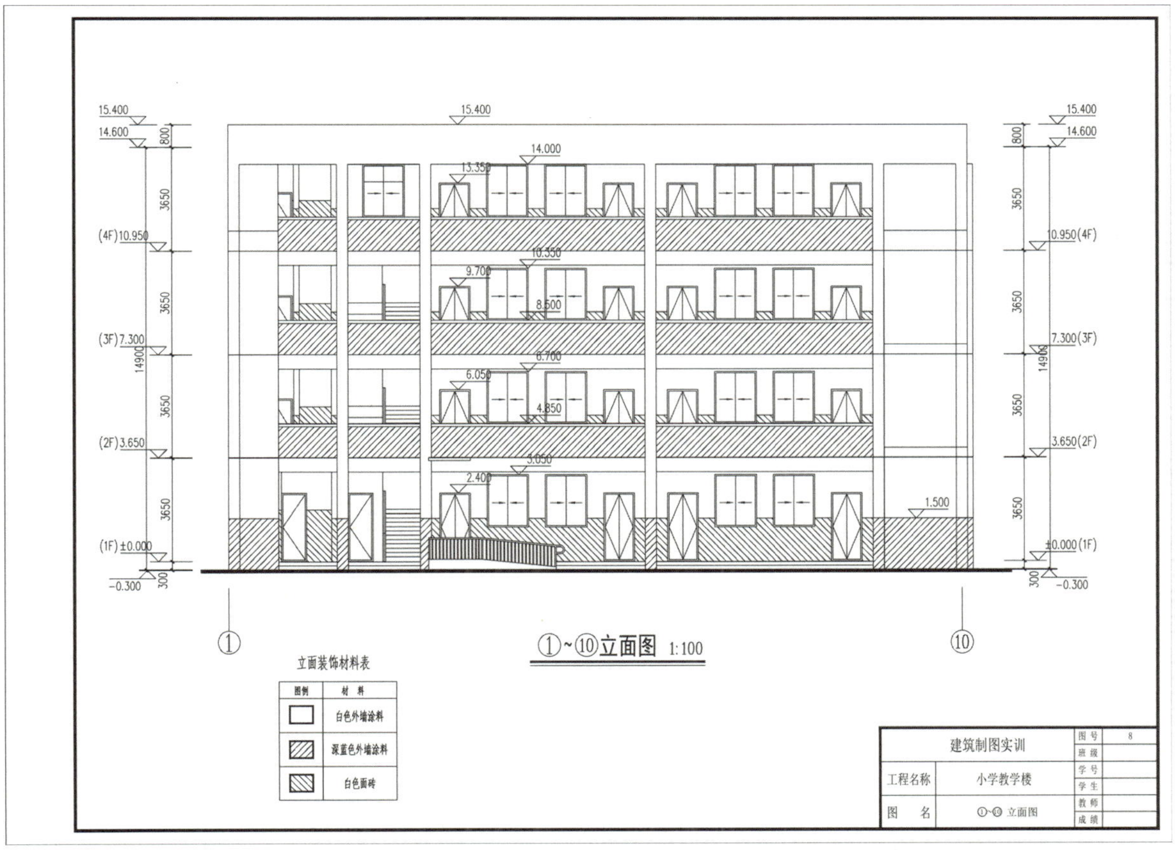

图 2-59 立面完成图

知识点四　建筑剖面图的画法步骤

1. 确定定位轴线、室内外地坪线、各层楼面线以及屋面线，然后绘制出墙身。

2. 确定门窗和楼梯的位置，并绘制细部构造，如门窗洞、楼梯、梁板、雨篷、檐口、屋面、台阶等，如图 2–61 所示。

3. 经检查无误后，擦除多余线条，并按照施工图要求加深图线。绘制材料图例，注写标高、尺寸、图名、比例、图例以及有关的文字说明，且在标题栏填写图纸相关信息，如图 2–62 所示。

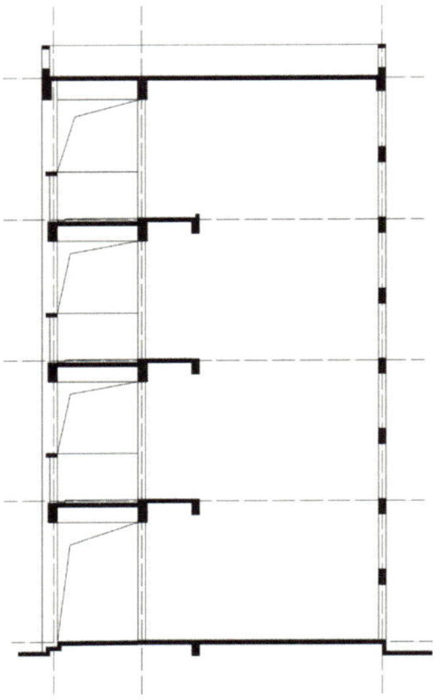

图 2-60　建筑剖面步骤一

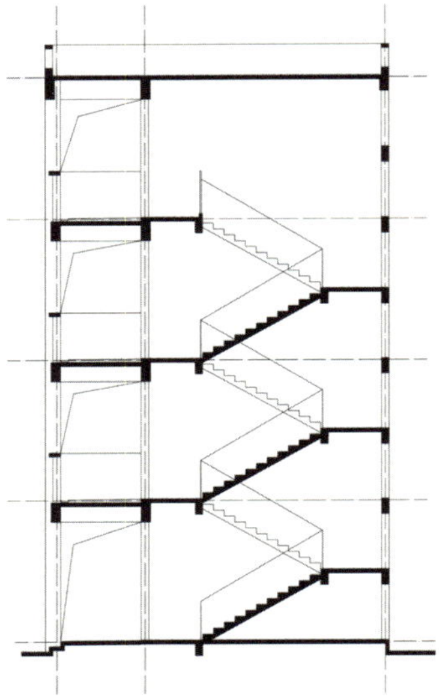

图 2-61　建筑剖面步骤

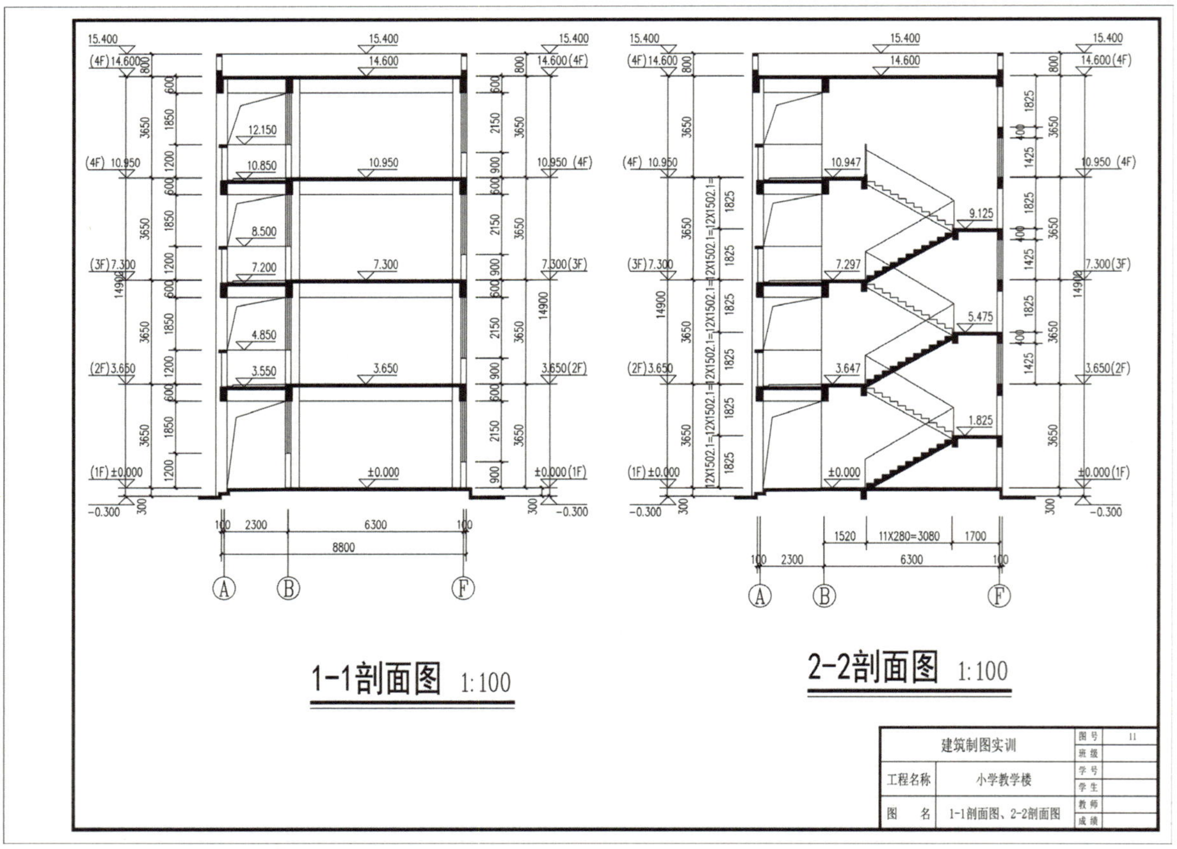

图 2-62　建筑剖面完成图

知识点五　楼梯详图的画法步骤

一、楼梯平面详图

在绘制楼梯平面图时踏步的分格常常容易画错，而且不容易画准确。通常，可以采用等分两条平行线间距的方法画出踏步的分格，每一分格代表梯段一级踏面的投影。现结合下图介绍楼梯顶层平面图的画法。

1. 根据楼梯的进深、开间和墙厚尺寸画出楼梯间平面图。

2. 按照楼梯平台的宽度确定平台线，自平台线起量出梯段水平投影长度，确定踏步的起步线，如图 2-63（a）所示。在本例中梯段踏步数为 11，踏步宽 280 mm，那么平台线至梯段另一端起步线的水平距离为（11-1）×280=2800 mm。

3. 运用两平行线间距任意等分的方法作出平台线和起步线之间的踏步等分点，然后分别作出踏步平行线，如图 2-63（b）所示。

4. 绘制栏板或栏杆、上下行箭头，加深各类图线，注写标高、尺寸、剖切符号、图名比例以及文字说明等。

二、楼梯剖面详图

楼梯剖面图的绘制可按以下步骤进行：

1. 画轴线，确定地面、各层楼面和平台面的高度线（即控制线）。

2. 确定楼面、梯段、平台的宽度，明确起步线、平台线的位置，如图 2-64（a）所示。

3. 依据踏步的高度、宽度以及踏步数量进行分格，竖向分格数等于踏步数量，横向分格数为踏步数量减 1，然后画出踏步轮廓线，如图 2-64（b）所示。

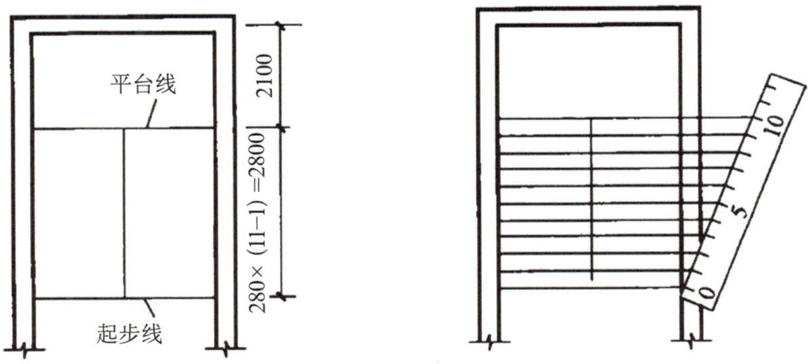

（a）画控制线　　（b）画踏步线

图 2-63 楼梯平面图中踏步的画法

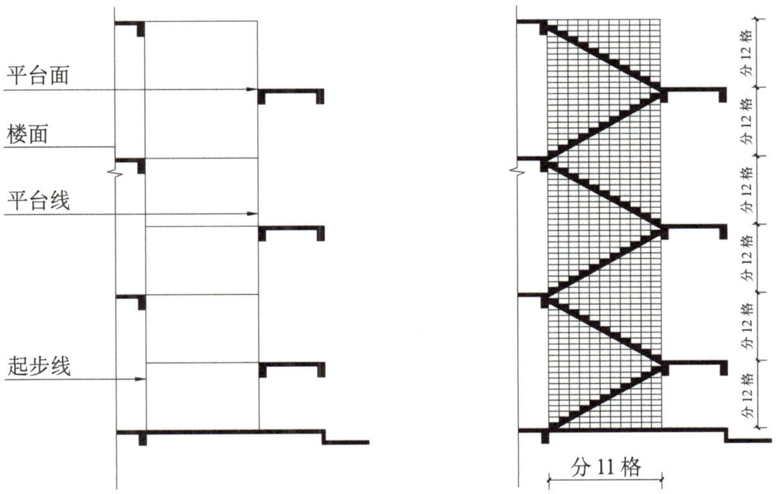

a　控制线画法　　b　踏步线画法

图 2-64 楼梯详图中踏步的画法

4. 绘制墙身轮廓线及细部构造，如栏杆或栏板、扶手、梁板、门窗等。

5. 检查无误后加深图线，在剖切到的轮廓范围内画上材料图例，注写标高和尺寸，完成全图，如图 2-65 所示。

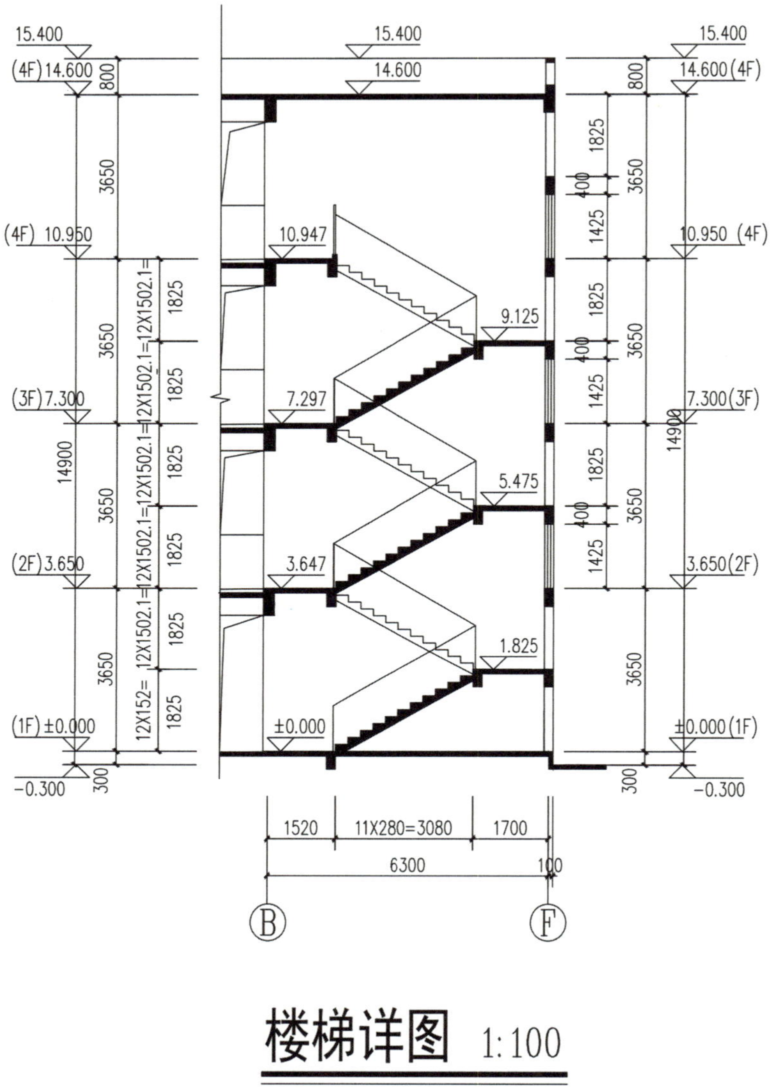

图 2-65 楼梯详图完成图

项目三

室内施工图项目实训

任务一　室内施工图相关标准及图例

任务二　室内施工图识图

任务三　室内施工图制图

室内设计可被视为建筑设计的延伸，它属于建筑设计的一个分支，因此室内施工图原则上应遵循建筑制图标准。不过，鉴于室内设计具有多样性和特殊性，在实际工作中，每个公司也会有各自的习惯与标准。本项目主要介绍室内施工图的常用符号、图例及相关制图规范，并且通过案例学习如何识读室内施工图，了解室内施工图的有关注意事项。旨在让大家在掌握室内施工图相关知识的同时，熟悉室内施工及制图流程，养成严谨的制图习惯，树立正确的职业观念。

任务一 室内施工图相关标准及图例

【任务目标】

知识目标：

掌握室内施工图常用的符号、图例以及相关的制图规范，明确室内施工图与建筑施工图之间的差异。

能力目标：

了解室内施工图的相关标准和规定，具备识别图例、理解图例、运用图例的能力。

素质目标：

通过学习国家制图标准与规范，树立严谨的工作态度，培养精益求精的工匠精神。

【学习重难点】

学习重点：

熟悉各种室内制图标准、符号的含义以及绘制方法。

学习难点：

明确室内施工图中各种符号及标准的具体使用方法。

【学习内容】

室内设计施工图，也被称为装饰装修施工图。它是在方案设计与扩初图的基础上绘制而成，能清晰呈现建筑内部各房间的布置、装修构造以及施工要求等信息。通常，会依据甲方确定的效果图和项目现场的实测数据来绘制深化施工图纸。

装饰施工图是建筑施工图的延续与深化，二者有着相同的基本原理。室内施工图在制图时遵循《房屋建筑制图统一标准》《建筑制图标准》等国家建筑制图标准。因此，室内装饰施工图会按照装修和施工的需求，在建筑制图相关规定的基础上，针对图纸幅面、各种符号等增加一些特定符号。

知识点一　室内施工图相关标准

一、室内施工图常用线型

建筑室内装饰装修设计图可采用的线型有实线、虚线、单点长划线、折断线、波浪线、点线、样条曲线、云线等，各线型需符合表 3-1 的规定。

表 3-1　室内施工图常用线型

名称		线型	线宽	一般用途
实线	粗		b	1. 在平、剖面图里，被剖切的主要建筑构造和装饰装修构造的轮廓线； 2. 建筑室内装饰装修立面图的外轮廓线； 3. 建筑室内装饰装修构造详图中被剖切的轮廓线； 4. 建筑室内装饰装修详图中的外轮廓线； 5. 平、立、剖面图的剖切符号。 （注：地平线的线宽可用 1.5b，图名线的线宽可用 2b）
	中		0.5b	平面图、剖立面图中除被剖切轮廓线外的可见物体轮廓线。
	细		0.25b	图形和图例的填充线、尺寸线、尺寸界线、索引符号、标高符号、引出线等。
虚线	中		0.5b	1. 表示被遮挡部分的轮廓线； 2. 表示平面中上部的投影轮廓线； 3. 预想放置的建筑或装修的构件； 4. 运动轨迹。
	细		0.25b	表示内容与中虚线相同，适合小于 0.5b 的不可见轮廓线。
单点长划线			0.25b	中心线、对称线、定位轴线。
折断线			0.25b	不需要画全的断开界线。
波浪线			0.25b	1. 不需要画全的断开界线； 2. 构造层次的断开界线。
点线			0.25b	制图需要的辅助线。
样条曲线			0.25b	1. 不需要画全的断开界线； 2. 制图需要的引出线。
云线			0.25b	1. 圈出需要绘制详图的图样范围； 2. 材料标注。

图线的宽度 b，宜从下列线宽系列中选取：1.0 mm、0.7 mm、0.5 mm、0.35 mm。各图样可根据复杂程度与比例大小，先选定基本线宽 b，再选用表 3-2 中相应的线宽组。

表 3–2　室内施工图常用线宽比

线宽比	线宽组（mm）			
b	1.0	0.7	0.5	0.35
0.75b	0.75	0.53	0.38	0.26
0.5b	0.5	0.35	0.25	0.18
0.3b	0.3	0.21	0.15	0.11
0.25b	0.25	0.18	0.13	0.09
0.2b	0.2	0.14	0.1	0.07

注：同一张图纸内，各个不同线宽组中的细线，可统一采用较细的线宽组的细线。

二、比例

绘图所采用的比例应根据图样内容及复杂程度来选取。常用比例与可用比例均应符合表 3–3 的规定。

表 3–3　常用及可用的图纸比例

常用比例	1 ∶ 1、1 ∶ 2、1 ∶ 5、1 ∶ 10、1 ∶ 20、1 ∶ 25、1 ∶ 50、1 ∶ 75、1 ∶ 100、1 ∶ 150、1 ∶ 200、1 ∶ 250
可用比例	1 ∶ 3、1 ∶ 4、1 ∶ 6、1 ∶ 8、1 ∶ 15、1 ∶ 30、1 ∶ 35、1 ∶ 40、1 ∶ 60、1 ∶ 70、1 ∶ 80、1 ∶ 120、1 ∶ 300、1 ∶ 400、1 ∶ 500

根据建筑室内装饰装修设计在不同部位、不同阶段的图纸内容和要求，绘制比例可在表 3–4 中选用。

表 3–4　各部位常用图纸比例表

比例	部位	图纸内容
1 ∶ 200—1 ∶ 100	总平面、总顶面	总平面布置图、总顶棚平面布置图
1 ∶ 100—1 ∶ 50	局部平面、局部顶棚平面	局部平面布置图、局部顶棚平面布置图
1 ∶ 100—1 ∶ 50	不复杂的立面	立面图、剖面图
1 ∶ 50—1 ∶ 30	较复杂的立面	立面图、剖面图
1 ∶ 30—1 ∶ 10	复杂的立面	立面放样图、剖面图
1 ∶ 10—1 ∶ 1	平面及立面中需要详细表示的部位	详图

三、建筑室内装饰装修设计工程中的各类符号

（一）剖切符号

建筑室内装饰装修设计工程中的剖切符号和房屋建筑工程中的剖切符号相同，在此不再赘述。

（二）索引符号

在室内施工图里，会有一些建筑施工图中不常见的索引符号，或者表达方式与建筑施工图不同的索引符号，例如立面索引符号、剖切索引符号、设备索引符号等，具体情况如下。

1. 立面索引符号

通过学习我们了解到，在建筑施工图中会运用轴线来表示建筑的立面，例如 1–10 立面。而在室内施工图中，则会用立面索引符号来表明室内立面在平面上的位置以及立面图所在的页码。

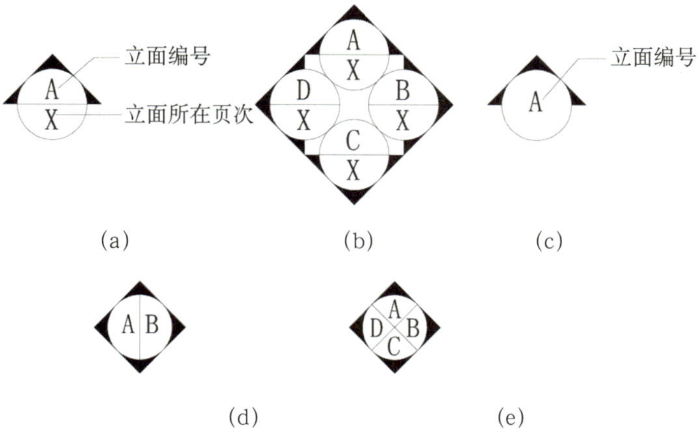

图 3-1 立面索引符号

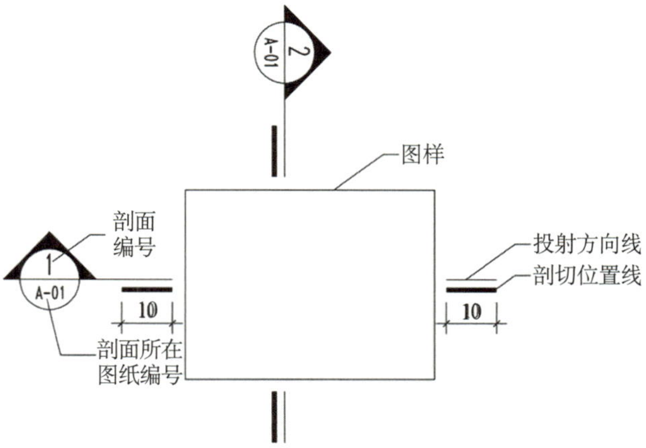

图 3-2 剖切索引符号

立面索引符号也称作立面指向符号，其作用是在平面图上显示该室内立面的位置和立面图所在的图纸编号。鉴于平面图中的信息较为繁杂，在放置立面索引符号时要注意，不要与其他内容重叠，也不要造成图面拥挤。也可以单独绘制立面索引平面图，或者用引出线将索引符号引到平面图的外部。

立面索引符号应当能体现视点位置、方向、立面标号以及该立面图所在图纸的编号。立面索引符号一般由圆圈、水平直径和等腰直角三角形箭头组合而成，圆外的三角形部分需涂黑，其余部分均用细实线绘制。圆圈内要注明立面编号以及索引图所在图纸编号，三角形箭头的方向要与投射方向一致，并且圆圈中水平直径、数字和字母的方向保持不变，即不管箭头指向哪里，数字和字母始终按正常方向书写（图 3–1）。

2. 剖切索引符号

在室内施工图中，若要表示剖切面在各个界面上的位置以及图样所在页码，就应当在被索引的界面图样上运用剖切索引符号。

剖切索引符号包含圆圈、直径，圆和直径需用细实线绘制。在圆圈内部要注明编号以及索引图的图纸编号。与建筑施工图有所不同的是，剖切索引符号多了一个三角箭头，这个三角形箭头的指向和投射方向相同，圆中直径、数字以及字母（垂直于直径）的方向与三角形箭头方向保持一致。

在制该符号时，剖切索引符号的剖切位置线位于图样被剖切的部位，要用粗实线绘制，其长度宜为 8—10mm；投射方向线与剖切位置线平行，用细实线绘制，一端要与索引符号相连接，另一端的长度与剖切位置线长度相等。在绘制的时候，剖切符号不应与其他图线相接触，如图 3–2 所示。当然，我们也能够采用建筑制图国家统一标准里的剖切方法。

3. 详图索引符号

在室内施工图中，若要表示局部放大图样在原图上的位置以及本图样所在页码，就应在被索引图样上使用详图索引符号，如图 3–4 所示。

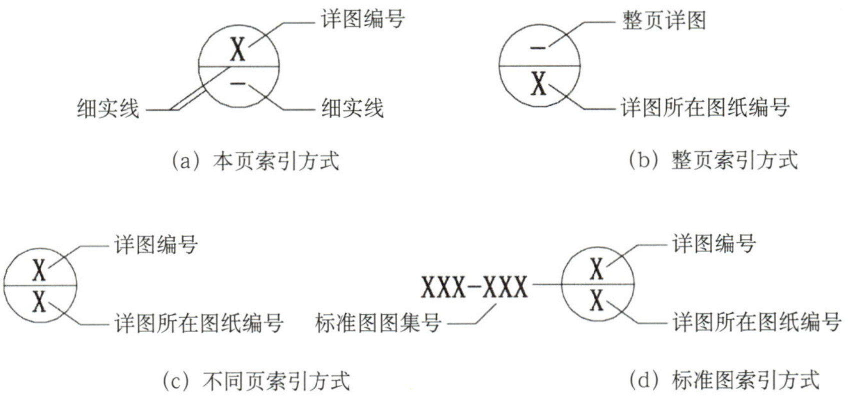

图 3-3 详图索引符号

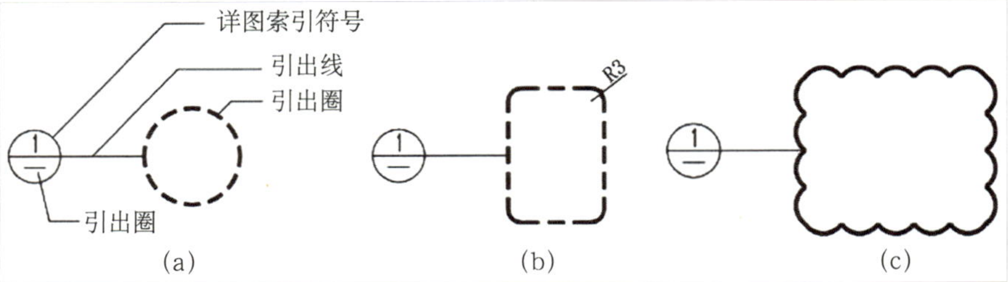

图 3-4 室内详图索引方法

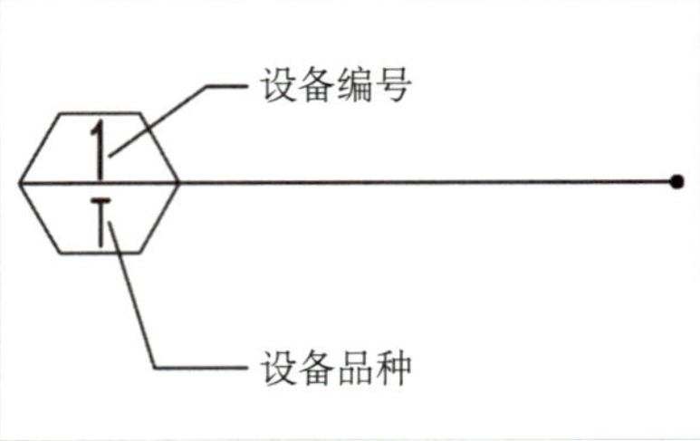

图 3-5 设备索引符号

详图索引符号的作用是表明局部放大图样在原图中的位置以及该图样所在的图纸编号，并且应在被索引图样上使用该符号。

详图索引符号由圆和水平直径组成，圆及水平直径需用细实线绘制，索引详图的引出线要穿过圆心。水平直径上半部分的数字为详图编号，下半部分的数字则是详图所在的图纸编号。若引出图与被索引的详图在同一张图纸内，应在下半圆中间绘制一段水平细实线。在索引图样时，需用引出圈完整圈出放大的图样范围，再由引出线将引出圈和详图索引符号相连接。图样范围较小的引出圈以粗虚线圆形绘制，范围较大的引出圈既可以用有弧线倒角的粗虚线矩形绘制，也可以用云线绘制，如图 3–4 所示。

4. 设备索引符号

在室内施工图里，设备索引符号是建筑施工图中没有的、约定俗成的一种符号。它的作用是表示各类设备（包括设备、设施、家具、洁具等）的品种以及其对应的编号。详细资料可分别到与之对应的图表中进行检索查询。

5. 灯光、灯饰索引符号

在室内设计里，照明设计是不可或缺的环节。所以，在施工图中，如果灯光或者灯饰使用较多，需要逐一说明的时候，就会采用灯光、灯饰索引符号来表示灯光、灯饰的类别和具体编号。符号内的文字是由大写英文字母 LT、LL 以及阿拉伯数字共同组成的，其中英文字母 LT 代表灯光，LL 代表灯饰，阿拉伯数字表示具体编号。详细资料能够分别到灯光表和灯饰表中去检索查询。

6. 材料索引符号

材料索引符号用于表示各类材料的品种及相应编号，应在图样上使用该符号。此外，材料索引符号还可与材料名称结合使用，如此一来，呈现效果会更加直观、便捷。详细资料可在材料表中检索，其具体表示方法如图 3–7 所示。

以下是一些常见的材料缩写及其含义：

ST——代表石材

PT——通常表示乳胶漆。

CH——可能表示施工图天花标高和乳胶漆代号。

CT——代表瓷砖。

GL——表示玻璃。

WD——指木饰面。

PL——指饰面板。

MT——代表不锈钢类。

GL——再次表示玻璃类。

MO——代表马赛克类。

WP——乳胶漆代号

其中，字母缩写后的数字表示材料编号。这些缩写应用于室内施工图中，可快速标注材料类型，这有助于设计师、施工人员和业主快速了解施工图中的材料使用情况。

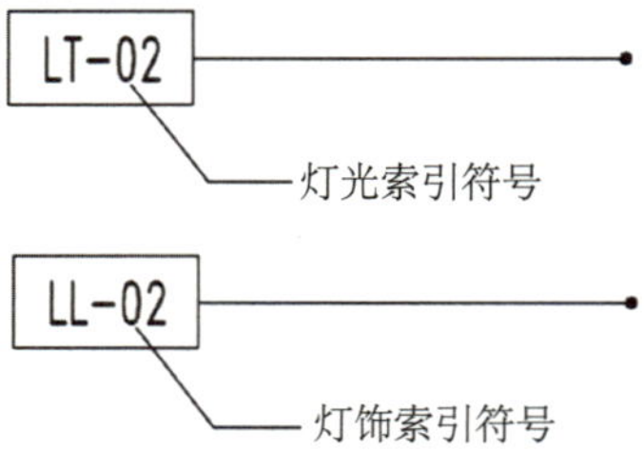

图 3-6 灯光、灯饰索引符号

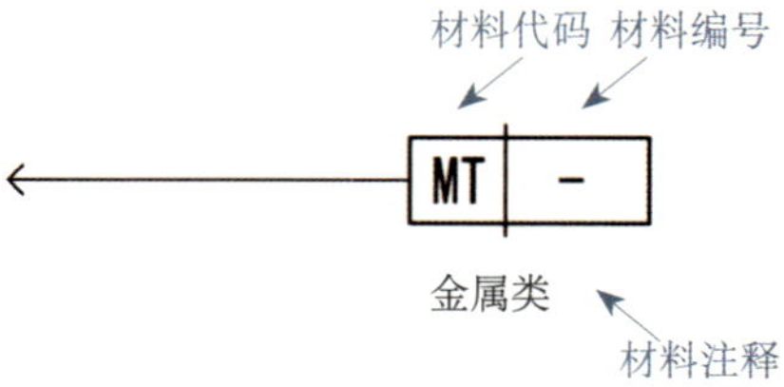

图 3-7 材料索引符号

图 3-8 引出线起止符号

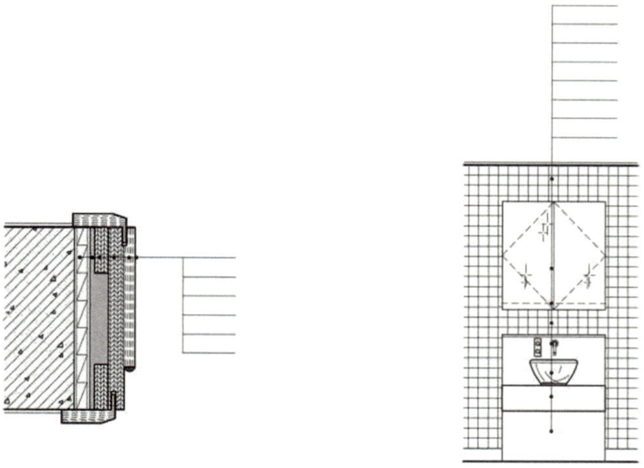

(a) 多层构造共用引出线　　(b) 多个物象共用引出线

图 3-9 共用引出线示意

图 3-10 三类对称符号

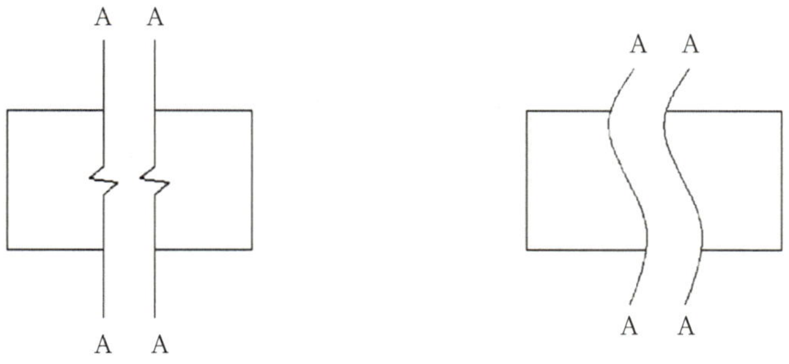

图 3-11 连接符号

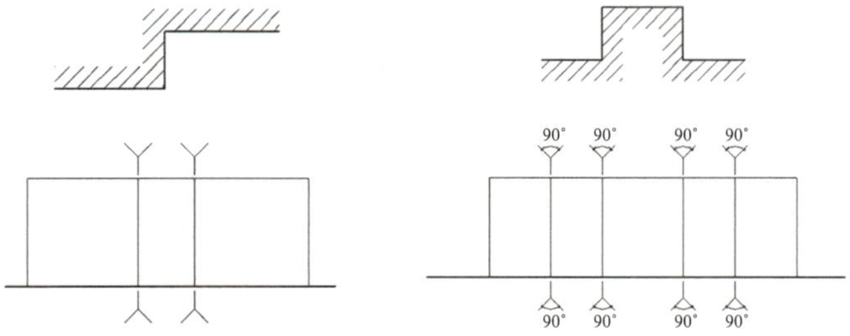

(a)　　(b)

图 3-12 转角符号的用法

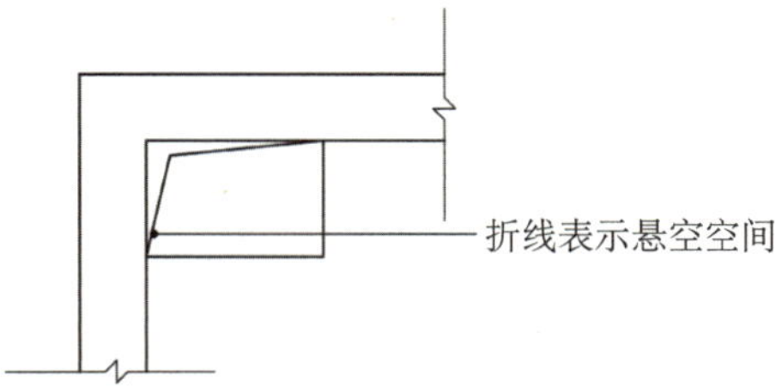

图 3-13 挑空符号的用法

（三）引出线

引出线的起止符号可用圆点或箭头绘制，如图 3-8 所示。起止符号的大小应当与本图样尺寸的比例相匹配。

当多层构造或者多个部位共用引出线时，引出线应该穿过被引出的各层或者各部分，并且利用起止符号标明相应位置。引出线上的文字说明需要符合现行国家标准《房屋建筑制图统一标准》GB/T 50001-2017 的规定，如图 3-9。

（四）其他符号

1. 对称符号

对称符号由对称线和分中符号构成。对称线用细单点长划线绘制，分中符号用细实线绘制。分中符号的表示方式有三种，分别是两对平行线、上端为三角形的十字交叉线或者英文缩写。当采用平行线作为分中符号时，需符合现行国家标准《房屋建筑制图统一标准》GB/T 50001-2017 的规定。若采用十字交叉线为作分中符号，交叉线的长度宜在 25mm 至 35mm 之间，对称线的一端穿过交叉点，且其端点与交叉线三角形的上端平齐。而采用英文缩写作为分中符号，大写英文 CL 应置于对称线的一端，如图 3-10 所示。

2. 连接符号

连接符号应用折断线或波浪线表示需连接的部位。当两部位相距较远时，连接符号两端靠图样一侧应标注大写拉丁字母以表示连接编号。两个被连接的图样必须采用相同的字母编号，如图 3-12 所示。

3. 转角符号

转角符号通过垂直线连接两端交叉线并加注角度符号来表示，其用于表示立面的转折，如图 3-12 所示。

4. 挑空符号

挑空符号用折线表示，且该折线对空间的分割是不均等的。挑空符号通常用于表示烟道、风道、通高大堂等没有楼板地面的挑空空间，具体可参照图 3-13。

知识点二　常用装饰装修材料和设备图例

室内施工图更侧重于装饰装修方面，其装修材料、工艺是在建筑施工的基础上进一步细化的。所以，室内装饰施工图在遵循建筑制图规范的同时，也有自身独特的一些图例，下面将进行分类列举。

一、常用建筑装饰装修材料图例表

为满足实际装饰装修需求，室内施工图除涵盖水泥、砂浆等建筑材料外，还涉及许多装饰材料，如胶合板、密度板等，具体图例和标示方法如表 3-5 所示。

表 3-5　常用建筑装饰材料表

序号	名称	图例	备注
1	夯实土壤		
2	砂砾石、碎砖三合土	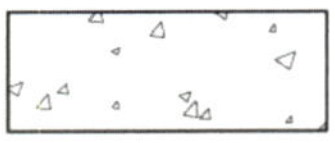	
3	大理石		
4	毛石		必要时注明石料块面大小及品种。
5	普通砖	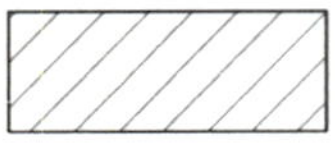	包括实心砖、多孔砖、砌块等砌体，断面较窄不易绘出图例线时，可涂黑。
6	轻质砌块砖	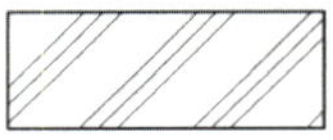	指非承重砖砌体。
7	轻钢龙骨纸面石膏板隔墙	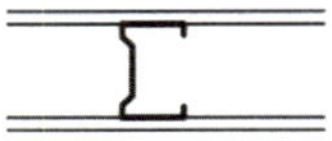	注明隔墙厚度。
8	饰面砖		包括铺地砖、马赛克、陶瓷花砖等。
9	混凝土	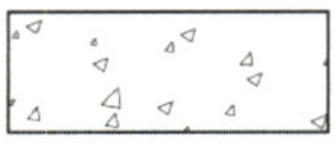	1. 能承重的混凝土及钢筋混凝土； 2. 各种强度等级、骨料、添加剂的混凝土； 3. 在剖面图上画出钢筋时，不画图例线； 4. 断面图形小，不易画出图例线时，可涂黑。
10	钢筋混凝土		
11	多孔材料	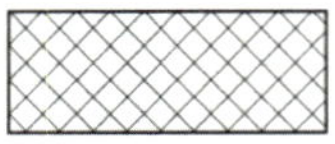	包括水泥珍珠岩、沥青珍珠岩、泡沫混凝土、非承重加气混凝土、软木、蛭石制品等。
12	纤维材料	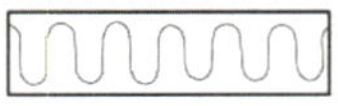	包括矿棉、岩棉、玻璃棉、麻丝、木丝板、纤维板等。
13	泡沫塑料材料	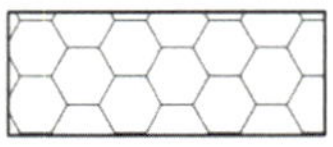	包括聚苯乙烯、聚乙烯、聚氨酯等多孔聚合物类材料。
14	密度板	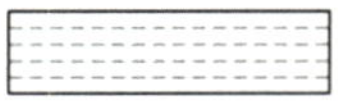	注明厚度。

续表

序号	名称	图例	备注
15	实木	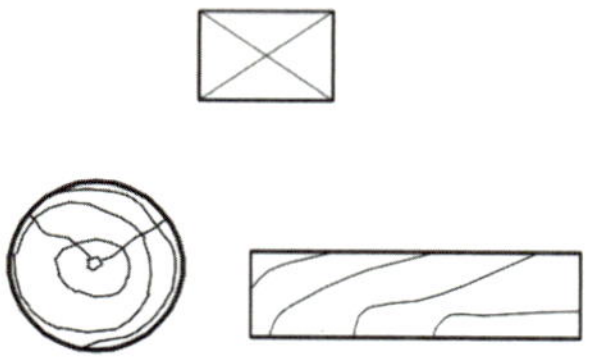 （立面） 	1. 上图为垫木、木砖或木龙骨，表面为粗加工； 2. 下图木制品表面为细加工； 3. 所有木制品在立面图中能见到细纹的，均可采用下图例。
16	胶合板	（小尺度比例）  （大尺度比例） 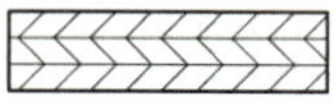	注明厚度、材质。
17	木工板	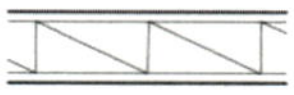	注明厚度。
18	饰面板	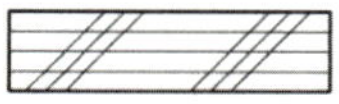	注明厚度、材质。
19	木地板	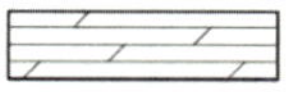	注明材质。
20	石膏板	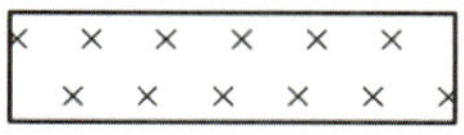	1. 注明厚度； 2. 注明纸面石膏板、布面石膏板、防火石膏板、防水石膏板、圆孔石膏板、方孔石膏板等品种名称。
21	金属	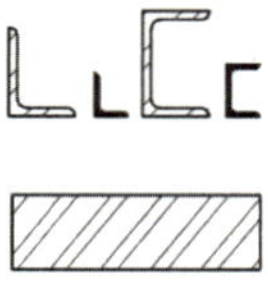	1. 包括各种金属，注明材料名称； 2. 图形小时，可涂黑。
22	液体	断面  平面 	
23	玻璃砖	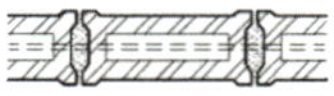	1. 为玻璃砖断面； 2. 注明厚度。
24	橡胶		注明天然或人造橡胶。
25	普通玻璃	断面  立面 	
26	磨砂玻璃		为玻璃立面，应注明材质、厚度。

续表

序号	名称	图例	备注
27	夹层（夹绢、夹纸）玻璃	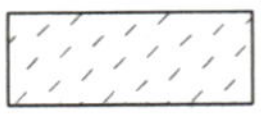	为玻璃立面，应注明材质、厚度。
28	镜面		为镜子立面，应注明材质、厚度。
29	塑料		包括各种软、硬塑料及有机玻璃等，应注明厚度。
30	胶	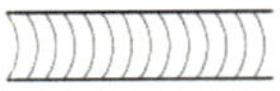	应注明胶的种类、颜色等。
31	地毯	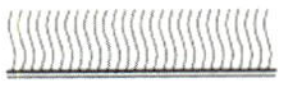	为地毯剖面，应注明种类。
32	防水材料		构造层次多或比例大时，应采用上图。
33	粉刷	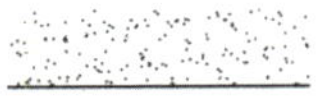	采用较稀的点。
34	窗帘	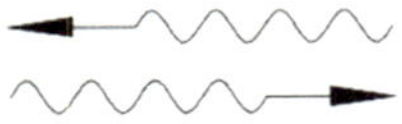	箭头所示为开启方向。

三、建筑构造、装饰构造、配件图例表

建筑构造、装饰构造、配件图例见表 3-6。

表 3-6　建筑构造、装饰构造、配件图例表

序号	名称	图例	备注
1	检查孔		左图为明装检查孔，右图为暗藏式检查孔。
2	孔洞		
3	门洞	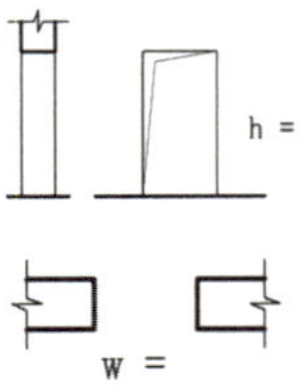	h 为门洞高度，w 为门洞宽度。

四、给排水图例

室内给水排水系统属于居住建筑和工业厂房内部用于生活、生产的冷、热水供应以及污水排放的工程设施。室内给水排水平面图用于表明给水排水管道及设备的平面布置情况，常用图例见表 3-7。

表 3-7　给排水图例表

序号	名称	图例	序号	名称	图例
1	生活给水管	J	9	方形地漏	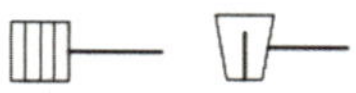
2	热水给水管	RJ	10	带洗衣机插口地漏	
3	热水回水管	RH	11	毛发聚集器	
4	中水给水管	ZJ	12	存水湾	
5	排水明沟	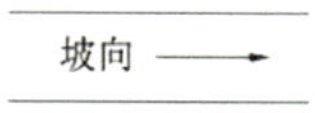	13	闸阀	
6	排水暗沟		14	角阀	
7	通气帽	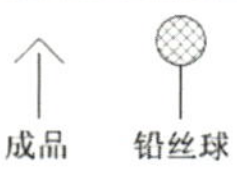	15	截止闸	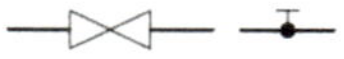
8	圆形地漏	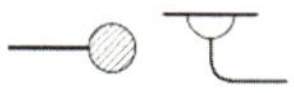			

五、灯光照明图例

在室内装饰设计里，灯光照明是不可或缺的一部分。为了营造一个既有利于人们活动安全，又能让人们感到舒适的生活环境，室内会采用各种灯具或者照明设备进行照明布局，常用图例见表 3-8。

表 3-8　灯光照明图例表

序号	名称	图例	序号	名称	图例
1	艺术吊灯		8	格栅射灯	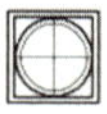
2	吸顶灯		9	300 × 1200 日光灯盘 日光灯管以虚线表示	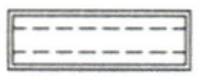
3	射墙灯		10	600 × 600 日光灯盘 日光灯管以虚线表示	
4	冷光筒灯		11	暗灯槽	
5	暖光筒灯		12	壁灯	
6	射灯		13	水下灯	
7	轨道射灯	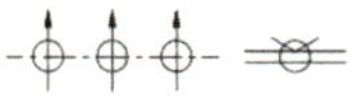	14	踏步灯	

六、消防、空调、弱电图例

室内施工图涉及许多消防、空调、弱电工程，在公共空间中这种情况更为显著，所以需要用图例对所使用的设施进行详细说明，见表 3–9。

表 3–9　消防、空调、弱电图例表

序号	名称	图例	序号	名称	图例
1	条形风口	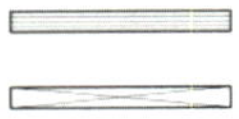	15	电视器件箱	
2	回风口	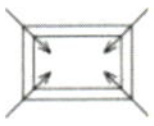	16	电视接口	(TV)
3	出风口		17	卫星电视出线座	(SV)
4	排气扇		18	音响出线盒	(M)
5	消防出口	EXIT	19	音响系统分线盒	M
6	消火栓	HR	20	电脑分线箱	HUB
7	喷淋		21	红外双鉴探头	
8	侧喷淋		22	扬声器	
9	烟感	(S)	23	吸顶式扬声器	
10	温感	(W)	24	音量控制器	
11	监控头		25	可视对讲室内主机	T
12	防火卷帘	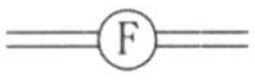	26	可视对讲室外主机	
13	电脑接口	(C)	27	弱电过路接线盒	R
14	电话接口	(T)			

七、开关、插座图例

在日常工作和生活里，各类灯具、电器等都需要通过开关和插座来控制。根据人们的日常工作与生活习惯，插座和开关需布置在合适的位置。所以，室内施工图应结合使用需求，在平面图上标注出相应的开关、插座位置，以便在施工时进行定位，常用图例如表 3–10。

表 3–10 开关、插座图例表

序号	名称	图例	序号	名称	图例
1	插座面板（正立面）		15	带开关防溅二三极插座	
2	电话接口（正立面）		16	三相四极插座	
3	电视接口（正立面）		17	单联单控翘板开关	
4	单联开关（正立面）		18	双联单控翘板开关	
5	双联开关（正立面）		19	三联单控翘板开关	
6	三联开关（正立面）		20	四联单控翘板开关	
7	四联开关（正立面）		21	声控开关	
8	地插座（平面）	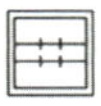	22	单联双控翘板开关	
9	二极扁圆插座		23	双联双控翘板开关	
10	二三极扁圆插座		24	三联双控翘板开关	
11	二三极扁圆地插座		25	四联双控翘板开关	
12	带开关二三极插座		26	配电箱	
13	普通型三极插座		27	弱电综合分线箱	
14	防溅二三极插座		28	电话分线箱	

任务二 室内施工图识图

【任务目标】

知识目标：

掌握室内施工图的识图方法，就能了解各种图例、符号在室内施工图中的含义与作用。

能力目标：

了解室内施工图的相关标准与规定，掌握施工图的排列顺序，进而读懂施工图。

素质目标：

通过学习国家制图标准与规范，树立严谨的工作态度，传承精益求精的工匠精神。

【学习重难点】

学习重点：

熟悉室内各类图纸的识图方法与要点。

学习难点：

结合识图要点读懂施工图，并且能够对图纸所示内容展开具象联想。

【学习内容】

知识点一　室内施工图的类型

室内施工图通常由以下图纸构成：图纸目录、设计说明、原始平面图、墙体拆改图、平面布置图、水电图、天花图、地坪图、立面图、详图等。其中，原始平面图、墙体拆改图、平面布置图、水电图、天花图和立面图都是在平面图的基础上进行绘制的，一般采用相同比例尺度，其他图纸可根据具体情况选择合适的比例。

一、图纸目录

图纸目录也被称作标题页或首页图，它用于说明该套图纸包含哪些类型，各类图纸分别有多少张，以及每张图纸的图号、图名和图幅大小。如果采用标准图，还应注明所使用标准图的名称、所在的标准图集以及图号或者页码，如图 3–14 所示。

二、设计说明

室内施工图设计说明的主要内容应包含但不限于以下方面：

1. 工程概述

工程概述需详细列出工程名称、甲方名称、施工图所含施工内容以及装饰设计总面积等信息（图 3–15）。

2. 设计依据

主要列出在本次施工中所遵循的国家和地方相关设计规范、标准。

3. 施工说明

施工说明主要是对工程概况、施工方工作流程以及各部分施工工艺进行阐释，必要时需列出相应图例，用以说明施工图中所用图例的含义。

三、原始平面图

原始平面图是业主和设计师掌握建筑结构的标准图纸，因此需要精准标注梁柱、室内尺寸、门窗、地漏位置等信息。

四、墙体拆改图

许多人在装修时会根据自身需求对原有的室内结构进行重新布局。他们会拆掉一些非承重墙体，然后搭建新的墙体或者隔断。所以，人们需要在原始平面图上清晰标示出哪些墙体需要拆除、新建墙体或者隔断的位置以及具体尺寸。

五、平面布置图

室内设计平面图由设计师依据客户需求和空间实际状况制作而成。其目的在于清晰展示室内空间布局、功能分区以及家电位置等内容，以方便设计师和施工人员开展工作。设计师在绘制平面图时，需考虑空间尺寸、功能需求、人流线、采光等因素，确保最终设计方案符合客户要求，实现美观、实用和舒适的效果。

六、天花吊顶图

在图纸上标明整个顶面的平面信息，包括灯具的位置、天花板的造型尺寸、定位、大小等。这样施工人员在施工前就能对灯具安装的距离、尺寸以及所需材料做到心中有数。

图　纸　目　录

日期：

序号	图纸编号	图纸名称	序号		图纸名称
001	PL-01	原始结构图	029	IE-16	主卧C立面图
002	PL-02	敲墙尺寸图	030	IE-17	主卫A/B立面图
003	PL-03	砌墙尺寸图	031	IE-18	主卫C/D立面图
004	PL-04	平面布置图	032	IE-19	阳台D立面图
005	PL-05	放样尺寸图	033	IE-20	外卫A/B立面图
006	PL-06	地面铺装图	034	IE-21	外卫C/D立面图
007	PL-07	天花布置图	035		
008	PL-08	天花尺寸图	036		
009	PL-09	灯具尺寸图	037		
010	PL-10	开关布置图	038		
011	PL-11	强电布置图	039		
012	PL-12	弱电布置图	040		
013	PL-13	立面索引图	041		
014	IE-01	客厅A立面图	042		
015	IE-02	客厅B立面图	043		
016	IE-03	客厅C立面图	044		
017	IE-04	客厅D立面图	045		
018	IE-05	厨房A立面图	046		
019	IE-06	厨房C立面图	047		
020	IE-07	餐厅B立面图	048		
021	IE-08	餐厅D立面图	049		
022	IE-09	小孩房A/B立面图	050		
023	IE-10	小孩房C/D立面图	051		
024	IE-11	卧室A立面图	052		
025	IE-12	卧室B/D立面图	053		
026	IE-13	卧室C立面图	054		
027	IE-14	主卧A立面图	055		
028	IE-15	主卧B/D立面图	056		

图 3-14 某施工图目录

一：工程概述

1.1 工程名称：

1.2 业主（甲方）：

1.3 本工程装饰设计范围包含：

1.4 本次装修设计专业包含：装饰，电气等

1.5 设计阶段：室内装饰施工图

1.6 装饰设计总面积：

图 3-15 工程概述内容（仅作参考）

七、地面铺砖图

每个房间的尺寸和周长都要标记清楚，这样有利于施工人员铺贴地面，也方便客户了解装修地面的状况。

八、水电图

水电工程属于隐蔽工程，所以水电图十分重要。水电图要标明水电的走向，还要有强弱电箱以及插座的布置图。一般来说，为使图示清晰，给排水图和强弱电图会分开绘制。

九、室内立面图

立面图是用于表现室内墙面装饰和墙面布置的图样。除了绘制固定的墙面装修部分之外，还能够绘制墙面上可灵活移动的装饰品，以及地面上陈设家具等设施。立面图的实质是某一方向墙面的正视图。

室内施工图中的立面图包括立面图和剖立面图，两者存在区别：剖立面图需要绘制被剖切的侧墙、顶部楼板和顶棚等；而普通立面图是直接绘制垂直界面的正投影图，只需画出侧墙内表面，不必绘制侧墙和楼板等。

十、节点详图

施工过程中，部分关键环节存在一定施工难度。当涉及特定施工工艺时，就需要绘制相关图纸，在图纸上标注造型尺寸、材料等信息。通常，设计师会向施工人员详细讲解这些图纸。

知识点二　室内装饰施工图识图要点

一、原始平面图识图要点

原始平面图是在测量房屋之后所绘制的第一张图纸，它是所有设计图纸的基础。通常由设计师带队前往现场进行测量。原始平面图的主要作用是标注房型的尺寸、层高、原始管路以及门洞等内容。这张图容易出现尺寸方面的错误，所以设计师需要仔细测量房屋。因为一旦尺寸存在差错，将会直接影响后续的预算和备料工作。

识读原始平面图时，最重要的是了解房屋的原始结构、承重墙位置、房屋尺寸、房屋格局，具体图示内容如下：

1. 房屋尺寸：室内施工图通常标有两层尺寸，内层为各房间和墙体的尺寸，外层是总尺寸。

2. 墙体结构：墙体主要分为承重墙与非承重墙，主要起到围护、分隔空间的作用。承重墙兼具承重与围护功能；非承重墙的作用是围护与分隔空间。在室内施工图里，我们经常会把承重墙体涂黑，非承重墙体留白，以此来区分墙体结构。

3. 横梁及各种标高：在测量房屋时必须仔细确定横梁的位置和高度。因为在施工过程中，基于美观、实用等需求，横梁会被隐藏在天花结构内，并且横梁的位置与材料预算密切相关。所以一定要仔细确定横梁的位置和高度，其高度一般用 H 表示，单位为毫米。此外，室内施工图中会出现标高数据 H1、H2，H1 是指此窗离地面的高度，H2 是窗户本身的高度。

在上述图中，可以看到有用虚线绘制的部分，这就是横梁的位置。在厨房上方的横梁上标注了 LH：300，即横梁的高度为 300 mm；厨房中窗户旁有两个标高尺寸 H1:970,H2：1480，这表示厨房窗户的窗台高 970 mm，窗户高 1480 mm。

4. 各项管井：包括上下水、煤气管道、空调暖管、进户电源等的位置、功能、尺寸等内容。案例中的客厅处有一个排烟井，强电箱位于房屋入口右边，弱电箱位于入口左边，如图 3-17 所示。

二、墙体拆改图识图要点

墙体拆改图展示了室内空间的墙体改造情况。根据业主需求与设计师的设计意图，室内空间将进行整合，具体是拆除部分墙体并新建一些墙体。常见的表示方法为：需拆除的墙体用虚线表示，改建的墙体通常以深色表示；若使用其他图例表示，则需在图纸中加以说明。此外，若某些位置的墙体厚度与原有墙体不同，还会特别标注新墙的厚度。

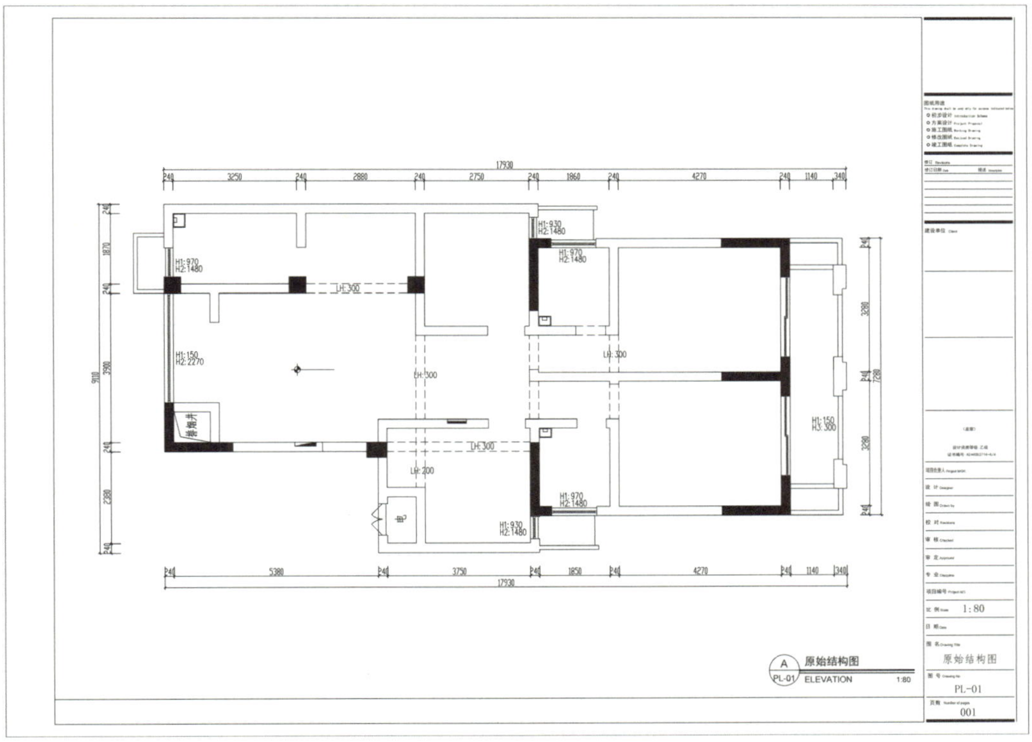

图 3-16 某户型原始平面图

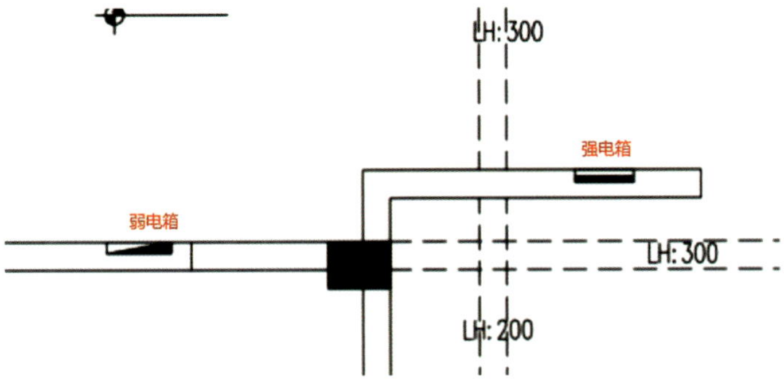

图 3-17 某户型图中强弱电位置

需要注意的是，在进行墙体改造之前，务必参考原始土建图，切勿拆除承重墙，否则会影响整栋楼的安全。此外，有时设计师为了使图示更加清晰，会将拆除墙体的图纸和砌墙图纸分开绘制。

我们以图 3-18、图 3-19 为例来说明墙体拆改识图的要点。本套图纸的拆墙和砌墙分开绘制。

1. 看拆除墙体

根据画面可知，图 3-18 左下角标注了被拆除墙体所用的图例。所以，在图中所有以这种斜格纹填充的墙体均为需要拆除的墙体。此外，排烟井阳角处要做圆角处理。

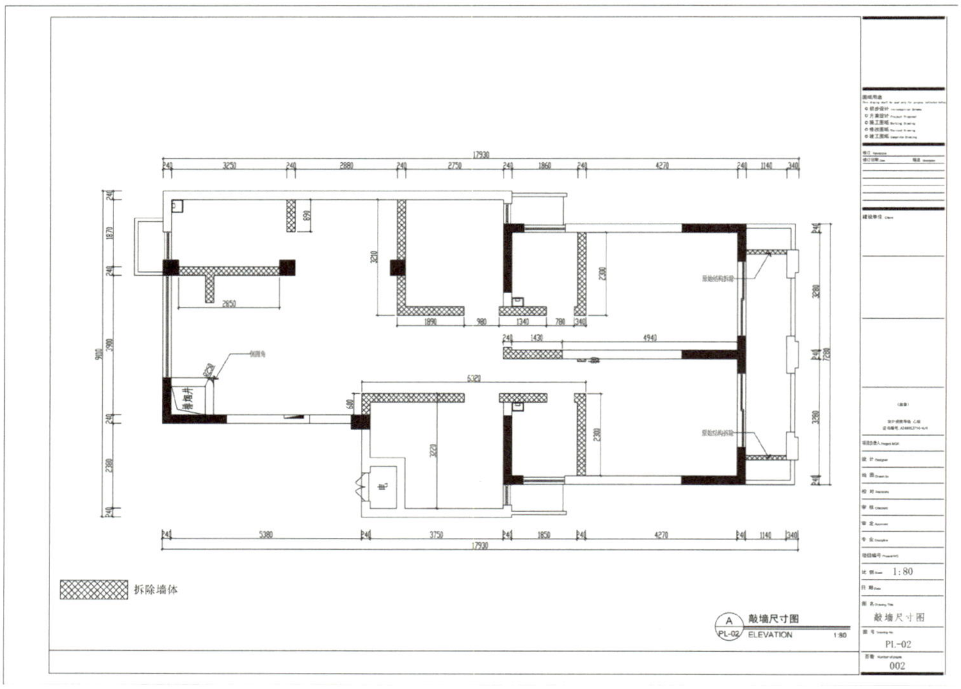

图 3-18 敲墙尺寸图

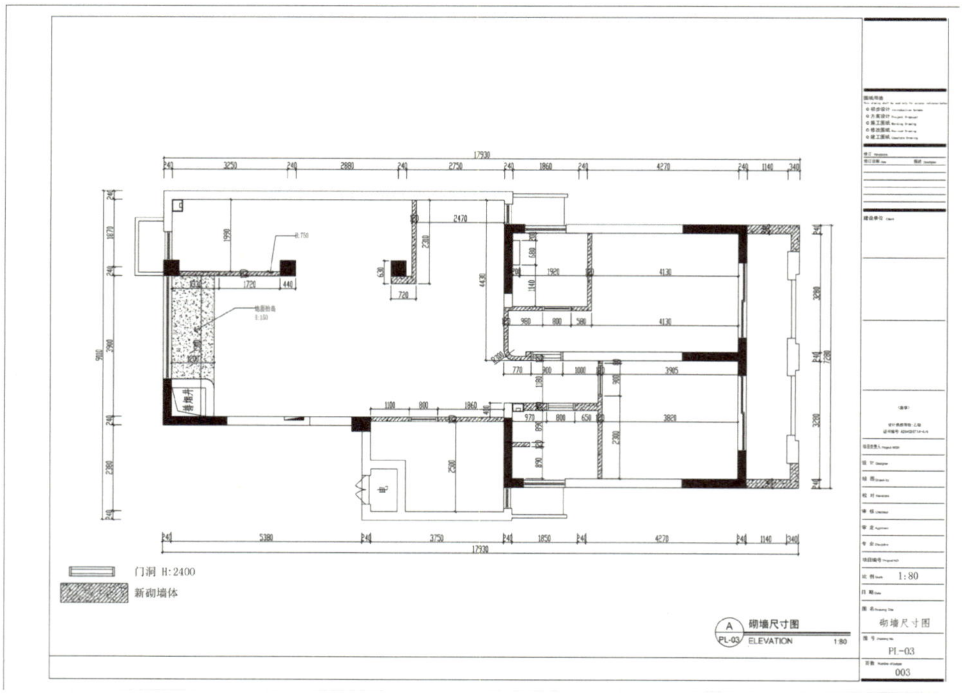

图 3-19 砌墙尺寸图

2. 看新砌墙体

房屋内新砌墙体已按照图例进行标注，并且说明了新砌墙体所留门洞的高度均为 2400 mm（图 3-20），图中对于新建墙体的位置也作出了详细标示。

3. 看尺寸

主要识读被拆除墙体以及新建墙体的尺寸，明确拆除墙体与新建墙体的尺寸，这有助于后续工程量的计算。例如，砌墙图中左下角的排烟井做成了圆角，圆角半径为 250 mm，客厅靠窗处做了一个高于地面的平台，高度为 150 mm，厨房砌了一堵半墙，长 1720 mm，墙高 750 mm（图 3-21），房屋的其他新建墙体也有详细的尺寸说明。

4. 看改建后房屋格局

根据新建墙体来看，改建后的房屋格局基本没有变化，只是改变了部分房间的隔墙，客餐厅变得更开阔了，房间大小也更符合业主的使用需求。

三、平面布置图识图要点

平面布置图是设计师根据业主需求设计出的平面布局方案的可视化呈现。下面我们以图 3-22 为例，来说明平面布置图的识图要点。

1. 房间尺寸：需涵盖各房间以及重要结构的尺寸。

2. 房屋布局：拿到一张平面布置图，要了解房屋的详细布局。例如房屋功能是如何布局的，一共有几个房间，分别位于哪个方位，每个房间都要标注全称，如客厅、餐厅、主卧等。从上述平面布置图能够看出，这套户型为四室两厅两卫一厨，客厅、餐厅、厨房位于左边，其余包括卧室、书房等房间在右侧，功能齐全。

3. 墙体标注：在平面布置图里，应注明室内外地面标高以及墙体厚度。本套图纸由于在墙体拆改图中已做了详细标注，所以在平面布置图中未进行详细标注。

4. 楼梯标注：复式结构或者别墅的平面图纸中一般都有楼梯，此时图纸需标明楼梯在平面位置的安排、上下方向示意以及梯级计算。

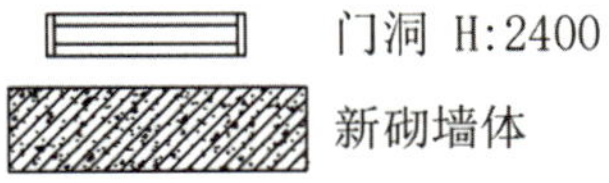

图 3-20 砌墙图例

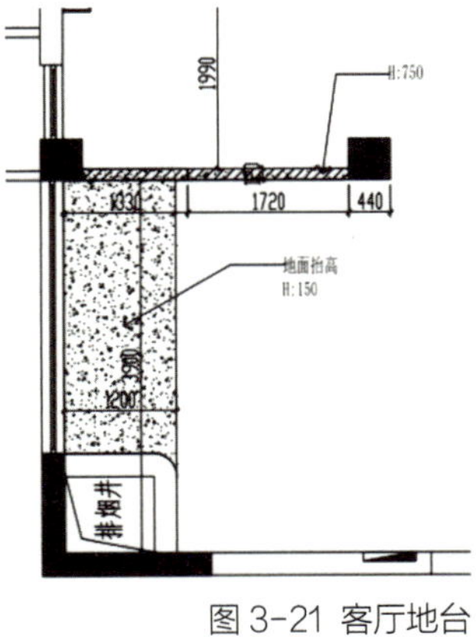

图 3-21 客厅地台

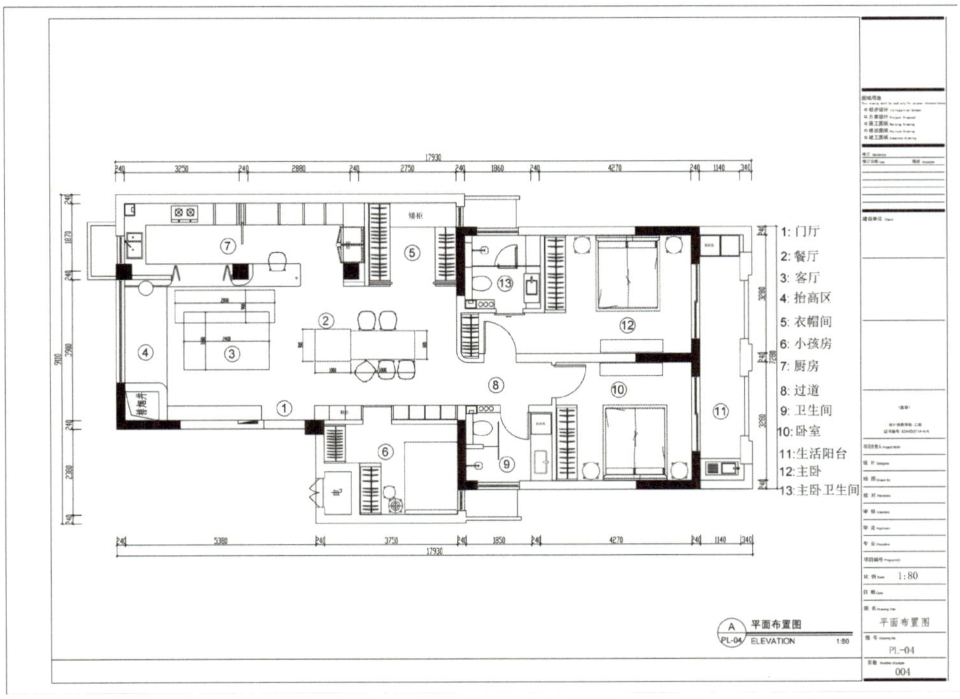

图 3-22 某户型平面布置图

5. 家具及软装：根据业主的生活习惯，各个房间因功能不同，所摆放的家具和陈设也会不同。所以图纸要能详细说明定制家具的位置、活动家具的布置以及盆景、雕塑、工艺品等的配置，这样能让我们在查看视图时更直观地看到房屋布局。

另外，室内家具的平面图例较为丰富。通常，这些图例会依据家具的真实形态来绘制，不过，有的图纸也会采用简单的几何形体来进行简化表现，例如上图中的家具平面图例就是较为简化的图例。

四、强弱电布置图识图要点

（一）弱电

在室内装饰施工中，音响线、电视线、电话线和网络线都属于弱电范畴。在布置这些线路时，需要考虑它们相互之间的干扰情况。如今，很多家庭在装修时都会考虑安装背景音乐、灯光控制等智能家居系统。这种情况下最好让专业的智能家居公司进行设计，该公司也会出具相关的布线图。

现以图 3-23 为例，根据图纸左下角的图例并结合图纸内容可知，该图主要标示了各网络接口、电视接口以及幕布预留线路的位置。网络接口和电视接口位于两个卧室的电视背景墙和床头位置。房间电视背景墙处的网络接口离地面的标识为：互联网插座 H:950，这表示此处有一个互联网插座，其高度距离地面 950 mm，其他图示也按照这种方法进行识读。

（二）强电

在室内装饰施工过程中，涵盖了所有强电和弱电的布置设计与施工工作。强电图包括照明和插座的布置图以及走线图，这部分图纸通常会拆分为开关布置图和插座布置图来呈现，图纸中会标注开关插座的类型、定位、功率以及控制走向。

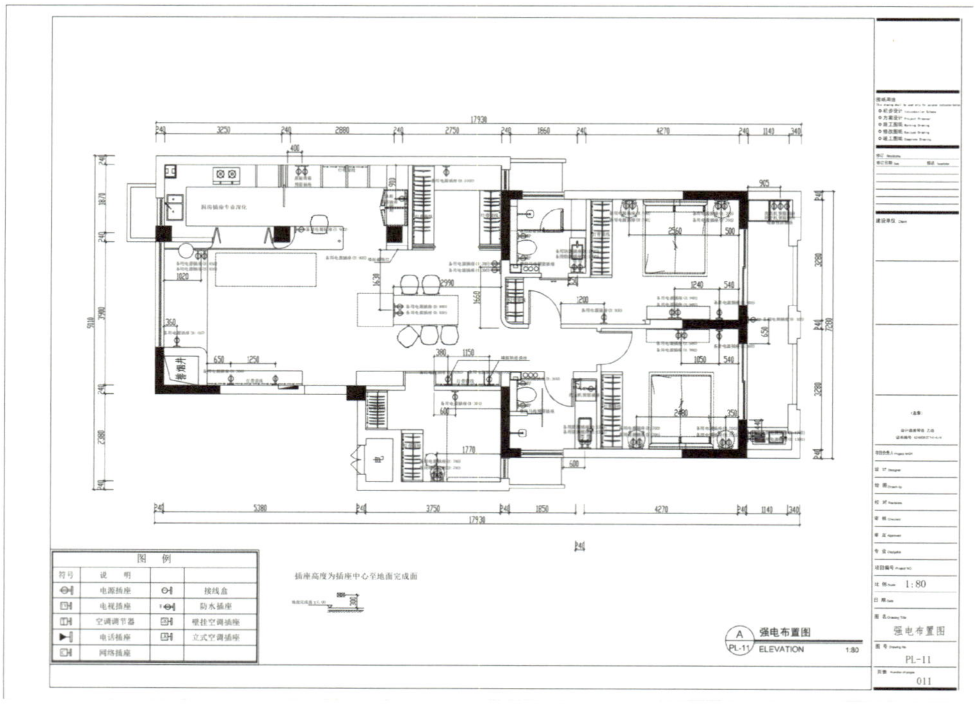

图 3-23 弱电布置图

图 3-24 为强电布置图，通过参考该图纸左下角的图例表可知，图纸内容涵盖了各种大、小型家电以及卫浴设备的插座和预留电源位置，并且标注出了插座的高度。识图方法可参考弱电图。

（三）开关布置图

图 3-25 为开关布置图，它主要标明了线路的接引走向以及室内各空间开关的位置，还标明了每个开关分别控制的灯具。例如，在房屋入口处设有一个四联开关 ，分别控制客厅、餐厅、过道的灯，这样一进门就能打开室内的灯，符合室内日常照明的使用习惯。

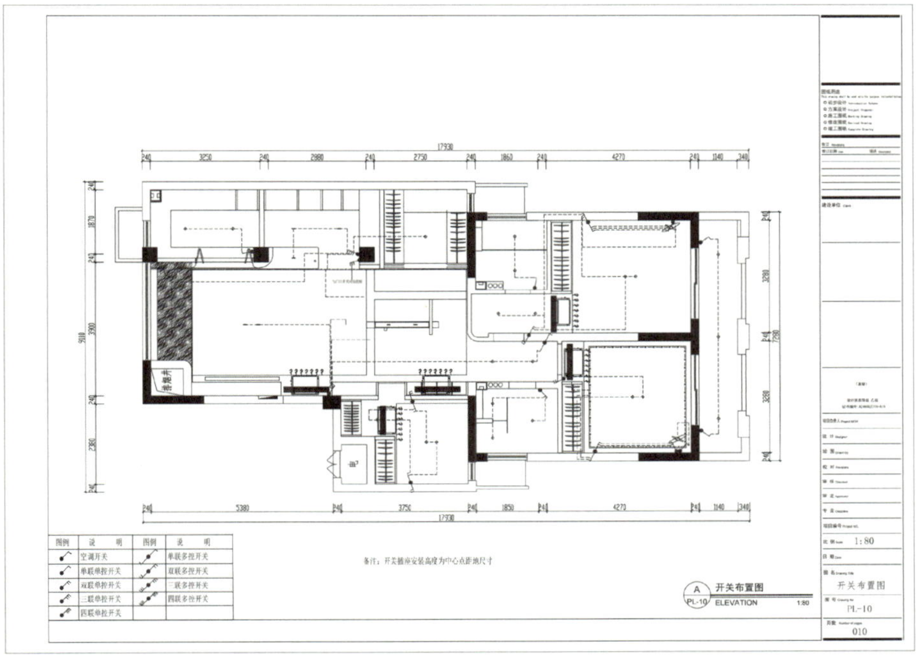

图 3-24 强电布置图

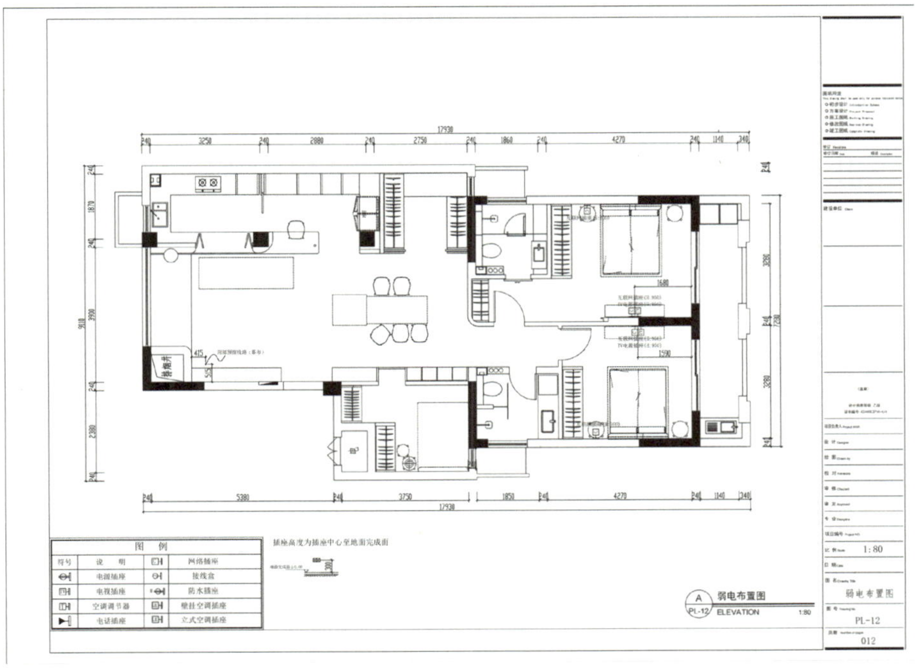

图 3-25 开关布置图

五、给排水布置图识图要点

给排水布置图是关于厨房、卫生间、阳台等区域给排水线路的布置图。该图上会详细呈现给水管道的取水位置、管径尺寸、高度、管线排布系统，以及排水管、地漏等的位置。水路施工均要以该图为基础，它是指导施工的重要图纸。现通过两张图来详细阐述给排水图纸的识图方法。

1. 水路布置

图 3-26 为一张水路布置图。结合左下角的图例，我们能够看到冷热水龙头、燃气热水器所处的位置，还能看到冷热水管的走向。水管分别通向厨房、卫生间以及工作阳台，这为日常生活用水提供了便利。

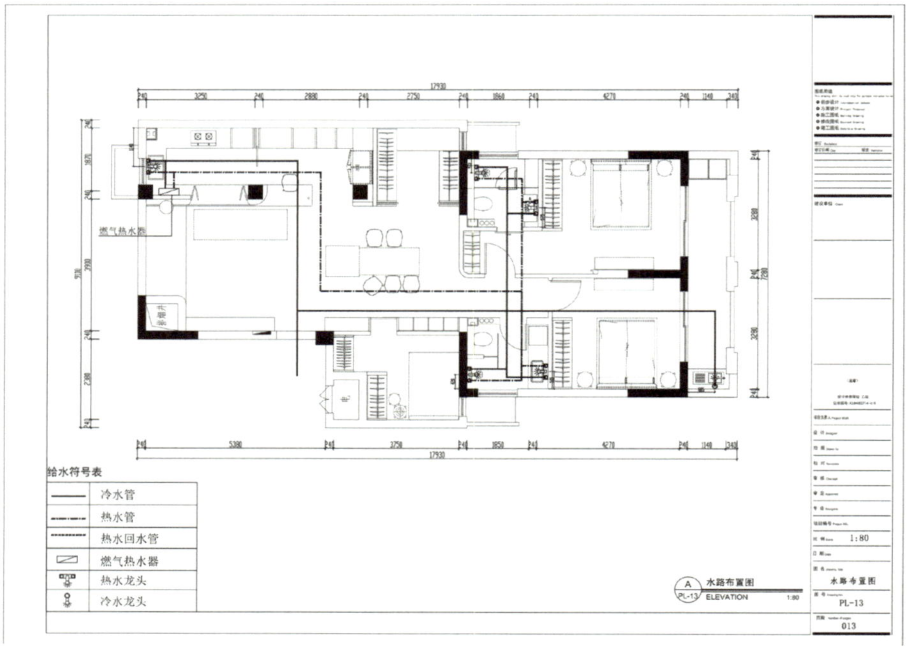

图 3-26 水路布置图

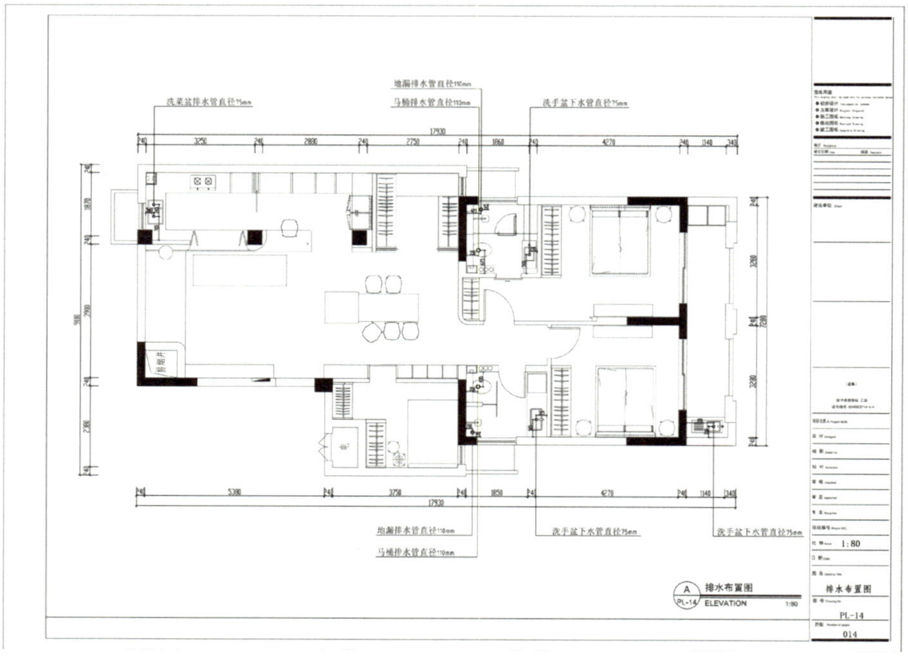

图 3-27 排水布置图

2. 排水布置图

图 3–27 是排水布置图，其主要标明了厨房、卫生间、阳台各个部分的排水管位置与直径。例如在主卫里共有三种排水管，即洗手盆下方的排水管、地漏配水管以及马桶排水管。洗手盆下方的排水管直径为 75 mm，地漏排水管直径是 110 mm，马桶排水管直径同样是 110 mm。

六、天花板布置图识图要点

天花板布置图，即天花板吊顶平面布置图，是天花板装修时非常重要的一种图纸。在天花板布置图上会标明天花造型、灯具位置、尺寸定位以及详图索引，同时也会标注出天花底面相对于本层地面建筑面层的高度，并且注全各房间的名称。现以图 3–28 为例进行详细说明。

顶棚平面图表达的内容包含以下几个方面：

1. 房屋建筑室内装饰装修顶棚平面图应按照镜像投影法绘制，所以在绘制天花图时，窗洞、门洞等位置与平面图一致。

2. 平面为圆形、弧形、曲折形、异形的顶棚平面，可采用展开图表示，不同的转角面用转角符号表示连接。

3. 要对顶棚上的灯具、通风管道（包括中央空调位置）、自动喷淋头、烟感报警器、扬声器、浮雕及线脚等装饰进行详细绘制。例如从上图的灯具布置可以看出，图中未使用成品主灯，而是采用线性灯带或筒灯进行照明，这属于无主灯照明设计，天花吊顶没有过多装饰，较为简洁。

4. 顶棚底面以及分层吊顶底面的标高，在上图中有引出线标出了 CH 的数值，CH 在此指天花的净高度，CH：2400 即表示天花板距离立面 2400 mm 高，与天花上的标高尺寸相符。

5. 若有需要详细说明的结构，则需要标注详图索引符号、剖切符号，说明剖切的位置和详图所在位置。

图 3–28 天花布置图

七、地面铺装图识图要点

地面铺装图包含地面铺贴及材质方面的所有信息。它会标明需要铺设的地面材料种类、地面拼花样式、材料尺寸及不同材料之间的分界线。

现以图 3-29 为例，来说明地面铺装布置图的识图要点。

1. 地板铺装种类：在图 3-29 中，客厅、餐厅和厨房所使用的铺装材料通过引出线引出并加以说明，标记为 CT-01。CT 是 Ceramic Tile 的缩写，表示陶瓷砖，这意味着上述三个空间均使用同一种瓷砖材料。此外，图中还存在一些 WD、ST 字样，WD 为 wood 的缩写，在此处代表木地板，ST 代表大理石。

2. 材料分界：根据图示，我们能够很清晰地知晓不同空间铺装的分界线。客厅、餐厅和厨房铺的是同一型号的瓷砖，卫生间淋浴间采用的是石材饰面拉槽，房间以及客厅地台铺设的是木地板。

3. 地面拼花：从图中可知，客厅、餐厅和厨房的地板采用长方形地砖通铺，各个房间的木地板采用鱼骨拼接法。

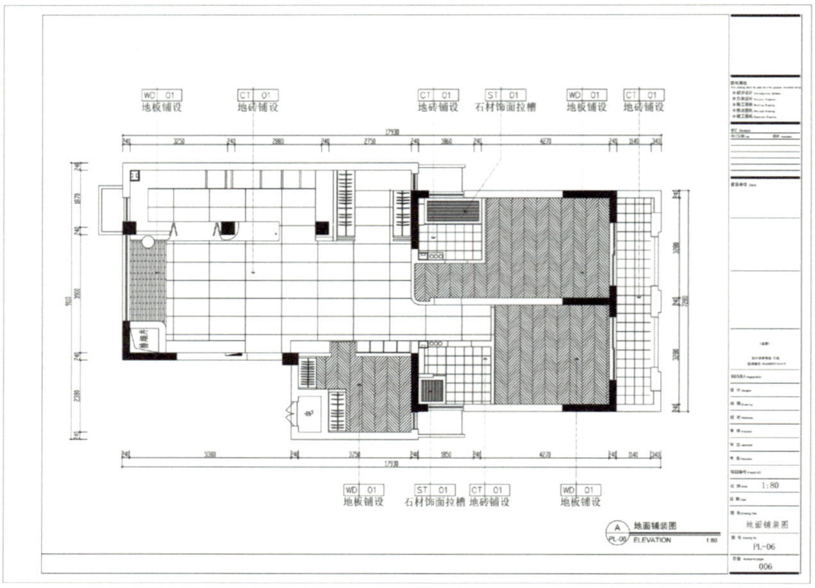

图 3-29 地面铺装图

八、立面索引图识图要点

立面索引图主要用于标示室内需要展示的立面图的位置和数量（图 3-30）。在室内装饰设计里，墙体或者柜子的做法较多，要了解房屋的立面做法，就需要较多的立面图才能相对完整地展示空间效果。从上图中能够看到多个立面指向符号，这些符号表明图中需要说明的立面图一共有 33 个，立面图的所在图号在圆的下半部分分别予以标示。

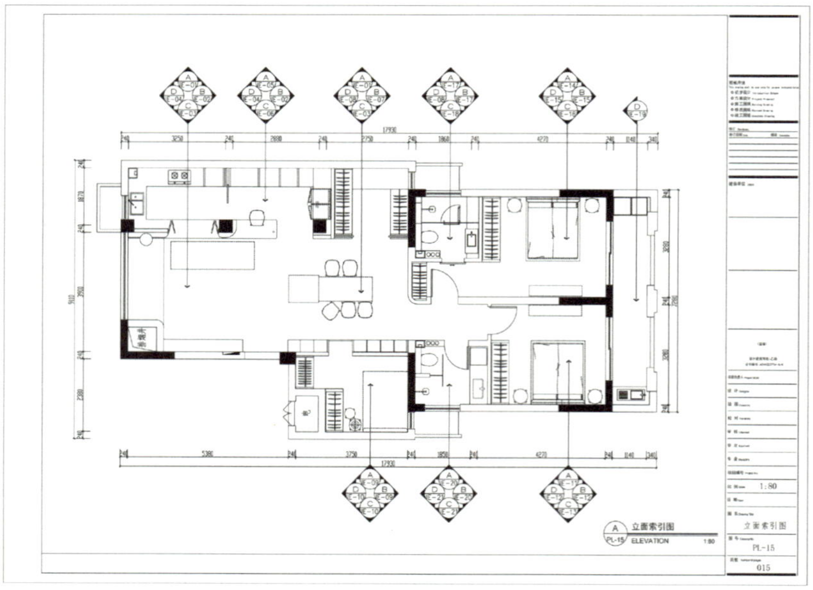

图 3-30 立面索引图

九、室内立面图识图要点

立面图属于施工图，其用于展示各类墙体、家具等的立面造型，而这些立面造型决定了后期的效果呈现，包括具体定位、三维尺寸和造型等方面，如图 3-31 所示。

立面图为室内墙面与装饰物的正投影图，其标明了室内的标高、吊顶装修的尺寸、梯次造型的相互关系尺寸、墙面装饰的式样、材料、位置尺寸、墙面与门、窗、隔断的高度尺寸，以及墙与顶、地的衔接方式等。

现以图 3-30 为例，说明具体识图方法。

1. 看立面造型

结合平面图，我们能够看到墙体、窗户等的立面造型以及使用的材料。在图 3-30 展示的从沙发背景到厨房的立面造型中，客厅与沙发之间被半堵墙和两扇对开的折叠状物体隔开，从而构成了沙发背景。柱子部分被木饰面包裹，并且做了圆弧处理，下方台面采用石材装饰。沙发背景的右侧是书桌，书桌右边由金属立柱支撑。立面图的右侧有一个储藏间，其门为长虹玻璃推拉门。

2. 看标注

室内立面图的高度和长度采用同一种标注方式，其高度标注无须使用标高符号，这一点与建筑立面图的标高标注有所不同。

由图 3-30 可知，房屋在铺装完成之后，层高最高处的净高度为 2750 mm，最低处（即客厅窗户旁的地台上方）的吊顶高度为 300 mm。此外，立面图中还需用引出线来说明所使用的装饰材料及其做法。若图中有需要详细说明的结构，会在立面图中使用索引符号，注明详图编号与位置。

十、详图

详图是室内设计中重点部分的放大图和结构做法图。工程需画详图的数量以及详图涉及的部位，要依据设计情况、工程规模大小和复杂程度来确定。

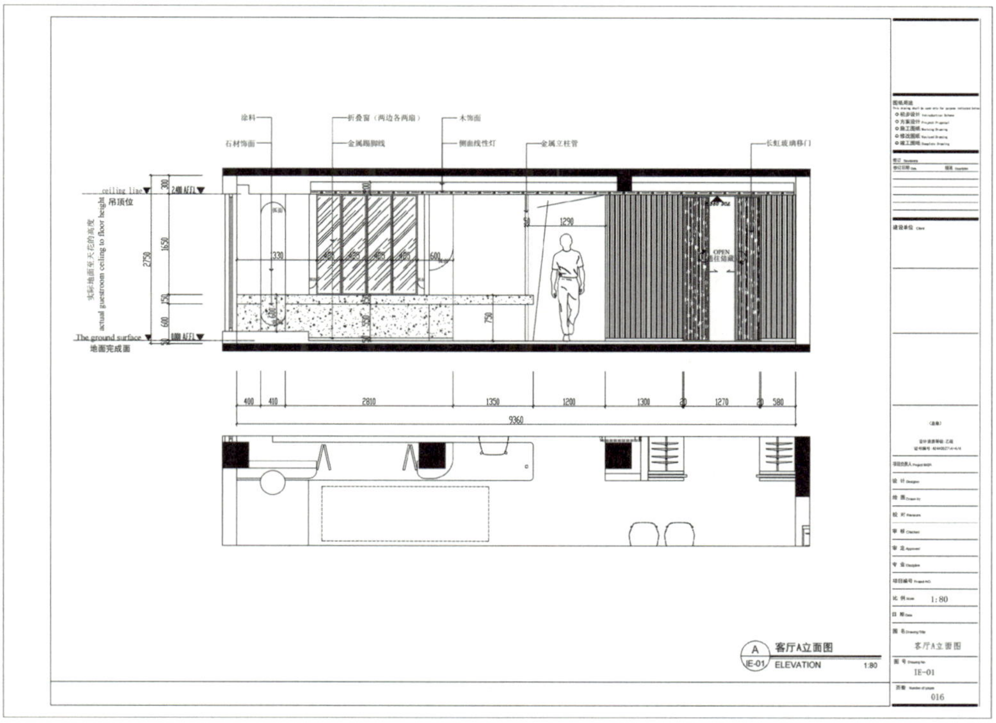

图 3-31 客厅 A 立面图

（一）详图主要内容

为了满足装饰施工需求，施工图需要展示一些细部做法。然而，受限于平面图、顶面图和立面图的图幅与比例，通常无法呈现这些细部做法。所以，必须把这些细部引出，放大比例，绘制出内容详尽、构造清晰的图样，这就是详图。详图通常包含局部大样图和节点详图两类。

局部大样图的比例一般为 1 ： 50、1 ： 10 或者 1 ： 5。节点详图是把两个或两个以上装饰面的交会点沿垂直或水平方向剖开，按照放大比例绘制而成的图样。节点详图要清晰地反映出节点处的连接方式、材料种类、施工工艺以及安装方法等内容。节点详图的比例比大样图的比例大，其表达的内容也更清楚。节点详图的比例一般为 1 ： 1、1 ： 2、1 ： 5 或者 1 ： 10，其中 1 ： 1 的详图也被称作足尺图。

（二）详图识图要点

现以图 3-32 为例，说明详图的识图要点。

1. 看比例

室内详图通常展现的是较为局部的结构，所以其使用的比例尺相对较大，如图 3-32 中三个详图采用的比例尺为 1 ： 10。

2. 看结构

图 3-33 展示的是天花结构的造型，我们主要观察天花的构成，分析具体施工做法和使用材料。在图 3-33 中客厅采用的是凹凸式吊顶，顾名思义，这种吊顶的造型表面有凹入或凸出的部分，极具层次感，所以也被称为造型顶。凹凸式吊顶可能不止一个层次，造型较为复杂，比较适合用于门厅、餐厅等大空间的顶面装饰，并且经常在边缘安装筒灯或者射灯。

图 3-34 所示的是悬浮吊顶，也就是中间部分向下做吊顶，以降低天花高度，四周留灯槽，看起来就像吊顶悬浮在天花上一样。

3. 看尺寸

详图应注明细节做法的尺寸，以便于施工的时候备料。例如悬浮吊顶，天花边缘距墙体 180 mm，吊顶总厚度为 200 mm，天花边缘要做挡板，挡板高度为 80，挡板内为灯槽。

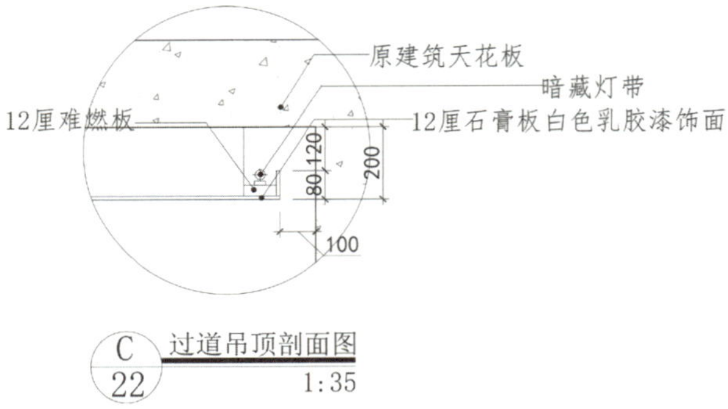

图 3-32 室内天花结构详图 1

图 3-33 凹凸式吊顶

图 3-34 悬浮吊顶

任务三 室内施工图制图

【任务目标】

知识目标：

掌握室内施工图的制图方法与技巧，并且了解各类图例、符号的画法及其应用。

能力目标：

掌握看图、读图技巧，具备熟练绘制室内施工图的能力。

素质目标：

通过学习国家制图标准与规范，进行严格的绘图练习，从而树立严谨的工作态度，传承精益求精的工匠精神。

【学习重难点】

学习重点：

熟悉各类施工图绘制的要点与步骤。

学习难点：

灵活运用各类图例与标准来绘制室内施工图。

【学习内容】

知识点一　室内施工图制图准备

一、室内施工图与建筑施工图的差别

建筑施工图和室内施工图所依据的制图标准基本相同，最终目的也都是更有效地指导施工。然而，二者存在较大差异。

（一）应用领域

建筑施工图重点关注建筑的外部形态与整体构造，主要供建筑师和工程师开展整体建筑设计工作使用，设计内容涵盖建筑外观、结构、平面布局等方面。

室内施工图侧重于室内空间的设计与布局，像室内家具、灯光、装饰等细节均包含在内，从而满足功能和美学方面的需求。

（二）设计重点

建筑施工图关注建筑物的整体规划，涵盖建筑的总体布局、地基设计、楼层平面、外墙设计等方面。室内施工图则侧重于室内空间的细节设计，像家具的摆放、装饰物的布置、照明设计等方面。

（三）规模和细节

建筑施工图通常用于大规模建筑项目，其涉及建筑结构、施工等复杂问题。

室内施工图更侧重于小尺度的室内设计，着眼于空间的细节与装饰。

需要注意的是，室内设计过程中进行的任何修改都必须严格遵循建筑图纸，因为这会涉及安全问题。由于室内施工图的尺度更小，所以其在测量和绘图方式上也存在一些差异。在制图前必须做好相应的准备。

二、室内施工图绘图准备

室内施工图的绘制与建筑施工图的绘制相同，是一个复杂且严谨的过程，需要考虑诸多细节与规范。以下为绘制施工图之前的准备工作。

（一）收集设计资料

在绘制施工图之前，要先与业主进行沟通，收集户型资料、原始结构图纸、相关规范标准和其他必要资料。这些资料是绘制施工图的基础。

（二）初步勘测和测量

在开始绘制施工图之前，需要对建筑现场进行初步勘测与测量。具体的测量数据包括以下内容。

1. 房间结构的尺寸：在量尺寸之前，需要先观察房屋内部空间结构，并将房间的内部结构画好。测量时一般从门边开始量起，沿内墙逐个记录尺寸，同时量好门与窗的 H1（窗台高度）以及 H2（窗户高度）。

2. 横梁位置：同样要先画好图形，再测量每条梁的高度与宽度。柱子尺寸的定位非常关键。一般从一个角到墙边来定位，然后从这个角量取柱子的尺寸。

3. 排水管位：标注好每根管的位置，定位方法与柱子相同（管位定中心点，要标明包管尺寸以及马桶下水位）。

4. 配电箱及弱电箱的位置：确定配电箱及弱电箱的位置、高度，宽度以及它们与所在墙面的位置关系。在后期设计过程中，为了美观，会对配电箱和弱电箱进行隐藏处理。

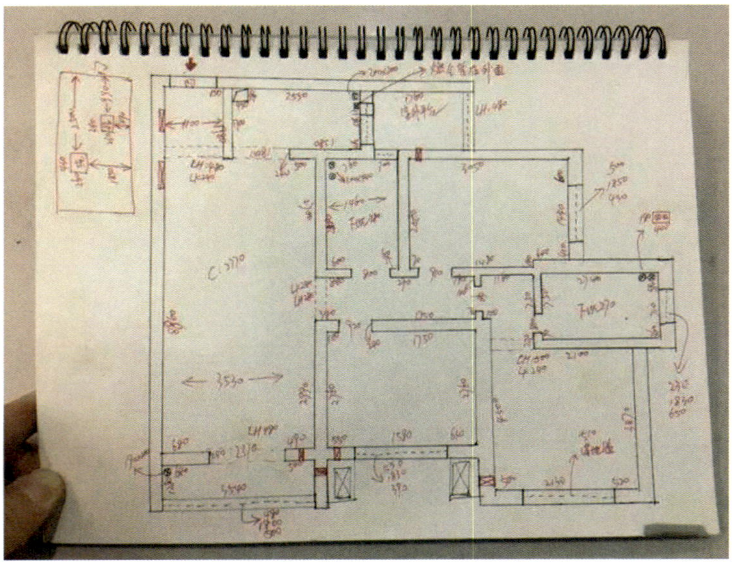

图 3-35 量房数据记录

需要注意的是，一定要测量出整个房子的总长和总宽。我们使用尺子来量尺寸。每次测量都会存在误差，并且公差是会累积的。所以要量好总长和总宽，将误差控制在最小范围之内。

（三）制定施工图纸的规划

不管是使用电脑绘图，还是采用手绘制图的方式，在开始绘制施工图之前，都需要确定绘图的规模、比例以及纸张大小。这样做有助于确保绘制出的图纸符合标准，适合施工人员使用。

（四）制定绘图标准和符号

在绘制施工图之前，必须确定所采用的绘图标准和符号。这些绘图标准和符号通常由国家或地区的建筑设计规范规定，其中包含线型、文字大小、符号表示等内容。

知识点二　室内施工图绘图要点及步骤

量取房屋数据并准备好相应资料后，便可以开始绘制施工图。具体的绘制方法与建筑平面图大体一致，但存在些许差异。对于相同的步骤不再逐一叙述，下面将依照室内施工图的特点，对绘制步骤存在差异的图纸进行解析。

三、原始平面图绘图步骤

原始平面图是进行方案设计与指导施工图的一张非常重要的图纸，需标示出房屋承重墙体、门窗、横梁的位置。具体绘制步骤如下。

（一）绘制墙体

之前测量尺寸时，我们通常在室内进行量取，量取的是房屋内部尺寸。所以，在绘图时，一般也会从内尺寸开始绘制内墙轮廓，然后向外偏移墙体相应厚度的尺寸，从而得到外墙轮廓。这与建筑制图平面图的绘图方法有所不同。（图 3-36）

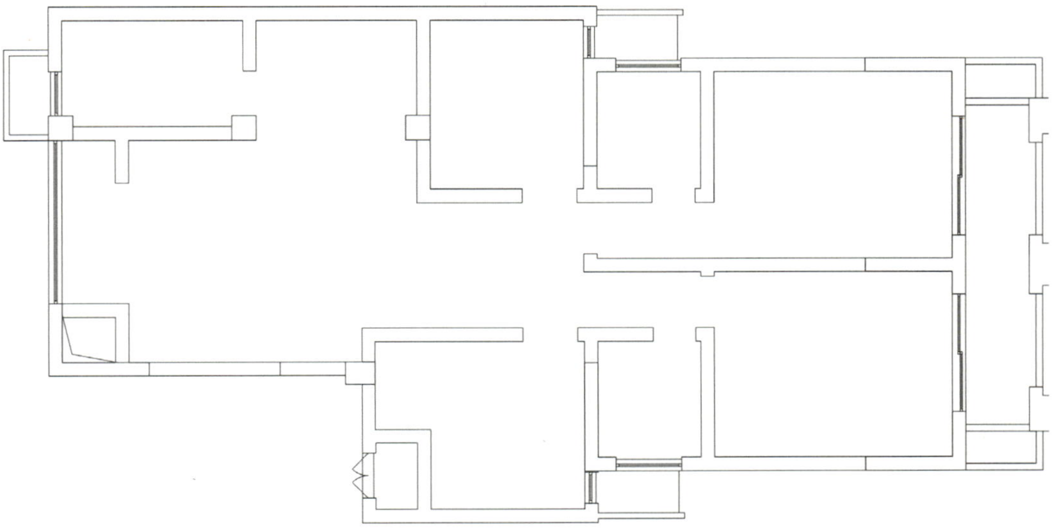

图 3-36　绘制墙体

（二）绘制横梁、承重结构及其他设备

根据开发商提供的房屋结构图以及量房获取的横梁尺寸数据，画出横梁、房屋承重墙体，还有其他诸如烟管、强弱电箱等设备的位置。室内施工图通常将承重墙所在位置涂黑，留白部分为非承重墙体或次承重墙体。需要注意的是，我们在进行室内设计时一定要树立严格的安全防范意识。在设计过程中需要拆除墙体，必须严格按照房屋结构仔细甄别，不可拆除重要结构，以免影响房屋安全。（图 3–37）

（三）标注

在主要结构绘制完成之后，需要对相应的结构尺寸进行标注，标注内容主要如下：

1. 横梁尺寸：主要标注的是横梁的高度，用 LH 表示梁高，单位为毫米。
2. 窗户尺寸：需标示窗台高度（H1）和窗户高度（H2），单位为毫米。
3. 注写文字说明：对于排烟管、设备及电井等需要作出说明的结构进行注释说明。
4. 墙体尺寸：墙体尺寸通常一般标注两层，内层标注各房间尺寸，外层标注为房屋总尺寸。

（四）绘制图框和图例

在图纸边缘绘制图框，图框内应包含项目名称、图纸编号、比例尺、日期等信息。此外，还需绘制图例，对图纸中使用的符号和标识的含义进行解释，这样施工人员就能理解图纸内容了。（图 3–39）

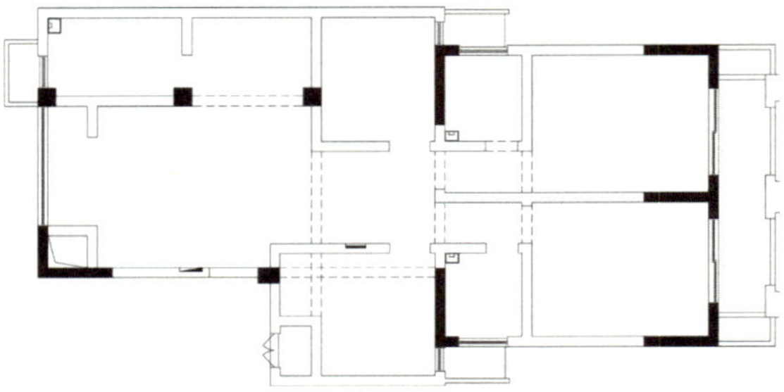

图 3–37 绘制横梁、承重结构及设备

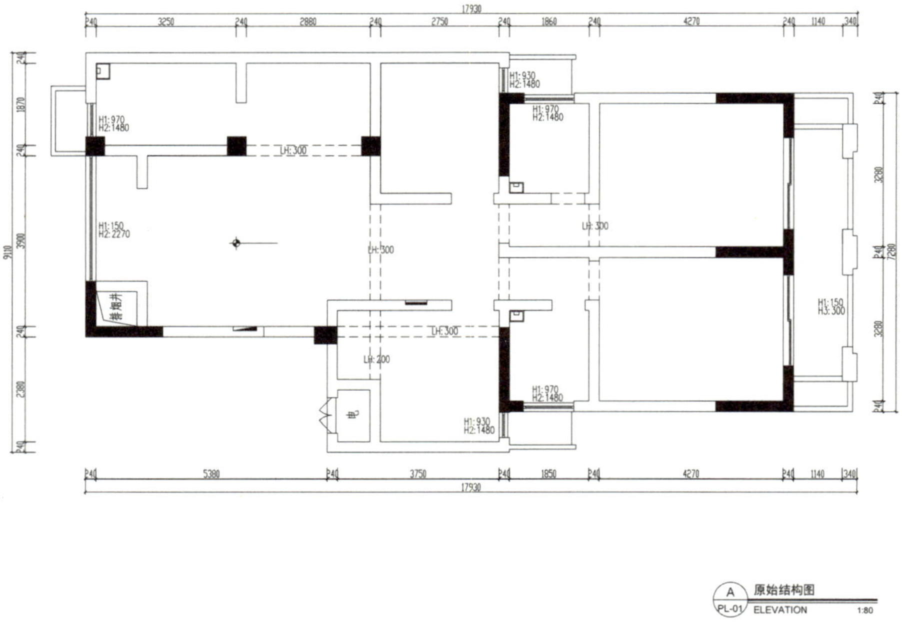

图 3–38 绘制尺寸标注、注写图名

四、墙体拆改图绘图步骤

墙体拆改图是在原始结构图的基础上，按照设计要求，对原始墙体结构进行拆除和新建的图纸。绘制墙体拆改图时，需要使用相应图例来说明哪些是需要拆除的墙体，哪些是新建的墙体。为了使图示更加清晰，也可以选择分别绘制敲墙图和砌墙图，具体步骤如下。

（一）拆墙图绘制步骤

1. 绘制拆除墙体：以原始平面图为基础，采用统一图例对将要拆除的墙体进行标示。

2. 标注：详细罗列出相关图例、具体做法，对拆除墙体以及其他墙体尺寸进行详细标注（图 3-41），并且注明图名和比例等图纸信息（图 3-42）。

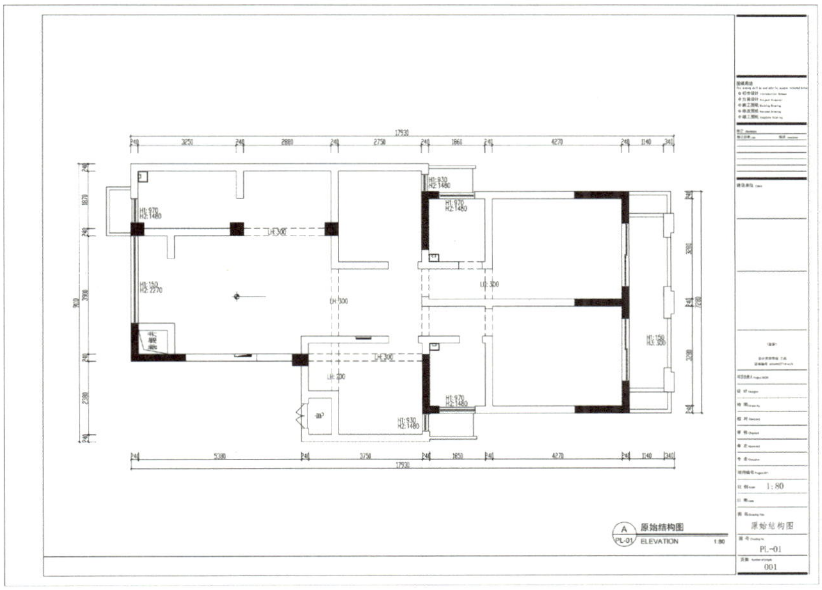

图 3-39 原始结构图完成效果

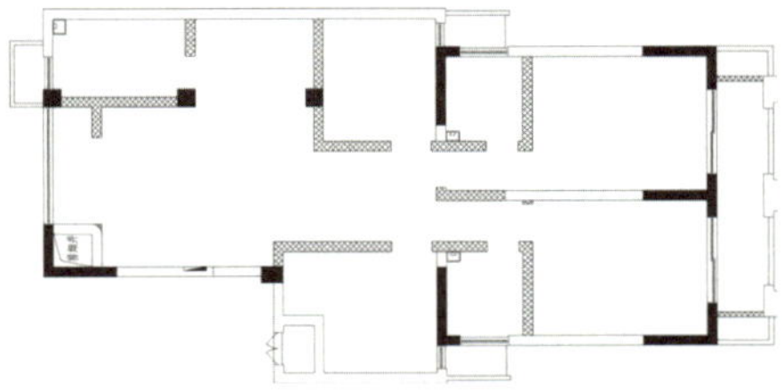

图 3-40 标示需拆除墙体

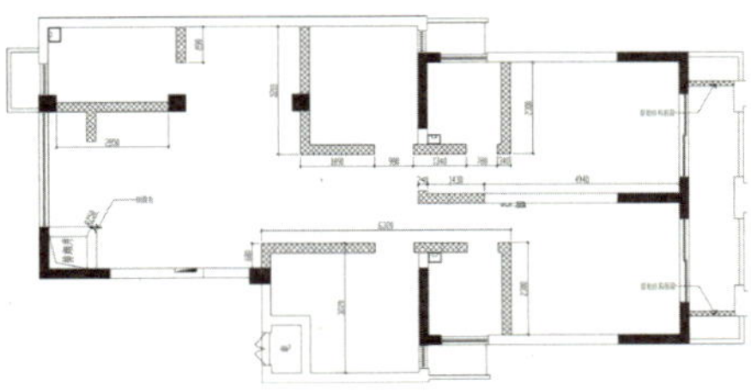

图 3-41 敲除墙体标注

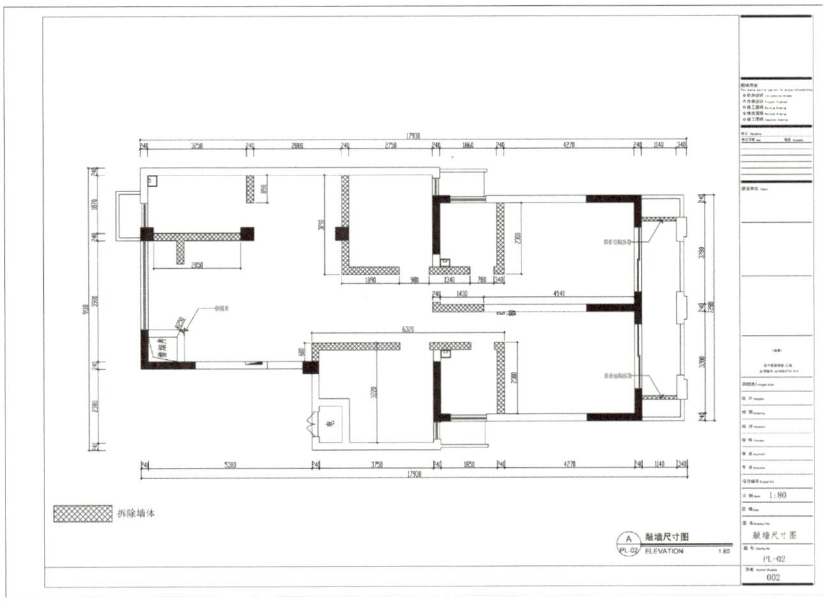

图 3-42 敲除墙体图完成效果

（二）砌墙图绘制步骤

砌墙图是基于敲墙图绘制而成的，其具体步骤如下：

1. 按照敲墙图中的标识，拆除要拆除的墙体，保留需要保留的墙体结构，以方便绘制后续绘制新增的墙体。

2. 绘制需要新砌的墙体和地台，然后仔细检查绘制的墙体拆改图是否符合设计要求，确保图纸的准确性和完整性，最后根据需要进行修改和调整。

3. 完善画面：（1）要标注好新砌墙体、门窗的尺寸与高度，若有墙体有圆角做法则需标注圆角半径，修建的地台标示地台高度；（2）其他需说明之处用引出线加以说明，并且要在图纸中标明新建墙体的图例，以方便施工人员识图；（3）完成尺寸标注，注写图名与比例，调整画面效果。用粗实线标示承重墙体，新建墙体用中实线绘制，其他尺寸标注依照建筑制图相关标准进行绘制，最后在标题栏注明图纸相关信息。（图 3–45）

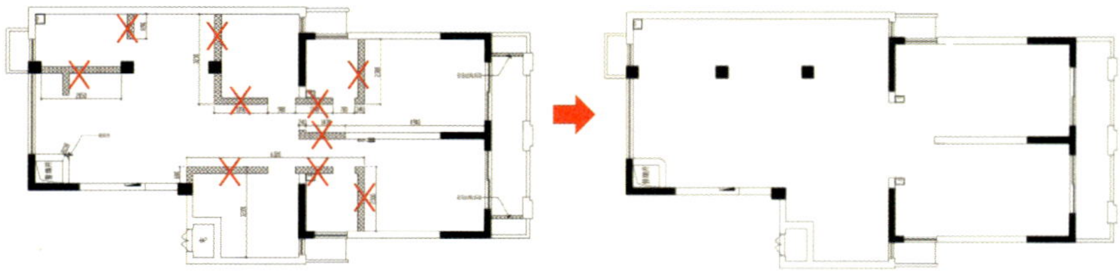

图 3–43 擦掉要敲掉的墙

图 3–44 绘制新砌墙体

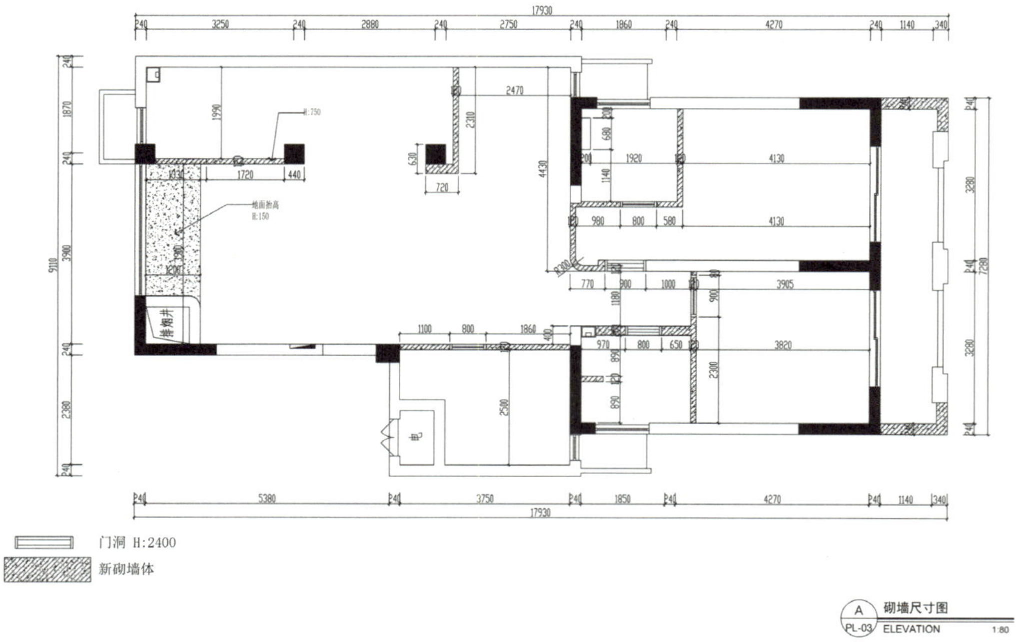

图 3–45 完成新砌墙体标注

五、平面布置图及立面索引图绘图步骤

（一）平面图绘制步骤

平面布置图的绘制可采用整体—局部—整体的方法，具体步骤如下：

1. 绘制墙体框架

这个墙体框架是依据墙体拆改图构建的，所以我们可以直接使用砌墙图中的墙体结构，如图 3-47 所示。

2. 绘制室内家具及陈设品

墙体绘制完成后，需要绘制门，确定室内固定家具（全屋定制柜体）、活动家具（如沙发、餐桌等）、各类家电、浴室设施及其他陈设品的位置。

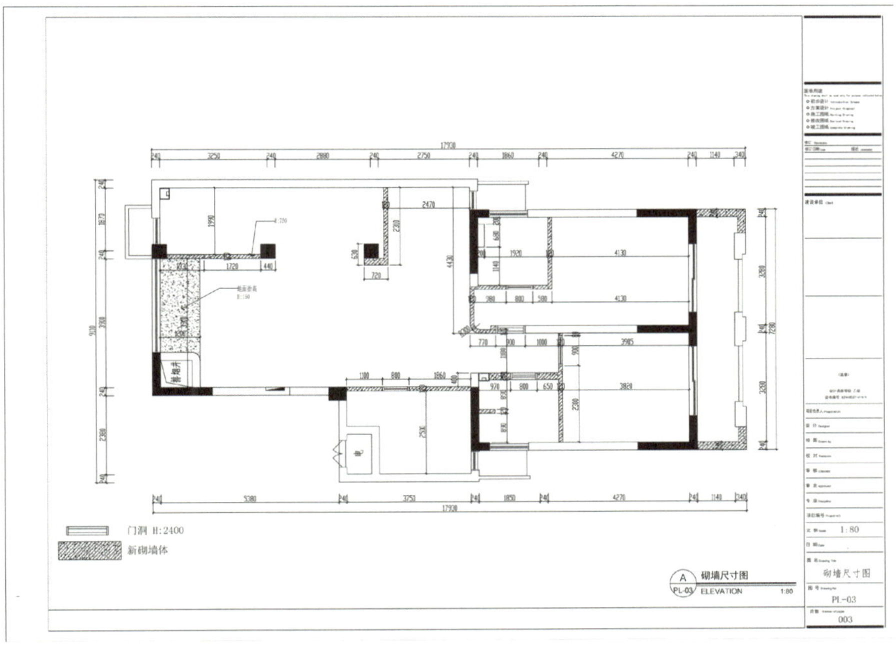

图 3-46 砌墙图完成效果

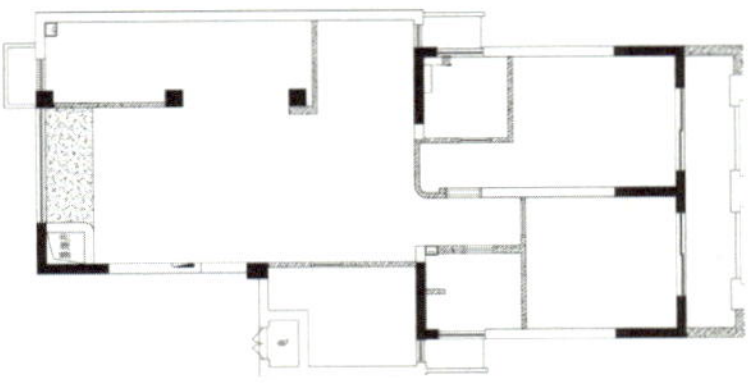

图 3-47 砌墙结构图

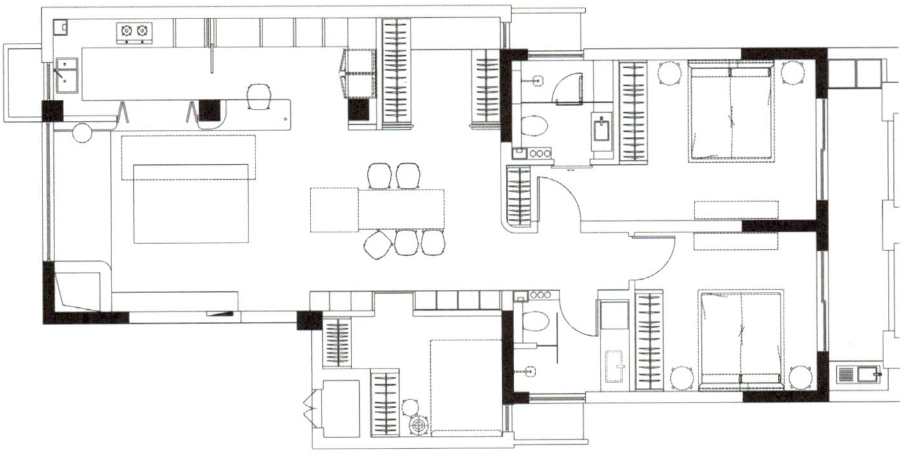

图 3-48 绘制家具陈设

3. 标注

添加各类文字信息，例如各个房间的名称。若图例较小，则可以使用序号标识，并于图形旁边列出各个序号所对应的房间名称。此外，部分细节尺寸能够单独在图形旁边直接标注。

最后，用不同粗细的笔描绘对应的轮廓线，完成尺寸标注，并完善图纸信息，如图 3-50 所示。

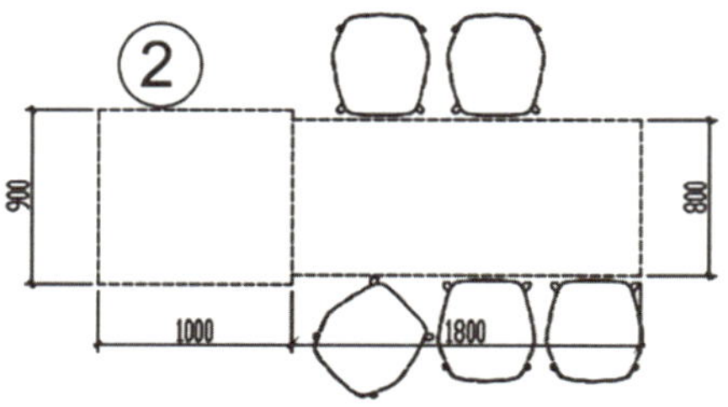

图 4-49 细节尺寸标注

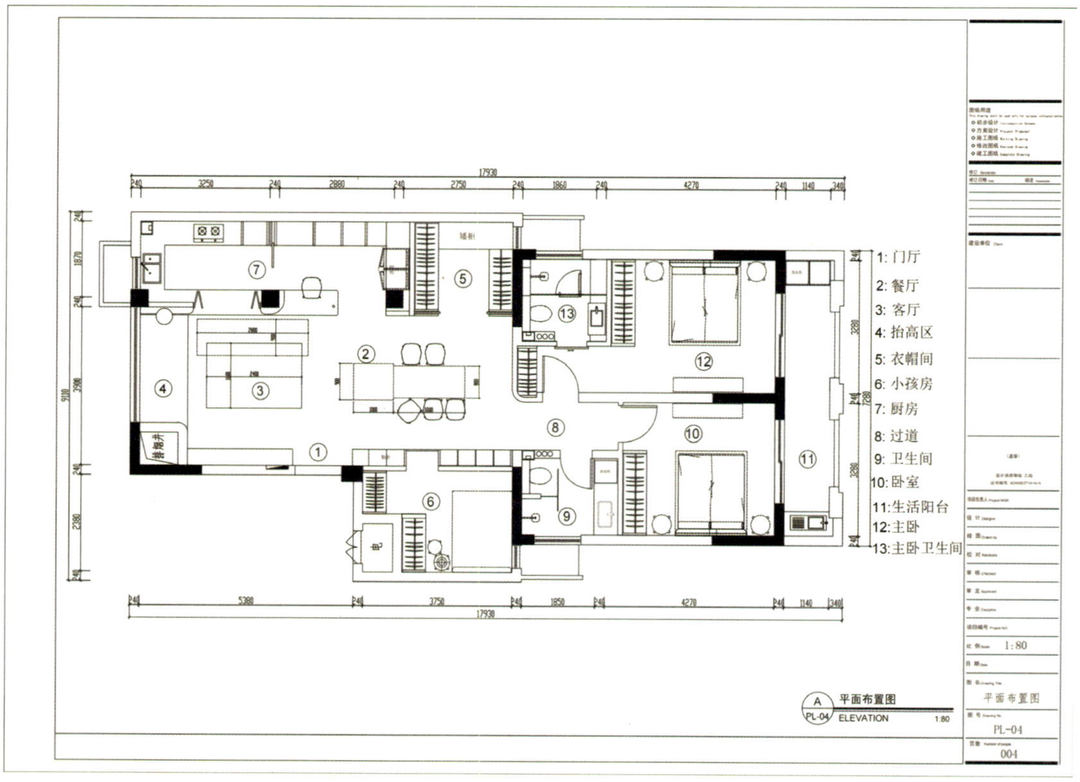

图 3-50 平面布置图完成效果

（二）立面索引图绘制方法

当需要表现的立面图数量较多时，可以单独绘制一张立面索引图以指示需表现的立面。实际上，索引图的绘制就是在平面图的基础上绘制立面索引符号，需要把立面索引符号引到图样之外，防止影响读图。

六、天花图、地坪图绘图步骤

天花图和地坪图均是基于平面布置图墙体框架绘制而成的，因此墙体的绘制方法和步骤与绘制原始平面图一致。下面介绍天花图和地坪图中重要内容的具体绘制方法。

（一）天花图绘制步骤

1. 绘制墙体和天花造型

天花图是平面图的镜像，它反映的是天花的造型。天花图上的造型线，是从平面往顶面看的正投影线，也就是从底往上看的正投影线，很多设计师容易在这一点上产生混淆。

在绘图的时候，我们能够在砌墙图的基础上绘制到顶的家具（如定制衣柜、橱柜等）。由于到顶的家具会与天花板接触，所以需要绘制出来。之后，再绘制出天花造型，如图 3-52 所示。需要注意的是，天花造型需要预留窗帘盒的位置。

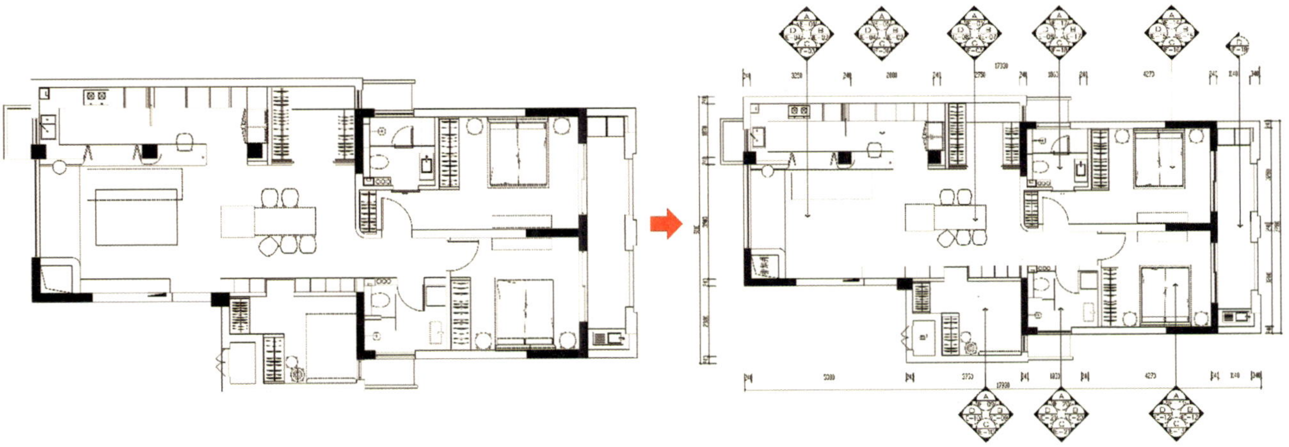

图 3-51 立面索引图绘图方法

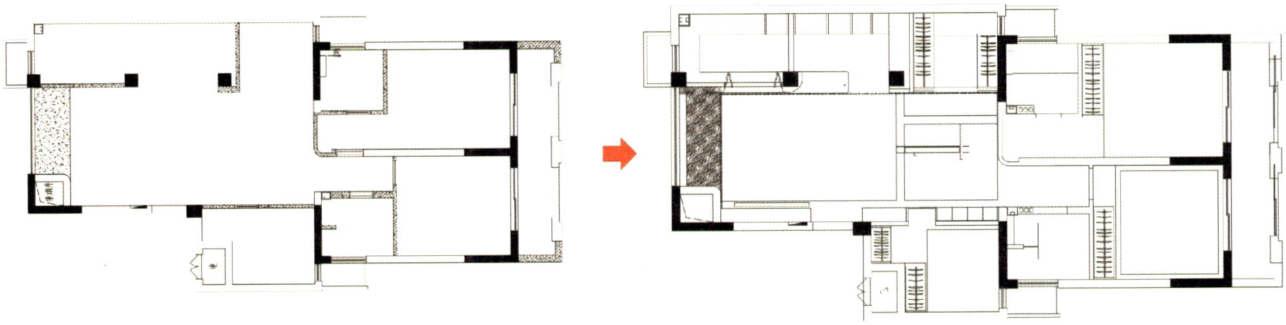

图 3-52 天花图是平面图的镜像图

2. 绘制灯具及空调等设备

在绘制过程中，需要依据实际的布灯位置与布灯方式来确定灯具的具体位置和样式，可参考图 3-53。风口、检修口、喷淋、烟感、消防广播等在大型项目中一般由机电工程师负责排布，我们需要了解常规机电设备的点位及其间距数值。

3. 标注

绘制各种尺寸标注，包含天花的标高，也可采用引出线进行引出标注。CH 表示施工完成面的标高，单位为 mm，同时标明天花饰面的材质。此外，还需使用引出线对一些需要特别说明的结构或设备加以说明，例如图中客厅背景墙位置预留的幕布位置等。最后完善图纸，注写图名比例等信息。

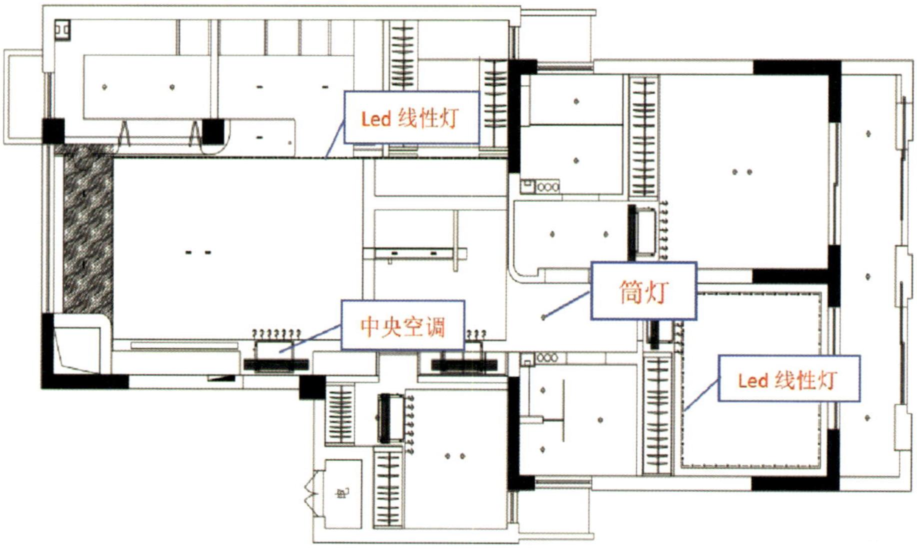

图 3-53 绘制灯具及空调等设备

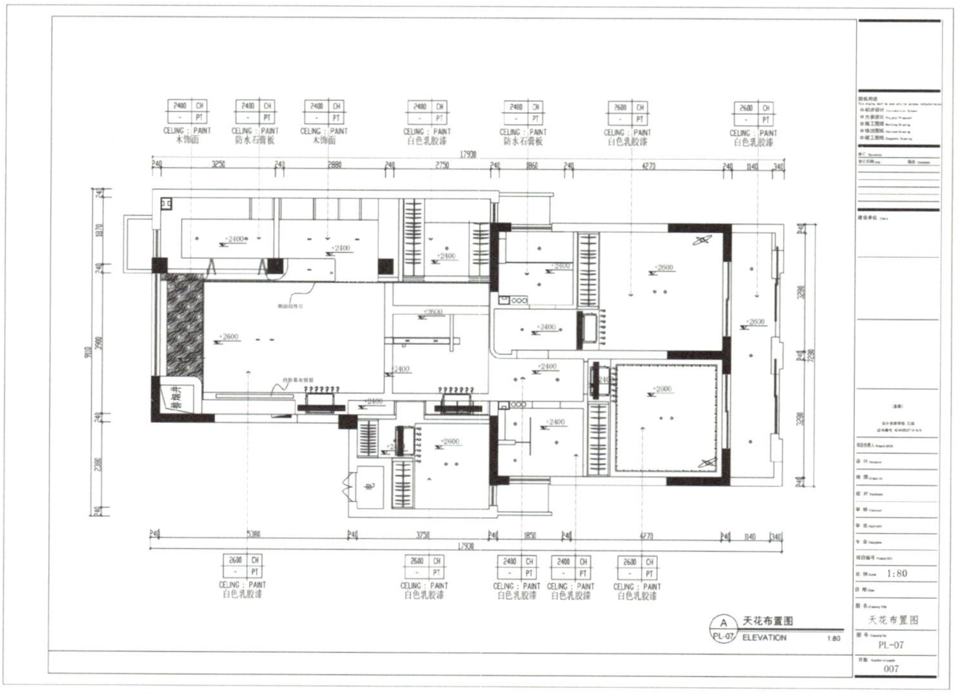

图 3-54 天花图完成效果

（二）地坪图绘制步骤

地坪图的绘制步骤和天花图相同，只是绘制内容存在差别。地坪图主要反映地板的铺装状况，在绘制时需要着重表现地板的铺装方式，下面对此进行简要分析。

1. 绘制墙体及固定家具的位置：按照新砌平面图绘制固定家具的位置，移动家具无须绘制，如图 3-55（a）所示。

2. 绘制地板：依据铺装设计样式描绘出各空间地板的形状，如图 3-55（b）所示。地板铺装可按照实际铺装绘制，也可使用约定的图样进行简略表示，但需要列出图例表并说明图例含义。

3. 标注：地坪图的标注除墙体尺寸、图名比例等信息外，重点是标注地面的铺装材质，如图 3-56 所示。

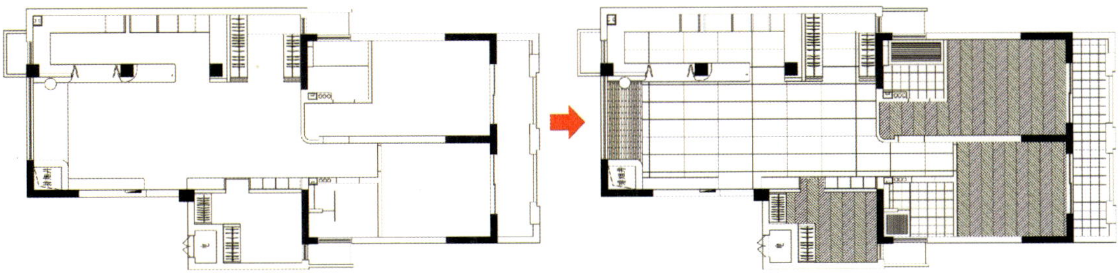

（a）　　（b）

图 3-55　在平面图基础上绘制地坪图

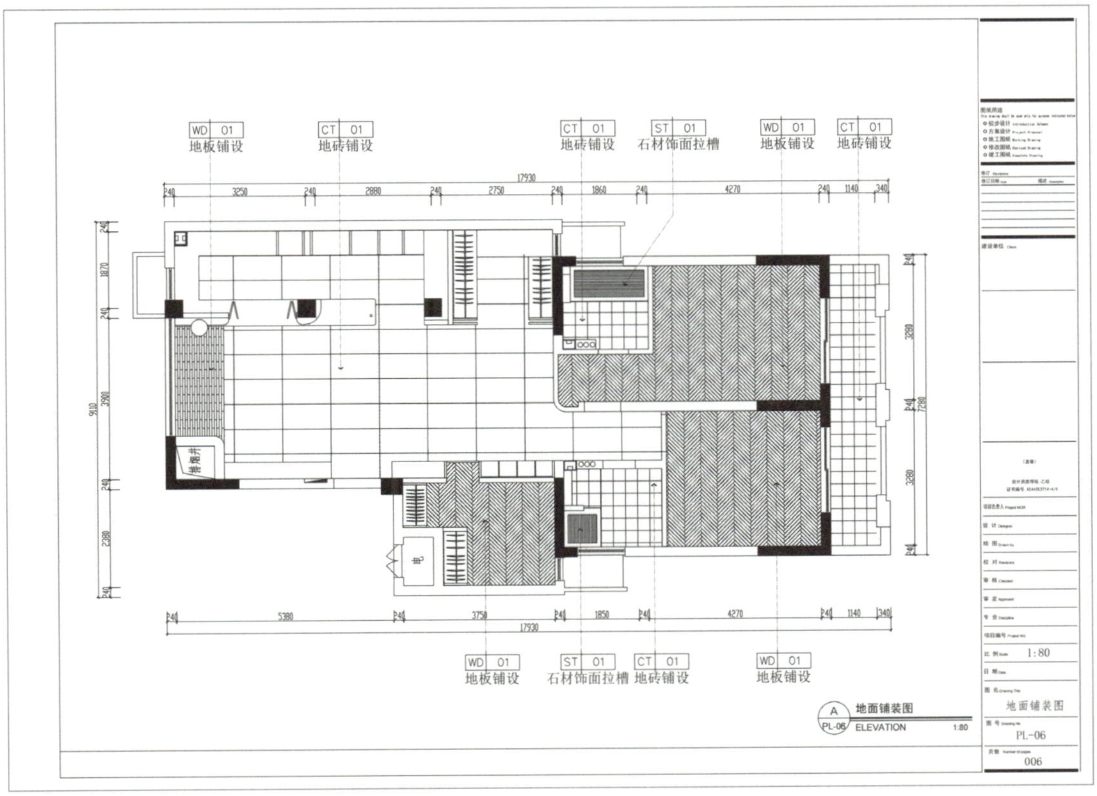

图 3-56　地坪图完成效果

七、水电图绘图方法

水电图是一种概括性的说法，其包含给排水图、强电布置图、弱电布置图、开关布置图等多种类型。虽然类型较多，但绘制步骤相同，区别在于使用的图例有别，具体的图示内容可参考前面的室内施工图常用图例。下面以开关布置图和强电布置图为例，来说明这类图纸的绘制步骤及区别。

1. 绘制基础结构

这一步与其他布置图的绘制方法相同，在此就不再赘述。但需要注意的是，开关布置图标示的是开关与灯具的控制关系，所以是在天花图的基础上进行绘制；而其他的给排水图、强弱电图，由于表示的都是插座、排水管、强弱电插座位置等关系，所以是在平面图的基础上进行绘制，如图 3-57 绘制步骤所示。

2. 绘制开关位置、线路及强电插座位置

依据电气标准编制开关符号，像单开关、双开关、三态开关等。然后并在图纸上以示意线路图的形式标明每个开关的连接线路，以及其与其他电器设备的连接关系（图 3-57）。

图 3-57 开关布置图及强电图的绘制对比

3. 标注

除墙体尺寸外，开关布置图应列出所用开关图例，以方便识图。强电施工图除了要标注图例之外，还需详细标注插座高度以及各插座间的尺寸，这样便于施工时定位。最后，再注明图名比例等信息。

由上述制图步骤可知，水电相关图纸不论内容如何变化，绘图思路都是相同的，即从整体到局部再到整体。具体而言，先绘制墙体结构以及其他需要绘制的构筑物或者家具等模块，接着逐一绘制图纸中需要重点说明的具体内容，标注图样中的各种尺度，并用引出线详细说明材料及做法，最后进行整体调整。

需要注意的是，图纸种类会依据设计方案的复杂程度而再增加或细化。所以，在绘图时要学会举一反三，灵活运用制图标准、图例和符号来绘制图纸。

八、室内立面图绘制步骤

室内立面图分为立面和剖立面，二者的具体区别前面已经分析过。现在，我们以剖立面图为例，阐述立面图的绘制步骤。

1. 绘制墙体轮廓

立面图的最外轮廓线需用粗实线来绘制，地坪线则可用加粗线（粗度为标注粗度的 1.4 倍）绘制。在绘制立面图时可在剖立面的上方或者下方绘制相应位置的平面图，这样便于进行对应识图，如图 3-59 所示。

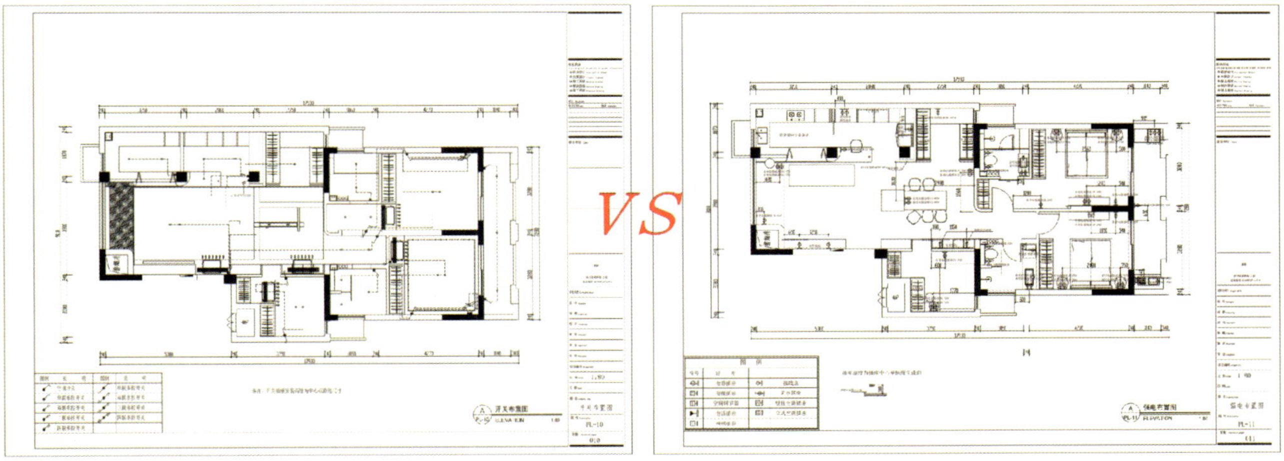

图 3-58 开关布置图及强电布置图完成图对比

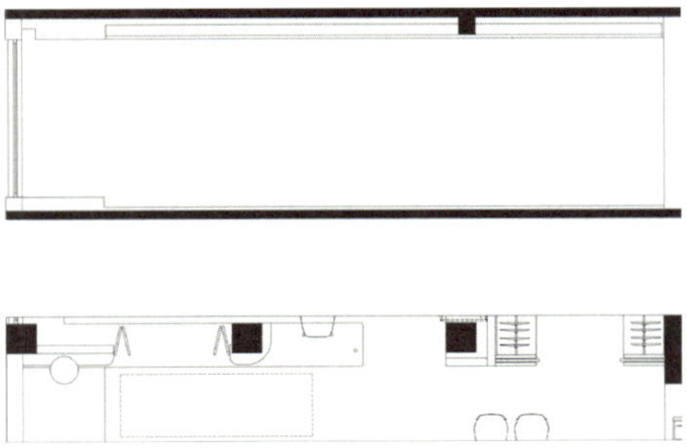

图 3-59 绘制墙体立面轮廓

2. 绘制立面造型

墙体绘制完成后，需要继续绘制墙面、固定家具以及陈设的立面样式。装修构造的轮廓和陈设的外轮廓线应使用中实线绘制，材料和质地的表现宜用细实线绘制（图 3–60）。

3. 标注

主要标注纵向尺寸、横向尺寸以及标高，根据需求，细部结构也可进行尺寸标注，以便了解细部尺寸。同时要用引出线说明使用材料的名称。若有需要详细展现的结构，则需使用详图索引符号。最后标注图名和比例等信息（图 3–61）。

九、室内详图绘制步骤

室内施工图中的详图用于展示局部或节点的做法，其主要绘图步骤如下：

1. 选择合适比例、确定图幅大小；

2. 绘制详图的结构轮廓以及灯具位置。其中，凡是被剖切到的建筑结构和材料的断面轮廓线均采用粗实线绘制，其余部分则使用细实线绘制（图 3–62）；

3. 标注尺寸、做法、工艺说明、图名和比例，完成作图（图 3–63）。

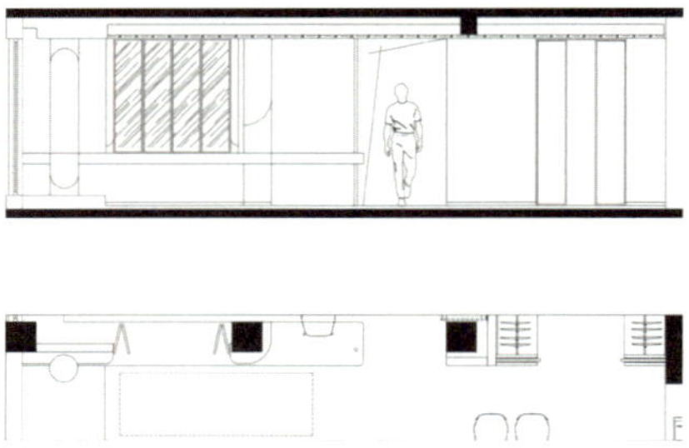

图 3–60 绘制立面造型

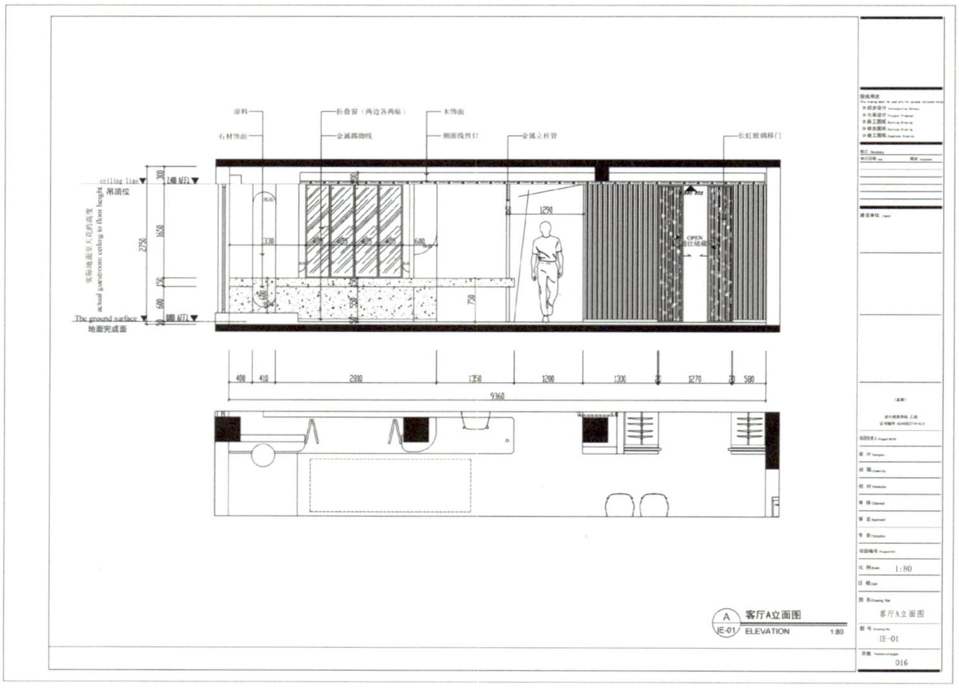

图 3–61 客厅 A 立面图完成效果

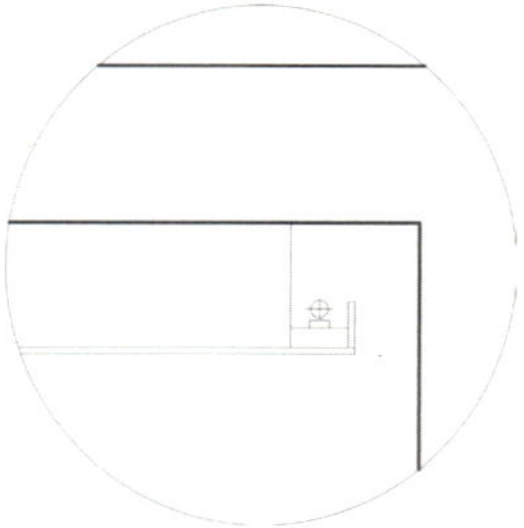

图 3–62 绘制详图轮廓

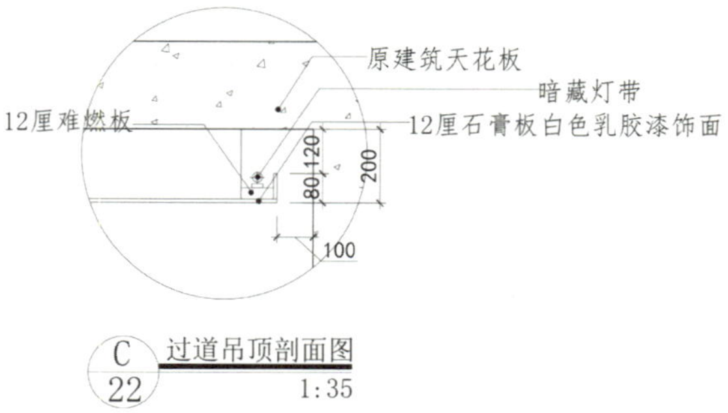

图 3–63 完善详图内容